本书是全国教育科学“十四五”规划2022年度教育部青年项目“利益相关者视角下高职院校股份制办学模式研究”（EJA220564）的阶段性科研成果和天津市课程思政示范课“经济法基础”的教学成果

U0829873

# 经济法

李昕一　闫玉苹　主编
李巍　赵妍　牛丽天　副主编

天津大学出版社
TIANJIN UNIVERSITY PRESS

本书是全国教育科学“十四五”规划2022年度教育部青年项目“利益相关者视角下高职院校股份制办学模式研究”（EJA220564）的阶段性科研成果和天津市课程思政示范课“经济法基础”的教学成果

# 经济法

李昕一　闫玉苹　主编
李巍　赵妍　牛丽天　副主编

天津大学出版社
TIANJIN UNIVERSITY PRESS

**图书在版编目（CIP）数据**

经济法 / 李昕一，闫玉苹主编 ； 李巍，赵妍，牛丽天副主编. -- 天津 ： 天津大学出版社，2025. 2.
ISBN 978-7-5618-7810-1

Ⅰ. D922.29

中国国家版本馆CIP数据核字第2024X63M23号

**出版发行** 天津大学出版社
**地　　址** 天津市卫津路92号天津大学内（邮编：300072）
**电　　话** 发行部：022-27403647
**网　　址** www.tjupress.com.cn
**印　　刷** 河北鑫彩博图印刷有限公司
**经　　销** 全国各地新华书店
**开　　本** 787mm×1092mm　1/16
**印　　张** 20
**字　　数** 326千
**版　　次** 2025年2月第1版
**印　　次** 2025年2月第1次
**定　　价** 59.00元

凡购本书，如有缺页、倒页、脱页等质量问题，烦请与我社发行部门联系调换

**版权所有　　侵权必究**

# 本书编委会

**主　审：**李阿珊

**主　编：**李昕一　闫玉苹

**副主编：**李　巍　赵　妍　牛丽天

# 前　言

党的二十届三中全会审议通过的《中共中央关于进一步全面深化改革、推进中国式现代化的决定》，对完善中国特色社会主义法治体系、推进国家安全体系和能力现代化作出部署，强调要完善推进法治社会建设机制，改进法治宣传教育，完善以实践为导向的法学院校教育培养机制。

“经济法”作为财经类、管理类专业学生的一门核心课程，在人才培养体系中承担着重要角色。本教材以习近平法治思想为指导，以培养具备法治意识和法律知识，能够适应社会主义市场经济法治建设的现代化人才为目标。在内容上，本教材基于社会主义市场经济活动相关的经济法律制度，涵盖了法律基本原理、公司法律制度、合伙企业法律制度、合同法律制度、破产法律制度、票据法律制度、知识产权法律制度、证券法律制度、消费者权益保护法律制度、劳动法律制度、财税法律制度、竞争法律制度、经济纠纷解决途径等内容。通过完整的知识结构，使学生理解经济法律制度的概念和各相关范畴，领悟法律制度的价值、基本原则和经济法律关系，明确经济法律责任，做到知法、守法、用法，坚定对中国特色社会主义法治理念的信心。

本教材是天津市课程思政示范课程“经济法基础”的教学成果和全国教育科学“十四五”规划2022年度教育部青年项目“利益相关者视角下高职院校股份制办学模式研究”（EJA220564）的阶段性研究成果。教学团队在本教材的编写中，融入《中华人民共和国民法典》“合同编”的新内容；依据新《中华人民共和国公司法》《中华人民共和国证券法》等内容，结合资本市场改革热点问题，编写了公司法律制度、证券法律制度内容；根据我国经济发展新阶段的特征以及优化营商环境的新要求，结合平台经济发展等时事热点问题，运用案例分析方法，编写了竞争法律制度、消费者保护法律制度内容。此外，本书将课程思政内容融入多个教学知识点，让学生在学习专业知识的同时，养成知敬畏、守底线的职业品质和德行。本书重点知识点还配备了二维码微课资源，方便教师在教学过程中使用，同时还提高了学生的学习兴趣。本书为新型活页式教材，各章节可独立使用，以促进“以学生为中心”的自主式学习。

本教材由天津机电职业技术学院李昕一、闫玉苹担任主编，李阿珊担任主审，并得到了天津机电职业技术学院领导的亲切指导和大力支持。作为校企合作共同开发的教材，在编写过程中，北京德和衡（天津）律师事务所李卫国律师和天津锐尚律师事务所管亚迪律师为教材提供了大量案例，增强了教材的实践性和可推广性。在出版方面，本书得到了天津大学出版社的大力支持。在此，对参与本书编写、审阅、校对的各位老师致以深深的感谢。本书可作为高职高专、成人高校等相关层次院校财经商贸类专业的通用教材及其他管理类专业的教材，也可作为社会从业人员的业务参考用书。

在本教材的使用过程中，请广大读者对书中存在的不足之处予以包涵并指正，我们将不断对其进行修订和完善。

编者

2024 年 8 月

# 目　录

# 第一章　法律基本原理

【案例导入】

2020年11月16日至17日，中央全面依法治国工作会议在北京召开。中共中央总书记、国家主席、中央军委主席习近平出席会议并发表重要讲话，强调推进全面依法治国要全面贯彻落实党的十九大和十九届二中、三中、四中、五中全会精神，从把握新发展阶段、贯彻新发展理念、构建新发展格局的实际出发，围绕建设中国特色社会主义法治体系、建设社会主义法治国家的总目标，坚持党的领导、人民当家作主、依法治国有机统一，以解决法治领域突出问题为着力点，坚定不移走中国特色社会主义法治道路，在法治轨道上推进国家治理体系和治理能力现代化，为全面建设社会主义现代化国家、实现中华民族伟大复兴的中国梦提供坚强政治保证。

思考：为了有效控制法律风险，我们应当具有法律意识，熟悉相关法律知识，掌握一定的运用法律解决专业问题的技能。想一想，生活中，有哪些场景让你觉得法律知识很重要？

## 情境一　我国的法律体系和法律渊源

### 一、我国的法律体系

中国特色社会主义法律体系包含宪法及宪法相关法、刑法、行政法、民商法、经济法、社会法、诉讼与非诉讼程序法七个法律部门。

#### （一）宪法及宪法相关法

《中华人民共和国宪法》（以下简称《宪法》）是国家的根本大法。宪法相关法是与宪法配套、直接保障宪法实施的宪法性法律规范的总和，包括《中华人民共和国立法法》《中华人民共和国全国人民代表大会和地方各级人民代表大会选举法》《中华人民共和国地方各级人民代表大会和地方各级人民政府组织法》《中华人民共和国全国人民代表大会和地方各级人民代表大会代表法》《中华人民共和国民族区域自治法》

《中华人民共和国香港特别行政区基本法》《中华人民共和国澳门特别行政区基本法》等。

（二）刑法

刑法是指规定犯罪、刑事责任和刑事处罚的法律规范的总和。刑法是一个传统的法律部门，与其他法律部门比较具有两个显著特点。一是所调整的社会关系最广泛：其他法律部门一般只调整某一方面的社会关系，而刑法则调整各个方面的社会关系，不论哪一方面的社会关系，只要发生了构成犯罪的行为，都受刑法调整。二是强制性最严厉：其他法律部门也具有强制性，但都没有刑法严厉。刑法是保证其他法律有效实施的后盾，是国家和社会同违法犯罪行为作斗争的最重要也是最后的手段。所以刑法在维护国家和社会安全、稳定和发展，保护公民的政治权利、人身权利和财产权利，保障市场经济的健康有序发展等各个方面都发挥着重要作用。

（三）行政法

一般行政法是指有关行政主体、行政行为、行政程序、行政责任等一般规定的法律法规，如《中华人民共和国公务员法》《中华人民共和国行政处罚法》《中华人民共和国行政复议法》。特别行政法是指适用于各专门行政职能部门管理活动的法律法规，包括国防、外交、人事、民政、公安、国家安全、民族、宗教、侨务、教育、科学技术、文化、体育、医药卫生、城市建设、环境保护等行政管理方面的法律法规。

（四）民商法

《民法典》的颁布与实施

2020 年 5 月 28 日，《中华人民共和国民法典》（以下均称《民法典》）由中华人民共和国第十三届全国人民代表大会第三次会议通过，中华人民共和国主席习近平签署中华人民共和国主席令（第四十五号），《民法典》自 2021 年 1 月 1 日起正式施行，自施行之日起《中华人民共和国婚姻法》《中华人民共和国继承法》《中华人民共和国民法通则》《中华人民共和国收养法》《中华人民共和国担保法》《中华人民共和国合同法》《中华人民共和国物权法》《中华人民共和国侵权责任法》《中华人民共和国民法总则》同时废止。《民法典》被称为“社会生活的百科全书”，是新中国第一部以法典命名的法律，在法律体系中居于基础性地位，也是市场经济的基本法。《民法典》共 7 编、1260 条，各编依

微课 1：初识《民法典》

次为总则、物权、合同、人格权、婚姻家庭、继承、侵权责任以及附则。目前我国商法主要有《中华人民共和国公司法》《中华人民共和国保险法》《中华人民共和国票据法》《中华人民共和国证券法》等。

### （五）经济法

经济法是调整因国家从社会整体利益出发对经济活动实行干预、管理或调控所产生的社会经济关系的法律规范的总称。经济法对于创造平等竞争环境、维护市场秩序有着重要的意义，我国现已制定的经济法包括《中华人民共和国反不正当竞争法》《中华人民共和国消费者权益保护法》《中华人民共和国产品质量法》《中华人民共和国广告法》《中华人民共和国预算法》《中华人民共和国审计法》《中华人民共和国会计法》《中华人民共和国中国人民银行法》《中华人民共和国价格法》《中华人民共和国税收征收管理法》《中华人民共和国个人所得税法》《中华人民共和国城市房地产管理法》《中华人民共和国土地管理法》等。

应当注意的是，本教材名称为《经济法》，但并非是法律部门意义上的“经济法”的概念，而是“与市场经济活动相关的经济法律制度”的意思，内容涉及民商法和经济法两个法律部门中的相关法律制度。

### （六）社会法

社会法是调整劳动关系、社会保障关系、社会福利和特殊群体权益保障方面关系的法律规范的总称。社会法包括《中华人民共和国劳动法》《中华人民共和国劳动合同法》《中华人民共和国工会法》《中华人民共和国未成年人保护法》《中华人民共和国老年人权益保障法》《中华人民共和国妇女权益保障法》《中华人民共和国残疾人保障法》《中华人民共和国矿山安全法》《中华人民共和国红十字会法》《中华人民共和国公益事业捐赠法》等。

### （七）诉讼与非诉讼程序法

诉讼与非诉讼程序法是指规范解决社会纠纷的诉讼活动和非诉讼活动程序的法律规范的总和。在一个法治国家解决纠纷一般有两种途径：一种是通过诉讼，通常叫“打官司”，由司法机关对纠纷进行审理、作出判决；另一种是通过仲裁，由非司法机关的仲裁机构对纠纷进行审理、作出裁决。

## 二、我国的法律渊源

当代中国法律渊源是以宪法为核心的制定法形式,我国社会主义法律渊源可分为宪法、法律、法规、规章、司法解释、国际条约和协定六类。

### (一)宪法

宪法是由全国人民代表大会依特别程序制定的具有最高效力的根本法。宪法是集中反映统治阶级的意志和利益,规定国家制度、社会制度的基本原则,具有最高法律效力的根本大法,其主要功能是制约和平衡国家权力,保障公民权利。宪法是我国的根本大法,在我国法律体系中具有最高的法律地位和法律效力,是我国最高的法律渊源。

### (二)法律

法律是指由全国人民代表大会和全国人民代表大会常务委员会制定颁布的规范性法律文件,即狭义的法律,其法律效力仅次于宪法。法律分为基本法律和一般法律(非基本法律、专门法)两类。基本法律是由全国人民代表大会制定的调整国家和社会生活中带有普遍性的社会关系的规范性法律文件的统称,如刑法、民法、诉讼法以及有关国家机构的组织法等法律。一般法律是由全国人民代表大会常务委员会制定的调整国家和社会生活中某种具体社会关系或其中某一方面内容的规范性文件的统称。其调整范围较基本法律小,内容较具体,如《中华人民共和国商标法》《中华人民共和国文物保护法》等。

### (三)法规

法规包括行政法规和地方性法规。行政法规是国家最高行政机关国务院根据宪法和法律就有关执行法律和履行行政管理职权的问题,以及依据全国人民代表大会的特别授权所制定的规范性文件的总称。其法律地位和法律效力仅次于宪法和法律,但高于地方性法规和法规性文件。地方性法规是指依法由有地方立法权的地方人民代表大会及其常委会就地方性事务以及根据本地区实际情况执行法律、行政法规的需要所制定的规范性文件。有权制定地方性法规的地方人民代表大会及其常委会包括省、自治区、直辖市人民代表大会及其常委会、较大的市的人民代表大会及其常委会。较大的市,指省、自治区人民政府所在地的市，经济特区所在地的市和经国务院批准的较大市。地方性法规只在本辖区内有效。

（四）规章

规章包括部门规章和地方政府规章。部门规章是国务院各部、委，中国人民银行，审计署和具有行政管理职能的直属机构根据法律和国务院的行政法规、决定、命令，在本部门的权限范围内，制定的规范性文件。地方政府规章是指省、自治区、直辖市和较大的市的人民政府根据法律、行政法规和本省、自治区、直辖市的地方性法规，制定的规范性文件。

（五）司法解释

司法解释是指国家最高司法机关在适用法律过程中对具体应用法律问题所作的解释，包括审判解释和检察解释两种。审判解释是指最高人民法院对审判工作中具体应用法律问题所作的解释，如《最高人民法院关于适用〈中华人民共和国民法典〉有关担保制度的解释》。审判解释对各级人民法院的审判具有约束力，是办案的依据。检察解释是指最高人民检察院对检察工作中具体应用法律问题所作的解释。这种解释对各级人民检察院具有普遍约束力。

（六）国际条约和协定

国际条约和协定是指我国与外国缔结、参加、签订、加入、承认的双边、多边的条约、协定和其他具有条约性质的文件（国际条约的名称，除条约外还有公约、协议、协定、议定书、宪章、盟约、换文和联合宣言等）。这些文件的内容除我国在缔结时宣布持保留意见不受其约束的以外，都与国内法具有一样的约束力，所以也是我国法律的渊源。

## 情境二　经济法律关系和经济法律行为

### 一、法律关系的概念和特征

（一）法律关系的概念

法律关系是一种社会关系，社会关系是人们在社会生活中形成的人与人之间的关系。但是并非一切社会关系都是法律关系，只有受某种法律规范所确认和调整的特定社会关系才能上升为法律关系。所以,法律关系是由法律规范所确认和调整的人与人之间具有权利和义务内容的社会关系。

不同的社会关系由不同的法律规范来调整,形成不同的法律关系,包括民事法律关系、婚姻法律关系、刑事法律关系、行政法律关系等等。经济法律关系是法律关系的一种。

### (二)法律关系的特征

首先,法律关系是一种思想社会关系。马克思、恩格斯认为,社会关系分成物质关系和思想关系。物质关系是人们维持生存的活动的形式(结果),主要是生产关系,是社会的经济基础;思想关系则是不以人们的意志为转移而形成的物质关系的上层建筑。它是由社会的物质关系所决定的,属于上层建筑的范畴。

其次,法律关系是一种意志关系。一方面,法律关系的形成和存在,依赖于体现在法律、法规中的统治阶级的意志。

最后,法律关系是一种权利义务关系。任何一种法律关系都是依靠法律关系主体的权利的行使和义务的履行来实现的。权利和义务构成法律关系的具体内容。

## 二、经济法律关系的概念和构成要素

### (一)经济法律关系的概念

经济法律关系是经济关系在法律上的表现,但并非所有的经济关系都是法律关系。当某种特定的经济关系为经济法律规范所调整而且以经济权利和义务为内容时,就具有了经济法律关系的性质,如合同法调整的合同关系,税法调整的税收征纳关系等,都是经济法律关系。因此,经济法律关系是指由于国家干预和管理经济活动而形成的,由经济法确认和调整的经济权利和经济义务的关系。

### (二)经济法律关系的特征

经济法律关系除具备法律关系的一般特征外,同时又具有其特殊性,具体表现为经济法律关系主体的特殊性、经济法律关系内容的特殊性、经济法律关系客体的特殊性。

**1. 经济法律关系主体的特殊性**

经济法律关系主体的特殊性，表现为国家作为经济法律关系的主体参与并干预和管理经济活动，行使国家管理经济的职能。如国家通过税收、预算等方式直接参与国民收入分配和再分配活动；国家通过国家投资方式，直接参与社会经济活动，并以财产所有者的身份对国有经济进行管理；国家通过主权者的身份，对经济活动进行干预。

**2. 经济法律关系内容的特殊性**

经济法律关系内容的特殊性，表现为经济法主体的经济权利和经济义务的统一性。经济权利的实现，以经济义务的履行为条件。而且，相对于民事权利可以抛弃和放弃来说，经济权利一般是不能抛弃和放弃的，经济义务一般也是不能规避的。特别是国家经济管理机关依法享有的经济权利和承担的经济义务，直接体现为国家意志，其经济权利不能随意放弃，其经济义务不能随意转让，如国家机关依法拥有的经济管理权利，对于国家来说是其应尽的职责，放弃这种权利，就是失职行为。

**3. 经济法律关系客体的特殊性**

经济法律关系客体的特殊性，表现为经济行为，特别是国家机关在经济管理过程中的行为，以及国家干预经济行为是经济法律关系的重要客体。

### （三）经济法律关系的构成要素

任何法律关系都必须具有主体、内容和客体三个要素，经济法律关系也须由此三个要素构成。一个经济法律关系必须首先有参加者，即经济法律关系的主体；主体根据经济法的规定，确定彼此享有哪些权利、承担哪些义务，即经济法律关系的内容；主体通过设定权利义务所要获得的财物或智力成果、所要实现的行为，即经济法律的客体。也就是说，在任何经济法律关系中都包含着什么人，为了什么目的，做什么等具体因素在内。否则，就不能构成经济法律关系。三要素是构成经济法律关系最基本、最必需的要素。

## 三、经济法律关系的主体

经济法律关系的主体，又称经济法主体，是指参与经济法律关系，依法享有经济权利和承担经济义务的当事人。经济法律关系的主体是其构成当中最基本的要素,也是最积极和最活跃的因素。

### (一)经济法律关系主体的特征

**1. 经济法律关系主体外延的广泛性**

经济法律关系主体既有在经济法律关系中处于主导地位的各级国家机关,也包括在经济法律关系中处于基础地位的企业,还涵盖了除国家机关和企业以外的其他社会组织,包括企业内部的组织机构。此外,公民在特定的条件下也是经济法律关系主体。

**2. 经济法律关系主体之间的关联性**

在社会化大生产条件下,由于社会化分工与协作,经济法律关系主体之间的社会经济联系已形成一个大系统,彼此之间相互联系、相互依赖,难以分割,具有强烈的关联性。就企业而言,每个企业都必须向其他企业提供商品,同时又必须从其他企业中得到自己所需要的商品。

**3. 经济法律关系主体的灵活性**

现代市场经济中,每个市场的经济法律关系主体都要自主地、灵活地随着市场环境的不断变化而调整,只不过这个调整的依赖性不同而已,一个国家机关如此,一个具体的企业也是如此,当市场供求发生变化时,经济法律关系主体一般能自动、及时地做出反应,并根据自身条件,对各种生产要素进行重新组合。

**4. 经济法律关系主体之间的平等性**

经济法律关系主体之间从横向看是平等的。一切市场主体依法取得市场主体资格,并享有相应的权利,承担相应的义务。它们的法律地位是平等的,不存在因性质差别、规模差别而影响它们之间地位的平等。这种平等是通过法人制度予以保护的,只有平等才能谈公平竞争,才能谈市场秩序。

从纵向看,主体之间的关系在很大范围和层面上又存在着一个管理与被管理的关系问题。它们之间的关系不是完全平等的。例如,企业的市场准入制度、生产许可证制度,都有管理与被管理的关系、监督与被监督的关系。

**5. 经济法律关系主体资格的法律规范性**

所有经济法律关系主体,都必须依照法定程序和法定条件来确定主体资格。不经过这样一个法律规范过程,经济法律关系主体便会失去意义、无法产生。其经济法律关系的主体资格一旦确认，就会享有法律的保护，享有法律规定的权利，同时承担相应的义务。

### （二）经济法律关系主体资格的取得

经济法律关系的主体资格是指经济法律关系主体应具有的权利能力和行为能力。有时这种权利能力和行为能力可能没有行使，但不能否认它们有这种资格。

由于各类经济法律关系主体的性质、职能、作用及其各自的法律地位的差别，因而在主体资格取得的方式上也是不同的。有的是根据法律、法规的直接规定；有的是根据有关国家机关的决定、命令和特别授权；有的是通过核准登记注册的方式，如企业法人和非企业法人的经济组织取得经济法律关系主体资格，必须到工商行政管理部门办理登记注册事项。有的公民要获得经济法律关系主体资格，必须按照法定程序获准从事某种经济活动或必须达到一定的法定条件，如个体工商户和有纳税义务的公民个人等。有的因主机构已设立，其内部组织或者分支机构派生而取得，但分支机构的设立应纳入企业章程并在分支机构所在地办理登记注册事宜。

### （三）经济法律关系主体的范围

#### 1. 国家机关

国家机关是行使国家职能的各种机关的统称。作为经济法律关系主体的国家机关主要是指国家各级经济管理机关，它担负着组织管理和协调国民经济的重要任务。国家经济管理机关在参与广泛的经济管理中，作为经济法律关系的重要主体，在实现国家经济管理职能的过程中处于重要的法律地位。

#### 2. 社会组织

社会组织是经济法律关系中最广泛、最普遍的主体。按其社会职能的不同，可分为经济组织和非经济组织。经济组织是指实行经济核算，以从事生产经营为基本职能的社会组织，如各类企业、农村集体经济组织等。非经济组织是指由国家财政预算拨款或其他形式和渠道筹集资金，以从事科研、教育、文化、卫生或其他社会活动作为基本职能的社会组织，如事业单位、社会团体等。

**3. 公民**

公民(自然人)也是经济法律关系的主体之一,是指参加经济法律关系享受经济权利和承担经济义务的人。公民要成为经济法主体,首先需要具备权利能力,即依法享有权利和承担义务的资格,这是参加经济活动的前提和基础;其次公民还需要具有行为能力,即能通过自己的行为去取得权利和承担义务的能力。什么人可以作为经济法律关系的主体是由具体经济法律规定的。

## 四、经济法律关系的内容

经济法律关系的内容,是指经济法律关系主体依法享有的经济权利和承担的经济义务。经济权利和经济义务是经济法律关系的实质要素。

### (一)经济权利

经济权利是指经济法律关系主体在法律规定的范围内可以实施某种行为或者不为一定行为,或者要求其他主体作为某种行为或者不为一定行为,在必要时有权请求国家机关以强制力保证其权益实现的一种可能或者资格。

经济权利包括财产所有权、经济管理权、经营权、请求权。

**1. 财产所有权**

财产所有权是所有人依法对自己的财产享有占有、使用、收益和处分的权利。它是民事权利当中最重要和最广泛的权利之一,是财产所有人进行经营管理活动的物质基础,也是其对自己所负债务承担责任的物质保证。国家法律保护财产所有人的财产不受他人干涉。

**2. 经济管理权**

经济管理权是指国家机构依法行使和组织经济建设职能时所享有的经济管理权力和经济管理责任。

**3. 经营权**

经营权是指企业对国家授予其经营管理的财产享有占有、使用、收益和依法处分的权利。《宪法》中规定:“国有企业在法律规定的范围内有权自主经营。”因此,经营权不是一个经济学的范畴,而是由宪法规定了的法学概念,是一种与对产权有关的财产权,是所有权制度的延伸和发展,是对所有权内容的丰富和发展。

#### 4. 请求权

请求权是经济法律关系主体在自己权力不能实现时,请求他人做出一定行为或不做出一定行为的权利。由于当事人经济权利不能实现的情况是多种多样的,因而请求权的内容和形式也是不同的。它主要包括请求赔偿权、请求复议权、请求调解权、申请仲裁权和起诉权等。

### (二)经济义务

经济义务是指经济法律关系主体在法律规定的范围内必须为某种行为或者不为一定行为的一种约束力,其目的是履行自己应尽的义务,使他人的权益和社会利益得以实现。经济法律关系主体因其性质、法律地位的不同,所承担的义务也有所不同。

作为享有经济管理职权的国家机构其经济义务主要有:正确履行经济管理职权、恪尽职守的义务;积极履行经济职权和做好服务性管理工作,为社会提供经济发展和经济管理信息,预测经济发展趋势和可能出现的问题,维护社会经济秩序,促进经济发展;严格履行经济职权和接受监督。由于国家机构的特殊地位,它的一切活动更要置于法律和社会的严格监督之下,接受社会组织和公民的经常性监督、专业性监督和司法监督。

### (三)经济权利和经济义务的关系

经济权利和经济义务是经济法律关系内容的对立统一,两者既相区别又相联系,共同构成经济法律关系的内容。在经济法律关系中,经济权利和经济义务是不可分割的,任何一种权利总是伴随着相应的义务,没有相应的义务,权利就不可能实现。从某一具体经济法律关系来说,主体享有的经济权利和承担的经济义务总是对等的,权利和义务不仅同时存在,而且相互适应和相互制约。一方当事人有了某种权利,就意味着另一方当事人负有相应的义务;同时,当事人所享有的权利和它所承担的义务总是相一致的。权利和义务是与一定的主体相联系的,只有权利而无人承担义务,或者只有义务而无人享有权利的情况是不存在的。不履行义务要承担法律责任,侵犯了他人的经济权利,也应承担法律责任。我国正是通过经济权利义务这种法律形式,建立和维护社会主义经济秩序的。

## 五、经济法律关系的客体

经济法律关系的客体，是指经济法律关系主体的经济权利和经济义务所共同指向的对象，也称权利客体和义务客体，是经济法律关系的构成要素之一。

### （一）经济法律关系客体的特征

（1）客体在不同的学科中具有不同的含义。

马克思主义哲学观点

马克思主义哲学认为，客体是指人们在实践中需要认识、改造和利用的对象，是独立于人的意识之外的客观存在，它不以人的意志为转移。马克思主义法学则认为，客体除哲学上所讲的一般属性外，还具有特殊性，即法学上所称的客体不仅包括客观物质世界的各种现象，并且这两种客观现象以法律规范的形式能够满足主体的物质和精神需要。就是说，并非一切独立于主体之外的客体都是经济法律关系的客体，只有那些能够满足主体物质和精神需求且得到国家法律确认和保护的客观现象才能成为经济法律关系的客体。

（2）客体的同一性决定了权利和义务的一致性。

法律关系中权利人的权利和义务人的义务所指的对象必须是同一的时候，经济法律关系的权利与义务才是统一的、一致的，否则，权利人的权利和义务人的义务不是同一物（哲学上的物），造成的权利与义务肯定是张冠李戴，一方面权利得不到实现，另一方面义务的履行也是无功的。

（3）同一客体在不同法律关系中的地位也有所不同或有所侧重。

在传统的法理中，对法律关系客体的研究，都集中在民事法律关系的客体上，把民事法律关系的客体作为一切法律关系的客体，把民事法律关系客体的属性都归纳为一切法律关系客体的属性，这显然是有悖于马克思主义哲学观点的，特定物和种类物在同一法律关系当中的地位是不一样的，经济职权在民事法律关系当中与经济法律关系当中的地位和属性也是不一样的。

（4）经济法律关系的特殊性，决定了它的客体首先是行为，其次才是物或智力成果，如国家机关的宏观调控行为和政府规制行为，这些内容也是有别于民事法律关系的。

### (二)经济法律关系客体的范围

**1. 财**

财包括货币和有价证券。货币是财产的价值形态,是一种特殊的商品。我国的法定货币是人民币,是我国国内经济活动中支付、信贷、结算的手段。有价证券是表示某种财产权的文书,券面所表示的权利与该券有不可分离的关系,如股票、本票、支票、汇票、提单等。

**2. 物**

物是指现实存在,可以为人所控制和支配,具有一定经济价值的物质财产。它是经济法律关系中最普遍的客体。按照我国法律规定,物可分为流通物和限制流通物、种类物和特定物、可分物和不可分物、主物和从物、原物与孳息等。

**3. 经济行为**

经济行为是指经济法律关系主体为实现某种经济目的所进行的有意识的活动,包括经济管理行为和生产经营行为。经济管理行为有金融管理、税款征收等;生产经营行为又可分为完成一定的工作和提供一定的劳务,前者如勘察、设计、建筑、安装等,后者如运输、仓储保管等。

**4. 智力成果**

智力成果是指人的脑力劳动创造的非物质财富,包括商标权、专利权、专有技术和经济信息等。随着经济和科学技术的不断发展,以智力成果作为客体的经济法律关系将越来越广泛。

## 六、经济法律关系的确立和保护

经济法律关系的确立首先要有经济法律规范为法律依据,必须出现具体的人与人之间符合法律规定的假定事实情况和条件后,才能引起经济法律关系的产生、变更和消灭。经济法律关系的保护,就其本质来讲,就是经济权利的保护,是国家运用法律强制力保护实现国家、集体和个人的物质利益。

### (一)法律事实

**1. 法律事实的概念**

经济法律关系虽然是经济法律调整的特定的经济关系,但法律规范本身并不能创设法律关系,只有当一定的法律事实出现时,才能在经济法律主体之间产生一定的经济法关系或者使原有的经济法律关系发生变更或者终止。

经济法律关系的产生,是指经济法主体之间形成某种经济权利和经济义务关系。例如,依法签订合同,在合同主体之间就形成了一定的经济权利和经济义务关系。经济法律关系的变更,是指经济法律关系三要素中至少有一个发生了变化。例如,合同履行一部分后,合同主体之间的经济权利和经济义务就发生了变化。经济法律关系的终止,是指经济法主体之间的经济权利和经济义务关系的消灭。例如,合同履行完毕后,合同主体之间的经济法律关系即告终止。

**2. 法律事实的种类**

一般地说,根据与经济法律关系主体的意志是否有关,可将法律事实分为事件和行为两大类。

1)事件

事件是指能够引起一定的法律后果,但不以经济法律关系主体的意志为转移的客观事实,例如水灾、旱灾、风灾等自然现象,战争的爆发等社会现象。

事件的主要特征表现为其发生不是以人们的主观意志为转移的,是不可避免也不能抗拒的客观情况。因而,通常在法律上称为不可抗力。

2)行为

行为是指产生法律后果,经济法律关系主体有意识的活动,如依法签订合同的行为、国家机关依法实施经济管理和经济监督的行为等。

行为按其性质可分为合法的经济行为和违法的经济行为。合法的经济行为是指经济法律关系主体有意识进行的,符合法律规定的行为;违法经济行为是指法律所禁止的,侵犯其他经济关系主体的经济权利和利益的行为。就其社会危害程度,又可以分为两种,即触犯法律构成犯罪的严重经济违法行为及触犯经济行政法规的一般经济违法行为。

### (二)经济法律行为

经济法律行为是指经济法主体设立、变更、终止经济权利和经济义务的合法行为。

**1. 经济法律行为的有效要件**

（1）行为人合格。行为人合格即行为人必须具备经济法律关系主体的资格，具有法律规定的权利能力和行为能力。法人的权利能力和行为能力限于法律或章程所规定的经营方式；限制行为能力的公民不能独立实施超过其行为能力的经济行为。

（2）行为人的意思表示真实。意思表示真实是指行为人的内在意愿和外在表示一致。只有意思表示真实的法律行为，才能产生预期的法律后果，以欺诈、胁迫或乘人之危等手段进行的经济行为，不是行为真实意思的表示，因此不产生法律效力。

（3）行为的内容必须合法。行为的内容必须合法即行为的内容必须符合法律、法规的规定，并不得损害国家利益。

（4）行为必须符合法定形式。法律行为可以采取书面形式、口头形式或其他形式，如批准、公证、鉴证等。法律规定用特定形式的应当依其规定。

**2. 经济法律行为的类型**

（1）单方经济法律行为和双方经济法律行为。单方经济法律行为是指仅由一方当事人的意思表示而成立的经济法律行为。这种行为无需另一方的同意即能发生法律效力，如赠与财产、撤销委托代理。双方经济法律行为是指双方当事人的意思表示一致才能成立的行为，如签订购销合同。

（2）无偿经济法律行为和有偿经济法律行为。无偿经济法律行为是指当事人一方给对方以利益，对方无须给付报酬的经济法律行为，如赠与财产、无息贷款等。有偿经济法律行为是指当事人一方给对方以利益，对方必须支付报酬的经济法律行为，如加工承揽、租赁财产等。

（3）诺成性经济法律行为和实践性经济法律行为。诺成性经济法律行为是指一方的意思表示一经他方同意就成立的经济法律行为，如签订购销合同。实践性经济法律行为是指不仅双方当事人意思表示一致，还需交付实物才能成立的经济法律行为，如赠与财产、借款合同、保管合同、运输合同等。此外，还有要式的经济法律行为，附条件的经济法律行为等等。

### （三）经济法律关系的保护

国家对经济法律关系的保护，就是严格监督经济法律关系的主体正确行使经济权利和切实履行经济义务，以及发生经济纠纷时采取的法定处理方式。这对于维护经济法律关系主体的法律地位及其合法权益，督促经济法律关系主体切实履行经济义务，维护市场经济秩序等，都具有十分重要的意义。

**1. 经济法律关系的保护机构**

国家对经济法律关系的保护是通过有关职能机关实现的，这些机关主要有国家经济管理机关、仲裁机关、司法机关。

1）国家经济管理机关

国家经济管理机关，如财政、税务、银行、物价、工商行政管理、审计、计量、技术监督以及国务院各主管部门等。这些部门依据其职权范围对全国的或者所属经济部门和经济组织进行监督，对违背国家计划和对经济建设造成损害的单位，依法进行处理，以维护市场经济秩序健康有序地发展。

2）仲裁机关

《中华人民共和国仲裁法》（以下简称《仲裁法》）的规定，对于平等主体的公民、法人和其他经济组织之间发生的诸如合同纠纷、商标纠纷、税务纠纷、涉外纠纷等合同纠纷和其他财产权益纠纷，可以依据当事人的协议进行仲裁。

3）司法机关

经济司法机关主要包括人民法院和人民检察院。人民法院独立行使审判权，对当事人提起诉讼的经济纠纷案件和人民检察院依法提起公诉的经济犯罪案件进行审理判决。人民检察院独立行使检察权，对国家工作人员在经济领域里的违法犯罪活动进行侦查、起诉。

**2. 经济法律关系保护方式**

经济法律关系主体违反经济法律规范或者未履行经济义务，应承担经济责任、行政责任和刑事责任。与此相适应，经济法律关系的保护可采取经济制裁、行政制裁和刑事制裁等形式。

1）经济制裁

经济制裁是指对违反经济法的单位和个人依法采取的一种财产性

处罚措施。常用的经济制裁形式有:支付违约金、支付赔偿金、罚款、强制收购、没收财产。

2)行政制裁

行政制裁是指对违反经济法的单位和个人依法采取的一种行政处罚措施。其主要形式包括:对违法单位可以采取通报批评、警告、限期停业整顿、吊销营业执照、吊销许可证等方式;对个人可以采取批评、警告、记过、记大过、降职、降薪、撤职、留用察看、开除等方式。

3)刑事制裁

刑事制裁是指国家司法机关对严重违反经济法、触犯刑律、构成犯罪的直接责任者个人给予刑事处罚的措施。其主要形式包括:主刑有管制、拘役、有期徒刑、无期徒刑、死刑;附加刑有罚金、剥夺政治权利、没收财产。

## 情境三　全面依法治国基本方略

微课2:走进全面依法治国基本方略

### 一、全面依法治国新理念新思想新战略

习近平总书记在党的二十大报告中指出,全面依法治国是国家治理的一场深刻革命,关系党执政兴国,关系人民幸福安康,关系党和国家长治久安。必须更好发挥法治固根本、稳预期、利长远的保障作用,在法治轨道上全面建设社会主义现代化国家。党的十八大以来,党中央明确提出全面依法治国,并将其纳入“四个全面”战略布局予以有力推进。党的十八届四中全会审议通过了《中共中央关于全面推进依法治国若干重大问题的决定》。党的十九大召开后,党中央组建中央全面依法治国委员会,从全局和战略高度对全面依法治国又作出一系列重大决策部署,推动我国社会主义法治建设发生历史性变革、取得历史性成就,全面依法治国实践取得重大进展。

2020年11月16日至17日召开的中央全面依法治国工作会议,将习近平法治思想明确为全面依法治国的指导思想。习近平法治思想内涵丰富、论述深刻、逻辑严密、系统完备,从历史和现实相贯通、国际和国内相关联、理论和实际相结合上深刻回答了新时代为什么实行全面依法治国、怎样实行全面依法治国等一系列重大问题。习近平法治思想是顺应实现中华民族伟大复兴时代要求应运而生的重大理论创新成果,是马克

思主义法治理论中国化的最新成果，是习近平新时代中国特色社会主义思想的重要组成部分，是全面依法治国的根本遵循和行动指南。

## 二、全面推进依法治国的基本原则

全面依法治国的总目标是建设中国特色社会主义法治体系，建设社会主义法治国家。实现这个总目标，必须坚持以下原则：坚持中国共产党的领导，坚持人民主体地位，坚持法律面前人人平等，坚持依法治国和以德治国相结合，坚持从中国实际出发。

### （一）坚持中国共产党的领导

党的领导是中国特色社会主义最本质的特征，是社会主义法治最根本的保证。把党的领导贯彻到依法治国全过程和各方面，是我国社会主义法治建设的一条基本经验。我国宪法确立了中国共产党的领导地位。坚持党的领导，是社会主义法治的根本要求，是党和国家的根本所在、命脉所在，是全国各族人民的利益所系、幸福所系，是全面推进依法治国的题中应有之义。党的领导和社会主义法治是一致的，社会主义法治必须坚持党的领导，党的领导必须依靠社会主义法治。只有在党的领导下依法治国、厉行法治，人民当家作主才能充分实现，国家和社会生活法治化才能有序推进。依法执政，既要求党依据宪法法律治国理政，也要求党依据党内法规管党治党。必须坚持党领导立法、保证执法、支持司法、带头守法，把依法治国基本方略同依法执政基本方式统一起来，把党总揽全局、协调各方同人大、政府、政协、监察机关、审判机关、检察机关依法依章程履行职能、开展工作统一起来，把党领导人民制定和实施宪法法律同党坚持在宪法法律范围内活动统一起来，善于使党的主张通过法定程序成为国家意志，善于使党组织推荐的人选通过法定程序成为国家政权机关的领导人员，善于通过国家政权机关实施党对国家和社会的领导，善于运用民主集中制原则维护中央权威、维护全党全国团结统一。

### （二）坚持人民主体地位

法治建设必须坚持为了人民

人民是依法治国的主体和力量源泉，人民代表大会制度是保证人民当家作主的根本政治制度。必须坚持法治建设为了人民、依靠人民、造福人民、保护人民，以保障人民根本权益为出发点和落脚点，保证人民依法享有广泛的权利和自由、承担应尽的义务，维护社会公平正义，促进共同富裕。必须保证人民在党的领导下，依照法律规定，通过各种途径和形式管理国家事务，管理经济文化事业，管理社会事务。必须使人民认识到法律既是保障自身权利的有力武器，也是必须遵守的行为规范，增强全社会尊法学法守法用法意识，使法律为人民所掌握、所遵守、所运用。

### （三）坚持法律面前人人平等

平等是社会主义核心价值观之一

平等是社会主义法律的基本属性。任何组织和个人都必须尊重宪法法律权威，都必须在宪法法律范围内活动，都必须依照宪法法律行使权力或权利、履行职责或义务，都不得有超越宪法法律的特权。必须维护国家法制统一、尊严、权威，切实保证宪法法律有效实施，绝不允许任何人以任何借口任何形式以言代法、以权压法、徇私枉法。必须以规范和约束公权力为重点，加大监督力度，做到有权必有责、用权受监督、违法必追究，坚决纠正有法不依、执法不严、违法不究行为。

### （四）坚持依法治国和以德治国相结合

体现了法律和道德的关系

国家和社会治理需要法律和道德共同发挥作用。必须坚持一手抓法治、一手抓德治，大力弘扬社会主义核心价值观，弘扬中华传统美德，培育社会公德、职业道德、家庭美德、个人品德，既重视发挥法律的规范作用，又重视发挥道德的教化作用，以法治体现道德理念、强化法律对道德建设的促进作用，以道德滋养法治精神、强化道德对法治文化的支撑作用，实现法律和道德相辅相成、法治和德治相得益彰。

### （五）坚持从中国实际出发

中国特色社会主义道路、理论体系、制度是全面推进依法治国的根本遵循。必须从我国基本国情出发，同改革开放不断深化相适应，总结和运用党领导人民实行法治的成功经验，围绕社会主义法治建设重大理论和实践问题，推进法治理论创新，发展符合中国实际、具有中国特色、体现社会发展规律的社会主义法治理论，为依法治国提供理论指导和学理支撑。汲取中华法律文化精华，借鉴国外法治有益经验，但决不照搬外国法治理念和模式。

## 三、建设中国特色社会主义法治体系

党的十九届四中全会审议通过的《中共中央关于坚持和完善中国特色社会主义制度 推进国家治理体系和治理能力现代化若干重大问题的决定》中强调，加快形成完备的法律规范体系、高效的法治实施体系、严密的法治监督体系、有力的法治保障体系，加快形成完善的党内法规体系。这五大体系相辅相成、相得益彰，构成坚持和完善中国特色社会主义法治体系的具体目标。

### （一）加快形成完备的法律规范体系

关乎民生的重要领域

法律是治国之重器，良法是善治之前提。经过长期努力，中国特色社会主义法律体系已经基本形成，并在党的十八大以来不断完善和发展。但也要看到，当前我国一些法律规范仍然存在着不协调、不适应、不好用的问题，特别是在食品药品、安全生产、生态环境等领域，仍然存在着法律规范该硬不硬、该严不严、该重不重的问题，法律规范体系还需要适应新时代的新要求，进一步健全完善。同时，作为社会实践经验的总结，法律也必然需要随着改革开放的脚步和社会实践的发展而不断发展。因此，在推进国家治理体系和治理能力现代化的大背景下，加快形成完备的法律规范体系仍然是一项艰巨繁重的历史任务，必须抓住提高立法质量这个关键，不断提高立法效率，加快完善法律、行政法规、地方性法规体系，以及与之相配套的制度规定和社会规范体系，不断增强法律规范体系的及时性、系统性、针对性、有效性，为全面依法治国提供基本依据。

### （二）加快形成高效的法治实施体系

法令行则国治，法令弛则国乱。高效的法治实施体系是连接良法与善治的桥梁。坚持和完善中国特色社会主义法治体系，重点是形成高效的法治实施体系，难点也是形成高效的法治实施体系。在国家和社会生活各方面总体上实现有法可依的情况下，有法必依、执法必严、违法必究就显得更为重要、更加紧迫，直接关系到全面依法治国的成效。当前，法律执行和实施仍然是最大的短板，一些执法司法机关不作为、乱作为、逐利违法、徇私枉法等问题仍然存在，少数地方的执法司法机关甚至同黑恶势力沆瀣一气，充当保护伞，严重损害了党和政府的形象、影响了法治的权威和尊严，阻碍了全面依法治国的进程，人民群众反映强烈、社会各方普遍关注。这些法治实施中的问题应当成为厉行法治的聚焦点和发力点，通过严格执法、公正司法、全民守法，确保法律法规全面有效实施，切实把我国制度优势、法治优势转化为治国理政的政治优势和治理效能。

### （三）加快形成严密的法治监督体系

不受制约和监督的权力必然导致滥用和腐败。立法权、执法权、司法权是人民民主专政政权极其重要的权力，立法机关、执法机关、司法机关是社会主义国家机器极其重要的组成部分，承担着确立行为规则、规范各种关系、维护公共秩序、制裁违法犯罪、实现公平正义、保障党和国家长治久安等重大职责。必须通过有效制约和监督，确保这些权力的行使永远体现党和人民意志，接受党和人民监督，始终为人民服务。要抓紧完善立法、执法、监察、司法权力运行制约和监督机制，加强党内监督、人大监督、监察监督、民主监督、行政监督、司法监督、审计监督、社会监督和舆论监督制度建设，努力形成科学有效的权力运行制约和监督体系，增强监督合力和实效。各级立法、执法、监察、司法机关及其工作人员应当自觉接受监督，知敬畏、存戒惧、守底线，习惯在监督和约束的环境中工作、生活。要坚决破除各种潜规则，绝不允许法外开恩，绝不允许办关系案、人情案、金钱案。坚决反对和克服特权思想、衙门作风、霸道作风，坚决反对和惩治粗暴执法、野蛮执法行为。对执法司法领域的腐败零容忍，坚决清除害群之马。

### （四）加快形成有力的法治保障体系

坚持和完善中国特色社会主义法治体系，加快形成有力的法治保障体系至关重要。没有一系列的保障基础和条件，全面依法治国就难以实现。要切实加强党对全面依法治国的领导，提高依法执政能力和水平，为全面依法治国提供方向引领和政治保障。要着力建设一支忠于党、忠于国家、忠于人民、忠于法律的社会主义法治工作队伍，为全面依法治国提供强有力的组织和人才保障。要充分运用大数据、云计算、人工智能等现代科技手段，全面建设“智慧法治”，为全面依法治国提供科技和信息保障。要加强中国特色社会主义法治理论研究，建设一批高水平的法治研究基地，为全面依法治国提供理论和智库支撑。各级党组织和领导干部都应当支持立法、执法、监察、司法机关依法履行职

新技术在法治保障体系中的应用

责，支持司法机关依法独立公正行使职权，严禁让立法、执法、监察、司法机关做违反法定职责、有碍法治公正的事情。

### （五）加快形成完善的党内法规体系

党内法规既是管党治党的重要依据，也是建设社会主义法治国家的重要保障。依规治党深入党心，依法治国才能深入民心。新时代我们党要履行好执政兴国的重大历史使命，赢得具有许多新的历史特点的伟大斗争，实现党和国家长治久安，必须始终坚持依法治国与依规治党有机统一，形成以党章为根本、若干配套党内法规为支撑的比较完善的党内法规体系。要坚持党规党纪严于国家法律，注重党内法规同国家法律相衔接相协调，实现管党治党和治国理政相贯通，充分发挥依规治党对依法治国的引领和保障作用，全面提高党依规治党和依法执政的能力和水平。

## 本章知识结构图

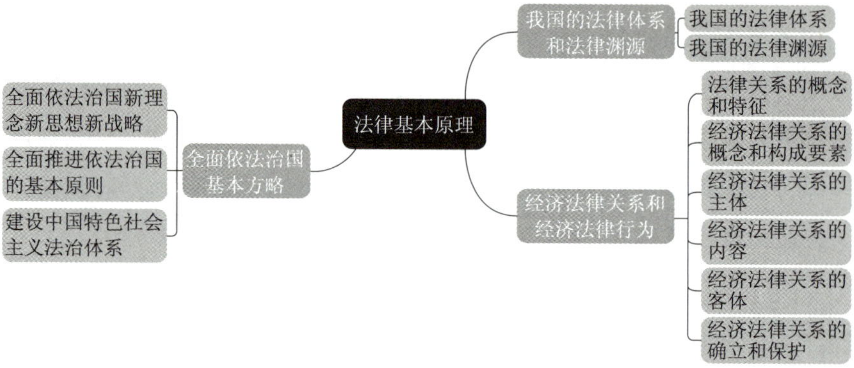


## 课后练习题

扫码做题

### 一、单项选择题

1. 下列关于法的本质与特征的表述中，不正确的是（　　）。

A. 法是由国家制定或认可的规范

B. 法是社会成员共同意志的体现

C. 法由统治阶级的物质生活条件所决定

D. 法凭借国家强制力的保证获得普遍遵行的效力

2. 下列对法所作的分类中，以法的空间效力、时间效力或对人的效力进行分类的是(　　)。

A. 成文法和不成文法　　B. 根本法和普通法

C. 一般法和特别法　　D. 实体法和程序法

3. 全面推进依法治国的总目标是(　　)。

A. 坚持中国共产党的领导，坚持人民主体地位

B. 法律面前人人平等

C. 建设中国特色社会主义法治体系，建设社会主义法治国家

D. 依法治国和以德治国相结合

## 二、多选选择题

1. 下列权利义务中，属于经济法律关系内容的有(　　)。

A. 所有权　　B. 纳税义务

C. 经营管理权　　D. 服兵役义务

2. 下列各项中，能够成为法律关系主体的有(　　)。

A. 公民　　B. 企业　　C. 物　　D. 非物质财富

## 三、思考题

请同学们学习《习近平关于全面依法治国论述摘编》，谈谈对全面依法治国方略的理解。

扫码做题

# 第二章　合同法律制度

【案例导入】

2021年12月，毕业于师范院校的原告孙某甲已31岁，距邵阳教师编制考试限制的年龄越来越近，却始终没有“上岸”。于是在同乡孙某乙的介绍下，在某信息咨询公司法定代表人廖某的办公场所与该公司签订了《教师招聘考试咨询指导服务合同》。双方约定，某信息咨询公司帮助孙某甲取得教师资格证并解决带编制的教师工作，收取15万元费用，且需预付9万元诚意金，待工作及教师资格证落实后再付剩余6万元款项，若不能落实则全额退款。

合同签订过程中，孙某甲发现并提出合同内容是“考试咨询指导”，与事先约定不符。但某信息咨询公司方解释“签合同只是形式，只要目的达成即可”。犹豫再三，孙某甲还是按照孙某乙的指示直接将9万元转入孙某乙的账户，由孙某乙出具收据。

而后，孙某甲多次催促，却迟迟未收到事情办妥的消息。直到2023年5月孙某乙病故，事没办成，钱也没退。孙某甲只好向某信息咨询公司追讨诚意金。信息咨询公司却声称，合同不是公司法定代表人廖某签订的，诚意金也没有转给廖某或公司，故不愿退款。

此时，孙某甲才意识到，这是一场针对她迫切找工作的心理而设下的骗局，于是将信息咨询公司诉至法院，要求解除《教师招聘考试咨询指导服务合同》，并要求信息咨询公司退还9万元。

法院审理后认为，孙某甲与信息咨询公司签订的《教师招聘考试咨询指导服务合同》内容是虚假的意思表示，合同无效，因此自然也不存在合同解除的问题。《教师招聘考试咨询指导服务合同》以提供招聘考试咨询指导服务为名，实质是托关系解决工作，违反行政法规和国家教育事业单位招录工作人员合法正规的聘用或者任用制度，违背公序良俗，损害了社会公共利益，亦为无效行为。

法院认为，在责任承担方面，虽然孙某甲的9万元直接支付给了孙某乙，但签订合同时信息咨询公司的法定代表人廖某、孙某乙均在现场，且加盖了公司公章，基于上述表象，孙某甲有理由相信孙某乙具有代理权，从而与其进行交易。某信息咨询公司管理不规范、以加盖公章的方式用自身企业信用为孙某乙的行为背书，应承担本案责任。同时，孙某甲投机取巧、动机不纯，企图通过非法途径谋求不正当利益，自身亦存在过错。

综上，法院酌定某信息咨询公司、孙某甲各承担85%、15%责任，判决某信息咨询公司应向原告返还76500元。双方均服判息诉。

思考：《中华人民共和国民法典》第一百五十三条第二款规定：违背公序良俗的民事法律行为无效。《最高人民法院关于适用〈中华人民共和国民法典〉合同编通则若干问题的解释》第十七条对违背公序良俗的行为进行了细化，其中第一款第（二）项明确“合同影响社会稳定、公平竞争秩序或者损害社会公共利益等违背社会公共秩序的”属于民法典规定的违背公序良俗的民事法律行为。

在认定合同是否违背公序良俗时，是以社会主义核心价值观为导向，综合考虑当事人的主观动机和交易目的、政府部门的监管强度、行为的社会后果等因素。国家机关和企事业单位招录人员都有严格的招考程序，本案中，某信息咨询公司与孙某乙抓住原告不惜花重金走捷径寻找稳定工作的心理，与其签订《教师招聘考试咨询指导服务合同》，以合法形式掩盖非法目的，通过非正常途径为原告谋取国家岗位和国家资格证书，这种行为不仅损害了国家机关形象与管理秩序，亦有损市场公平竞争及社会公共利益，违背公序良俗，当为无效行为。

《中华人民共和国民法典》第一百五十七条规定：民事法律行为无效、被撤销或者确定不发生效力后，行为人因该行为取得的财产，应当予以返还；不能返还或者没有必要返还的，应当折价补偿。有过错的一方应当赔偿对方由此所受到的损失；各方都有过错的，应当各自承担相应的责任。法律另有规定的，依照其规定。原告投机取巧、动机不纯，想着即使教师编制、教师资格证办不成也能要求退款，其企图通过非法途径谋求不正当利益的行为，违反了公序良俗，也应当承当相应责任。①

订立合同的过程是什么？如何在合同中保护自己的合法利益？

① 资料来源：中国法院网网站《找公司“买”个教师工作？法院：违背公序良俗，合同无效！》。

## 情境一　合同与合同法律制度概述

思　考:《民法典》的颁布有哪些历史意义?

《民法典》中第三编为合同编,合同编又包括通则、典型合同、准合同,共二十九章五百二十六条。《民法典》自 2021 年 1 月 1 日起施行,同时《中华人民共和国合同法》废止。《民法典》的颁布,彰显了时代精神,体现了与时俱进的时代性。《民法典》提供了完整、多样、便捷的权利保护方式,为多样的民事权利提供了多样的保护手段。通过保障民权,旨在实现人民的福祉,保障人民的美好幸福生活,这也为全面依法治国宏伟蓝图的实现奠定了坚实基础。

### 一、合同的概念和特征

合同,又称契约,有广义和狭义之分。广义的合同是指当事人之间设立的具有权利义务内容的协议。《民法典》合同编规定的合同是狭义上的合同,所谓合同,是指民事主体之间设立、变更、终止民事法律关系的协议。但是婚姻、收养、监护等有关身份的协议,适用有关该身份关系的法律规定,没有规定的,可以根据其性质参照适用本编规定。

《民法典》合同编所称合同具有如下特征:

(1)合同是平等主体之间的协议;

(2)合同主体的范围具有广泛性;

(3)合同的内容限于一定范围的民事权利义务关系;

(4)合同的客体具有多样性。

### 二、合同的种类

#### (一)有名合同与无名合同

根据合同法律是否对合同规定有确定的名称与调整规则为标准,可将合同分为有名合同与无名合同。有名合同是立法上确定了名称与规则的合同,又称为典型合同,比如买卖合同、赠与合同、借款合同、租赁合同等各类型合同。无名合同是立法上尚未规定有明确名称与规则的合同,又称非典型合同。

#### (二)单务合同与双务合同

根据合同当事人是否有相互负有对价义务为标准,可将合同分为单务合同与双务合同。常见的单务合同包括赠与合同;常见的双务合同包括买卖合同、承揽合同、租赁合同等。

(三)诺成合同与实践合同

根据合同成立除当事人的意思表示之外,是否还有其他现实给付为标准,可以将合同分为诺成合同与实践合同。诺成合同是当事人意思表示一致即可认定合同成立的合同,实践合同是指在当事人除了意思表示一致之外,还需要交付标的物或者其他现实给付行为才能成立的合同。常见的实践合同包括保管合同、自然人之间的借贷合同、定金合同。

思考:这些合同都需要交付哪些标的物?

## 三、基本原则

(一)平等原则

《民法典》第二条规定:"民法调整平等主体的自然人、法人和非法人组织之间的人身关系和财产关系。"平等原则,是指针对人格、法律地位、民事权利能力而言的一种平等。平等与特权、歧视是对立的。

微课 3:订立合同的基本原则

(二)自愿原则

《民法典》第五条规定:"民事主体从事民事活动,应当遵循自愿原则,按照自己的意思设立、变更、终止民事法律关系。"《民法典》中的自愿原则,既说的是自愿做出意思表示,也说的是要承担自己选择的结果。因欺诈、胁迫、乘人之危、显失公平做出的意思表示,就违反了自愿原则。

思考:我们常说的"巨婴"心理,就是一种违背自愿原则的体现,为什么呢?

提示:作为成年人,我们要勇于承担自己行为产生的后果,做有责任、有担当的人。

扫码做题

### （三）公平原则

《民法典》第六条规定：“民事主体从事民事活动，应当遵循公平原则，合理确定各方的权利和义务。”公平原则，是针对当事人之间民事交易的结果而言，要求权利、义务的配置是均衡的。例如，承运人在春运期间，以坐票价格出售站票，对于购买者而言，就是不公平的，因为其给付的对价与获得的收益是不成比例的。

想一想：我们常说的“功不唐捐”就是这个道理。我们做一件事情，所下的功夫、付出的努力不会白费，必然会在日后有所回报，这也符合公平原则。

### （四）诚实信用原则

《民法典》第七条规定：“民事主体从事民事活动，应当遵循诚信原则，秉持诚实，恪守承诺。”诚实信用原则要求与人为善、遵约守信。如果违反了约定，或者恶意加害对方，则不符合诚实信用的原则。

### （五）公序良俗原则

《民法典》第八条规定：“民事主体从事民事活动，不得违反法律，不得违背公序良俗。”这是对公民提出的道德要求。

### （六）节约资源、保护生态原则

《民法典》第九条规定：“民事主体从事民事活动，应当有利于节约资源、保护生态环境。”

“绿水青山就是金山银山”

党的十九大报告中指出，要坚持人与自然和谐共生。必须树立和践行绿水青山就是金山银山的理念，坚持节约资源和保护环境的基本国策。

# 情境二　合同的订立

## 子情境一　合同订立的主要条款

### 一、合同的形式

当事人订立合同，有书面形式、口头形式和其他形式。订立合同一般宜采用书面形式。《民法典》第一百三十五条规定："民事法律行为可以采用书面形式、口头形式或者其他形式；法律、行政法规规定或者当事人约定采用特定形式的，应当采用特定形式。"《民法典》明确规定非自然人之间的借款合同、保证合同、租赁期限为六个月以上的租赁合同、融资租赁合同、保理合同、建设工程合同、委托监理合同、技术开发合同、技术转让合同以及技术许可合同等应当采用书面形式。为了贯彻合同自愿原则，《民法典》第四百九十条规定："法律、行政法规规定或者当事人约定合同应当采用书面形式订立，当事人未采用书面形式但是一方已经履行主要义务，对方接受时，该合同成立。"

自愿原则的体现！

### 二、合同的内容与主要条款

根据《民法典》的规定，合同的内容由当事人约定，一般包括以下条款。

（1）当事人的姓名或者名称和住所。如果当事人是自然人，其住所就是其户籍所在地的居住地；自然人的经常居住地与住所不一致的，其经常居住地视为住所。如果当事人是法人，其住所是其主要办事机构所在地。如果法人有两个以上的办事机构，即应区分何者为主要办事机构，主要办事机构之外的办事机构为次要办事机构，应以该主要办事机构所在地为法人的住所。

（2）标的。标的是合同权利义务指向的对象。

（3）数量。标的的数量是确定合同标的的具体条件。

（4）质量。标的的质量也是确定合同标的的具体条件，是这一标的区别于同类另一标的的具体特征。

（5）价款或者报酬。价款和报酬是有偿合同的主要条款。价款是取得标的物所应支付的代价；报酬是获得服务所应支付的代价。

（6）履行期限、地点和方式。履行期限直接关系到合同义务完成的时间，涉及当事人的期限利益，也是确定违约与否的因素之一。

（7）违约责任。违约责任是促使当事人履行债务，使守约方免受或少受损失的法律措施，对当事人的利益关系重大，合同对此应予明确。

（8）解决争议的方法。一旦合同成立，履行中产生争议，双方应通过协商、仲裁或是诉讼解决其争议，这样有利于合同争议的管辖和尽快解决，并最终从程序上保障了当事人的实体性权益。

当事人可以参照各类合同的示范文本订立合同。

## 三、合同的成立

（1）合同成立的时间。承诺生效时合同成立，但是法律另有规定或者当事人另有约定的除外。

**知识加油站**

为适应电子商务和数字经济快速发展的需要，规范电子交易行为，《民法典》对电子合同订立的特殊规则作了规定，彰显了《民法典》的时代特色，为新需求、新方式提供了明确的法律规则。

（2）合同成立的地点。承诺生效的地点为合同成立的地点。

## 四、缔约过失责任

### （一）缔约过失责任的概念

诚实信用原则的体现！

缔约过失责任，是指当事人在订立合同的过程中，因违背诚实信用原则而致对方损失时所应承担的损害赔偿责任。缔约过失责任发生于合同订立阶段，它不同于违约责任。承担违约责任的前提是合同已成立并生效。

### （二）缔约过失责任的适用

根据《民法典》第五百条的规定，当事人在订立合同过程中有下列情形之一，造成对方损失的，应当承担赔偿责任：①假借订立合同，恶意进行磋商；②故意隐瞒与订立合同有关的重要事实或者提供虚假情况；③有其他违背诚信原则的行为。根据《民法典》第五百零一条的规定，当事人在订立合同过程中知悉的商业秘密或者其他应当保密的信息，无论合同是否成立，不得泄露或者不正当地使用；泄露、不正当地使用该商业秘密或者信息，造成对方损失的，应当承担赔偿责任。

## 子情境二 要约与承诺

微课 4:要约与承诺

### 一、合同订立的方式

《民法典》第四百七十一条规定："当事人订立合同，可以采取要约、承诺方式或者其他方式。"具体来说，订立合同的方式包括要约、承诺和其他方式。

### 二、要约

#### （一）要约的定义

要约，是当事人一方向对方发出的希望与对方订立合同的意思表示。发出要约的一方称要约人，接受要约的一方称受要约人。

（1）要约人应是具有缔约能力的特定人。

（2）要约的内容须具体、确定。

（3）要约具有缔结合同的目的，并表示要约人受其约束。

（4）要约必须发给要约人希望与其订立合同的受要约人。

（5）要约应以明示方式发出。

（6）要约必须送达于受要约人。

#### （二）要约的撤回与撤销

**1. 要约撤回**

要约撤回是指在要约发出后、生效前，要约人使要约不发生法律效力的意思的表示。要约一旦送达受要约人或被受要约人了解，即发生法律效力。

条件：撤回要约的通知应当在要约到达受要约人之前或者与要约同时到达受要约人。

**2. 要约撤销**

要约的撤销是指，要约人在要约生效后而受要约人承诺之前，使该要约丧失法律效力的意思表示。

条件：要约撤销的通知应当在受要约人发出承诺通知之前到达受要约人。

3. **图例**

如图 2-1 所示，要约的撤回是在生效之前，而要约的撤销是在生效之后。撤销的目的是使生效的要约失效。

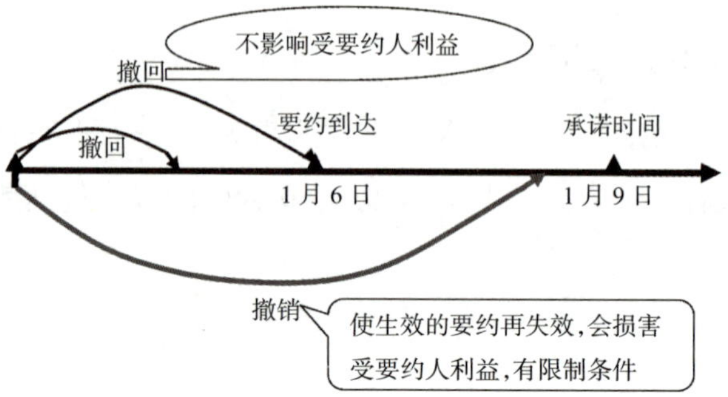


图 2-1　要约的撤回与撤销

4. **要约撤销限制**

有下列情形之一的，要约不得撤销：

（1）要约人确定了承诺期限或者以其他方式明示要约不可撤销；

（2）受要约人有理由认为要约是不可撤销的，并且已经为履行合同做了合理准备工作。

### （三）从对比角度理解撤回与撤销

要约的撤回与撤销之间的区别见表 2-1。

表 2-1　要约的撤回与撤销之间的区别

| 维度 | 撤回 | 撤销 |
| --- | --- | --- |
| 时间 | 在要约生效前 | 在要约生效后 |
| 目的 | 阻止要约生效 | 使生效的要约失效 |
| 条件 | 先于要约或者与要约同时到达受要约人 | 要约生效后承诺前到达 |
| 限制 | 无限制 | 限制严格（第一，要约人确定了承诺期限或者以其他方式明示要约不可撤销；第二，受要约人有理由认为要约是不可撤销的，并且已经为履行合同做了合理准备工作） |

### （四）要约邀请

**1. 定义**

要约邀请是希望他人向自己发出要约的表示。

**2. 要约与要约邀请的区别**

一般而言，要约是当事人希望和他人订立合同的意思表示，以订立合同为直接目的，而要约邀请是希望对方向自己发出要约的意思表示；要约大多数是针对特定的相对人的，往往采用对话和信函的方式，而要约邀请一般是针对不特定的相对人的，故往往通过电视、报刊等媒介手段；要约的内容必须具备足以使合同成立的主要条件，如明确的标的额、标的物数量、质量、价款报酬、履行期限等，而要约邀请则不具备这些条件。

常见的要约邀请包括：拍卖广告、招标公告、招股说明书、债券募集办法、基金招募说明书、商业广告和宣传、寄送的价目表等。商业广告和宣传的内容符合要约条件的，构成要约。

悬赏广告虽然是针对不特定人的，但是它是要约。

## 三、承诺

### （一）承诺的概念

承诺，是指受要约人同意要约的意思表示。承诺的法律效力在于，承诺一经作出，并送达要约人，合同即告成立，要约人不得加以拒绝。

### （二）承诺的撤回

承诺可以撤回。撤回承诺的通知应当在承诺通知到达要约人之前或者与承诺通知同时到达要约人。根据《民法典》第四百八十六条规定："受要约人超过承诺期限发出承诺，或者在承诺期限内发出承诺，按照通常情形不能及时到达要约人的，为新要约；但是，要约人及时通知受要约人该承诺有效的除外。"

微课 5:合同的效力

# 情境三　合同的效力

## 一、合同效力的概念

合同效力,是指合同在法律上的约束力。根据合同法律制度的规定,从效力角度可以将合同划分为有效合同、无效合同、效力待定合同和可变更、可撤销的合同四大类。

## 二、有效合同

### (一)有效合同的概念

有效合同,又称生效合同,是指符合法律规定的有效要件,因而对当事人具有法律约束力的合同。合同生效应具备以下要件:①合同当事人具有相应的民事权利能力和民事行为能力;②合同方当事人意思表示真实;③合同内容不违反法律、行政法规或者社会公共利益;④订立合同的程序和形式合法(包括办理法定的登记、审批手续)。

### (二)合同生效的时间

依法成立的合同,自成立时生效。但是法律另有规定或者当事人另有约定的除外。

## 三、无效合同

### (一)无效合同的概念

无效合同,是指不具备合同有效要件因而在法律上对当事人无约束力的合同。它不同于合同未成立。

### (二)无效合同的适用情形

**1. 合同无效**

有下列情形之一的,合同无效:①一方以欺诈、胁迫的手段订立合同,损害国家利益;②恶意串通,损害国家、集体或者第三人利益;③以合法形式掩盖非法目的;④损害社会公共利益;⑤违反法律、行政法规的强制性规定。

**2. 免责条款无效**

合同中的下列免责条款无效:①造成对方人身伤害的;②因故意或者重大过失造成对方财产损失的。

思考:为什么这些免责条款是无效的?

______

______

______

______

扫码做题

**3. 格式条款无效**

格式条款具有以上情形的,或者提供格式条款一方不合理地免除或减轻其责任、加重对方责任、限制对方主要权利的、排除对方主要权利的,该条款无效。

## 四、效力待定合同

### (一)效力待定合同的概念

效力待定合同,是指合同虽然已经成立,但因其不完全符合有关生效要件,故其效力尚未确定的合同。一般须经有权人表示承认才能生效。

### (二)效力待定合同的适用情形

效力待定合同的适用情形包括:①限制民事行为能力人依法不能独立订立的合同;②无权代理人以被代理人的名义订立的合同;③无处分权人处分他人财产而订立的合同。

## 五、可变更、可撤销的合同

### (一)可变更、可撤销合同的概念

可变更、可撤销合同,是指因意思表示不真实,当事人一方有权请求人民法院或仲裁机构予以变更或撤销的合同。

### (二)可变更、可撤销合同的适用情形

可变更、可撤销合同的适用情形包括:①因重大误解订立的合同;②在订立合同时显失公平的合同;③以欺诈、胁迫手段或乘人之危订立的合同。

学习了有关合同效力的相关知识,同学们不妨也画一个思维导图(参考图 2-2),梳理一下自己的思路!

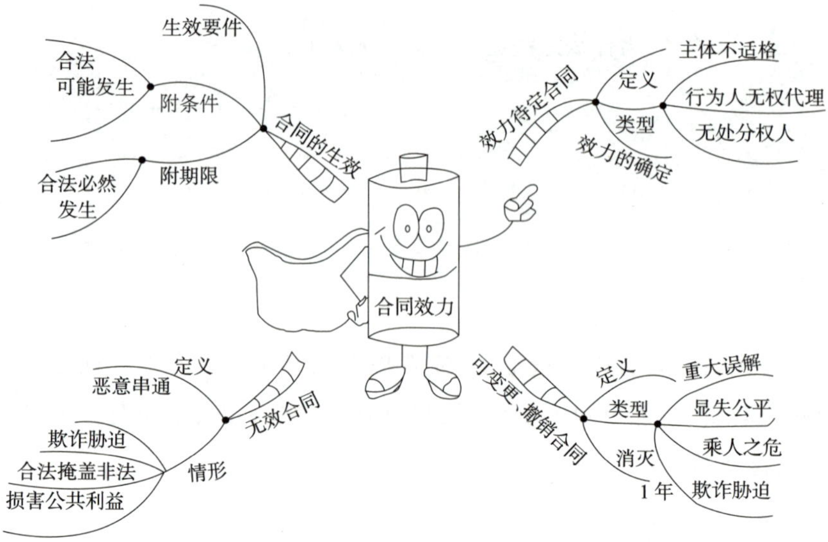


图 2-2 合同的效力思维导图[①]

# 情境四 合同的履行

## 一、合同的履行原则

### （一）全面履行原则

《民法典》第五百零九条规定："当事人应当按照约定全面履行自己的义务。"

### （二）诚实信用原则

《民法典》第五百零九条规定："当事人应当遵循诚信原则，根据合同的性质、目的和交易习惯履行通知、协助、保密等义务。"

## 二、合同履行中的具体规则

### （一）合同条款不明确时的履行规则

当事人在订立合同条款时，难免有不确定的地方。对此，《民法典》第五百一十条规定："合同生效后，当事人就质量、价款或者报酬、履行地点等内容没有约定或者约定不明确的，可以协议补充；不能达成补充协议的，按照合同相关条款或者交易习惯确定。"

《民法典》第五百一十一条规定："当事人就有关合同内容约定不明

① 唐文琪、王晨瑜、王洁、王梦月、王鑫森、王彦晶绘。

确，依据前条规定仍不能确定的，适用下列规定：

"（一）质量要求不明确的，按照强制性国家标准履行；没有强制性国家标准的，按照推荐性国家标准履行；没有推荐性国家标准的，按照行业标准履行；没有国家标准、行业标准的，按照通常标准或者符合合同目的的特定标准履行。

"（二）价款或者报酬不明确的，按照订立合同时履行地的市场价格履行；依法应当执行政府定价或者政府指导价的，依照规定履行。

"（三）履行地点不明确，给付货币的，在接受货币一方所在地履行；交付不动产的，在不动产所在地履行；其他标的，在履行义务一方所在地履行。

"（四）履行期限不明确的，债务人可以随时履行，债权人也可以随时请求履行，但是应当给对方必要的准备时间。

"（五）履行方式不明确的，按照有利于实现合同目的的方式履行。

"（六）履行费用的负担不明确的，由履行义务一方负担；因债权人原因增加的履行费用，由债权人负担。"

### （二）政府价格调整时的履行规则

《民法典》第五百一十三条规定："执行政府定价或者政府指导价的，在合同约定的交付期限内政府价格调整时，按照交付时的价格计价。逾期交付标的物的，遇价格上涨时，按照原价格执行；价格下降时，按照新价格执行。逾期提取标的物或者逾期付款的，遇价格上涨时，按照新价格执行；价格下降时，按照原价格执行。"

## 三、合同履行中的抗辩权

### （一）同时履行抗辩权

《民法典》第五百二十五条规定："当事人互负债务，没有先后履行顺序的，应当同时履行。一方在对方履行之前有权拒绝其履行请求。一方在对方履行债务不符合约定时，有权拒绝其相应的履行请求。"

### （二）先履行抗辩权（不安抗辩权）

先履行抗辩权，又称不安抗辩权，是指在双务合同中，应先履行债务的一方当事人在有对方当事人（后履行一方）将难以履行合同的确切证据时，可以暂时中止履行合同的权利。

### （三）后履行抗辩权

后履行抗辩权，是指双务合同中，应当先履行义务的一方当事人，有确切证据证明相对人财产明显减少或欠缺信用，不能保证对待给付时，有暂时中止履行合同的权利。

## 四、合同履行中的债权保全

债权保全，是指为了防止债务人的财产不当减少而允许债权人对债务人的不当行为行使撤销权或者对第三人行使代位权以保障债权得以实现的一种法律制度。

### （一）代位权

代位权是指因债务人怠于行使其债权或者与该债权有关的从权利，影响债权人的到期债权实现的，债权人可以向人民法院请求以自己的名义代位行使债务人对相对人的权利。根据《民法典》的规定，债权人提起代位权诉讼，应当符合下列条件：

（1）债权人对债务人的债权合法；

（2）债务人怠于行使其到期债权，对债权人造成损害；

（3）债务人的债权已到期；

（4）债务人的债权不是专属于债务人自身的债权。

专属于债务人自身的债权，是指基于扶养关系、抚养关系、赡养关系、继承关系产生的给付请求权和劳动报酬、退休金、养老金、抚恤金、安置费、人寿保险、人身伤害赔偿请求权等权利。

### （二）撤销权

撤销权，是指当债务人处分其财产或者权利对债权人造成损害时，债权人享有的请求法院撤销债务人该行为的权利。根据《民法典》的规定，债权人提起撤销权诉讼应当符合下列条件：

（1）债务人实施了一定的处分其财产或者权利的行为；

（2）债务人实施的处分行为须发生于债务成立之时或之后；

（3）债务人的处分行为会对债权人造成损害；

（4）债务人和受让人主观上有恶意或过错。

如果是无偿处分行为，则不以受让人主观上是否有恶意或过错为要件。

撤销权自债权人知道或者应当知道撤销事由之日起一年内行使。自债务人的行为发生之日起五年内没有行使撤销权的,该撤销权消灭。

合同的履行涉及多个履行规则,同学们不妨尝试画一个思维导图(参考图 2-3),梳理一下自己的思路吧!

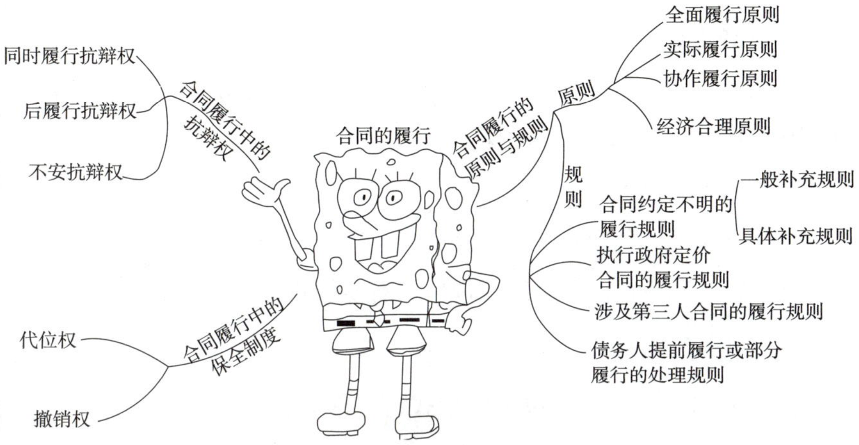


图 2-3　合同的履行思维导图①

## 情境五　合同的担保

合同的担保,是指根据法律规定或者合同约定,合同双方当事人为保障合同切实履行所采取的具有法律约束力的措施。担保包括保证、抵押、质押和留置。

### 一、保证

#### (一)保证的概念

保证是指保证人和债权人约定,当债务人不履行到期债务或者发生当事人约定的情形时,保证人按照约定履行债务或者承担责任的行为。保证人应为主合同当事人以外的第三人。

#### (二)保证人的资格

具有代为清偿债务能力的法人、其他组织或者公民,可以做保

① 唐文琪、王晨瑜、王洁、王梦月、王鑫淼、王彦晶绘。

证人。

（1）机关法人不得为保证人，但经国务院批准为使用外国政府或者国际经济组织贷款进行转贷的除外。

（2）以公益为目的的非营利法人、非法人组织不得为保证人。

### （三）保证的方式

保证的方式有一般保证和连带责任保证。当事人在保证合同中对保证方式没有约定或者约定不明确的，按照一般保证承担保证责任。

**1. 一般保证**

一般保证，是指当事人在保证合同中约定，债务人不能履行债务时，由保证人承担保证责任的保证。

**2. 连带责任保证**

当事人在保证合同中约定保证人与债务人对债务承担连带责任的，为连带责任保证。连带保证责任具有从属性，但不具有补充性。

### （四）保证合同

保证人与债权人应当以书面形式订立保证合同。

### （五）保证责任

**1. 保证责任的范围**

根据《中华人民共和国担保法》的规定，保证担保的责任范围包括主债权及利息、违约金、损害赔偿金和实现债券的费用。保证合同对范围另有约定的，从其约定。当事人对保证担保的范围没有约定或约定不明的，保证人应当对全部债务承担责任。

**2. 保证责任的期间**

保证期间是确定保证人承担保证责任的期间，不发生中止、中断和延长。债权人与保证人可以约定保证期间，但是约定的保证期间早于主债务履行期限或者与主债务履行期限同时届满的，视为没有约定；没有约定或者约定不明确的，保证期间为主债务履行期限届满之日起六个月。债权人与债务人对主债务履行期限没有约定或者约定不明确的，保证期间自债权人请求债务人履行债务的宽限期届满之日起计算。

### （六）保证人的追偿权

保证人承担保证责任后，有权向债务人追偿其代为清偿的部分。

保证人对债务人行使追偿权的诉讼时效，自保证人向债权人承担责任之日起开始计算。

## 二、抵押

### （一）抵押的概念

抵押是指为担保债务的履行，债务人或者第三人不转移财产的占有，将该财产抵押给债权人，债务人不履行到期债务或者发生当事人约定的实现抵押权的情形，债权人有权就该财产优先受偿。

### （二）抵押物的范围

《民法典》中的物权编规定了下列财产不得设定抵押：①土地所有权；②宅基地、自留地、自留山等集体所有的土地使用权，但依法可以抵押的除外，如乡村企业厂房占用的土地使用权，依法可以与地上厂房同时抵押；③学校、幼儿园、医院等以公益为目的的非营利法人的教育设施、医疗卫生设施和其他公益设施；④所有权、使用权不明或有争议的财产；⑤依法被查封、扣押、监管的财产；⑥依法不得抵押的其他财产。

### （三）抵押合同

抵押人和抵押权人应当以书面形式订立抵押合同。

抵押合同一般包括下列条款：①被担保债权的种类和数额；②债务人履行债务的期限；③抵押财产的名称、数量等情况；④担保的范围。

### （四）抵押的效力

抵押担保的范围包括主债权及利息、违约金、损害赔偿金和实现抵押权的费用。当事人另有约定的，可以按照约定。抵押权不得与债权分离而单独转让或者作为其他债权的担保。抵押权与其担保的债权同时存在，债权消灭的，抵押权也消灭。

### （五）抵押权的实现

一般情况下，抵押财产折价或者变卖、拍卖后，直接以所得价款清偿债务，价款若超过债权数额，剩余部分归抵押人所有，若不足债权数额，债务人负继续清偿义务，只不过剩余债权不再享有优先受偿权。《民法典》第四百一十四条规定："同一财产向两个以上债权人抵押的，拍卖、变卖抵押财产所得的价款依照下列规定清偿：

"（一）抵押权已经登记的，按照登记的时间先后确定清偿顺序；

"(二)抵押权已经登记的先于未登记的受偿;

"(三)抵押权未登记的,按照债权比例清偿。

"其他可以登记的担保物权,清偿顺序参照适用前款规定。"

## 三、质押

### (一)质押的概念

质押转移占有,抵押不转移占有

质押包括动产质押和权利质押两种。为担保债务的履行,债务人或者第三人将其动产或权利出质给债权人占有,当债务人不履行到期债务或者发生当事人约定的实现质权的情形时,债权人有权就该动产或权利优先受偿。债务人或第三人为出质人,债权人为质权人,交付的动产为质押财产或质物。

### (二)动产质押

除法律法规禁止转让的动产外,原则上所有动产均可出质。

### (三)权利质押

债务人或者第三人有权处分的下列权利可以出质:①汇票、本票、支票;②债券、存款单;③仓单、提单;④可以转让的基金份额、股权;⑤可以转让的注册商标专用权、专利权、著作权等知识产权中的财产权;⑥现有的以及将有的应收账款;⑦法律、行政法规规定可以出质的其他财产权利。

## 四、留置

### (一)留置的概念

债务人不履行到期债务,债权人可以留置已经合法占有的债务人的动产,并有权就该动产优先受偿。

### (二)留置的成立要件

根据《民法典》的规定,留置财产应符合以下要件:①债权人须已合法地占有债务人的财产,并有权就该动产优先受偿,债权人不得通过非法手段占有债务人的财产;②该财产须与债权属于同一法律关系,但是企业之间的留置除外;③债务已届清偿期;④不违反约定。当事人可以在合同中约定不得留置的物。

### （三）留置担保的范围

留置担保的范围包括主债权及利息、违约金、损害赔偿金，留置物保管费用和实现留置权的费用。

## 情境六　合同的变更、转让和终止

### 一、合同的变更

合同的变更有狭义和广义之分。在《民法典》合同编中，合同的变更仅指合同内容的变更。根据《民法典》第五百四十三条、第五百四十四条的规定，当事人协商一致，可以变更合同。当事人对合同变更的内容约定不明确的，推定为未变更。

### 二、合同的转让

合同的转让，即合同主体的变更，是指合同当事人一方依法将其合同权利或义务全部或部分转让给第三人。合同的转让分为权利转让、义务转让（转移）、权利和义务一并转让（概括转让）。

### （一）权利转让

根据《民法典》第五百四十五条的规定，债权人可以将债权的全部或者部分转让给第三人，但有下列情形之一的除外：①根据债权性质不得转让；②按照当事人约定不得转让；③依照法律规定不得转让。当事人约定非金钱债权不得转让的，不得对抗善意第三人。当事人约定金钱债权不得转让的，不得对抗第三人。

根据《民法典》第五百四十六条的规定，债权人转让债权，未通知债务人的，该转让对债务人不发生效力。债权转让的通知不得撤销，但是经受让人同意的除外。

### （二）义务转移

根据《民法典》第五百五十一条的规定，债务人将债务的全部或者部分转移给第三人的，应当经债权人同意。债务人或者第三人可以催告债权人在合理期限内予以同意，债权人未作表示的，视为不同意。根据《民法典》第五百五十二条的规定，第三人与债务人约定加入债务并通知债权人，或者第三人向债权人表示愿意加入债务，债权人未在合理期限内明确拒绝的，债权人可以请求第三人在其愿意承担的债务范围内和债务人承担连带债务。

### （三）权利义务一并转让

当事人一方经对方同意，可以将自己在合同中的权利和义务一并转让给第三人。合同的权利和义务一并转让的，适用债权转让、债务转移的规定。

## 三、合同的权利义务终止

### （一）合同的权利义务终止的概念

合同的权利义务终止，是指依法生效的合同，因具备法定情形和当事人约定的情形合同债权、债务归于消灭，债权人不再享有合同权利，债务人也不必再履行合同义务。

### （二）合同权利义务终止的具体情形

**1. 债务已经履行**

债务已经履行，是指债务人按照约定的标的、质量、数量、价款或者报酬履行期限、地点和方式全面履行。以下情况也属于按照合同内容约定履行：①当事人约定的第三人按照合同履行；②债权人同意以他种给付代替合同原定给付；③当事人之外的第三人接受履行。

**2. 债务相互抵销**

根据《民法典》第五百六十八条的规定，当事人互负债务，该债务的标的物种类、品质相同的，任何一方可以将自己的债务与对方的到期债务抵销；但是，根据债务性质、按照当事人约定或者依照法律规定不得抵销的除外。当事人主张抵销的，应当通知对方。通知自到达对方时生效。抵销不得附条件或者附期限。根据《民法典》第五百六十九条规定，当事人互负债务，标的物种类、品质不相同的，经协商一致，也可以抵销。

**3. 债务人依法将标的物提存**

提存，是指由于债权人的原因，债务人无法向其交付合同标的物而将该标的物交给提存机关，从而消灭债权的制度。

根据《民法典》第五百七十条的规定，有下列情形之一，难以履行债务的，债务人可以将标的物提存：①债权人无正当理由拒绝受领；②债权人下落不明;③债权人死亡未确定继承人、遗产管理人,或者丧失民事行为能力未确定监护人;④法律规定的其他情形。标的物不适于提存或者提存费用过高的,债务人依法可以拍卖或者变卖标的物,提存所得的价款。

**4. 债权人依法免除债务**

根据《民法典》第五百七十五条的规定,债权人免除债务人部分或全部债务的,债权债务部分或者全部终止,但是债务人在合理期限内拒绝的除外。

**5. 债权债务同归于一人**

根据《民法典》第五百七十六条的规定,债权和债务同归于一人的,债权债务终止,但是损害第三人利益的除外。

**6. 合同解除**

合同解除,是指合同有效成立后,当具备法律规定的合同解除条件时,因当事人一方或者双方意思表示而使合同关系归于消灭的行为。合同解除,有约定解除合同和法定解除合同两种情况。

1)约定解除

根据《民法典》第五百六十二条的规定,当事人协商一致,可以解除合同。当事人可以约定一方解除合同的事由。解除合同的事由发生时,解除权人可以解除合同。

2)法定解除

根据《民法典》第五百六十三条的规定,有下列情形之一的,当事人可以解除合同:①因不可抗力致使不能实现合同目的;②在履行期限届满前,当事人一方明确表示或者以自己的行为表明不履行主要债务;③当事人一方迟延履行主要债务,经催告后在合理期限内仍未履行;④当事人一方迟延履行债务或者有其他违约行为致使不能实现合同目的;⑤法律规定的其他情形。以持续履行的债务为内容的不定期合同,当事人可以随时解除合同,但是应当在合理期限之前通知对方。

根据《民法典》第五百六十五条的规定,当事人一方依法主张解除合同的,应当通知对方。合同自通知到达对方时解除;通知载明债务人在一定期限内不履行债务则合同自动解除,债务人在该期限内未履行债务的,合同自通知载明的期限届满时解除。对方对解除合同有异议的,任何一方当事人均可以请求人民法院或者仲裁机构确认解除行为的效力。当事人一方未通知对方,直接以提起诉讼或者申请仲裁的方式依法主张解除合同,人民法院或者仲裁机构确认该主张的,合同自起诉状副本或者仲裁申请书副本送达对方时解除。

根据《民法典》第五百六十六条的规定,合同解除后,尚未履行的,终止履行;已经履行的,根据履行情况和合同性质,当事人可以请求恢复原状或者采取其他补救措施,并有权请求赔偿损失。合同因违约解除的,解除权人可以请求违约方承担违约责任,但是当事人另有约定的除外。主合同解除后,担保人对债务人应当承担的民事责任仍应当承担担保责任,但是担保合同另有约定的除外。

根据《民法典》第五百六十七条的规定,合同的权利义务关系终止,不影响合同中结算和清理条款的效力。

## 情境七　违约责任

微课6:违约责任

### 一、违约责任的概念

违约责任,是指在合同有效成立后,合同当事人一方不履行合同义务或者履行合同义务不符合约定的,应当承担继续履行、采取补救措施或者赔偿损失等违约责任。

### 二、违约责任的归责原则

违约责任的归责原则,是指在追究合同当事人的违约责任中应遵循的基本准则。归责原则直接决定着违约责任的构成要件,当事人的举证责任以及责任的范围。根据《民法典》的规定,对于不同的违约纠纷应当适用严格责任原则、过错责任原则、特殊过错责任原则三种不同的原则来处理。

#### (一)严格责任原则

严格责任原则,也称无过错责任原则,是指当事人违反合同义务即应承担责任。《民法典》第五百七十七条和第五百九十三条对严格责任原则有相关规定。由此可见,严格责任原则适用于一般的合同关系。

#### (二)过错责任原则

过错责任原则,是指合同当事人违反合同义务且存在过错时才承担违约责任。这一原则仅在少数合同关系中适用。

### （三）特殊过错责任原则

特殊过错责任原则，是指当事人违反合同义务且存在故意或者重大过失时才承担违约责任。这一原则仅适用于无偿合同。

## 三、承担违约责任的方式

根据《民法典》的规定，当事人承担违约责任的方式主要有：继续履行、采取其他补救措施、支付违约金、赔偿损失、定金制裁等等。

### （一）继续履行

继续履行，又称实际履行，是指当债务人不履行合同义务时，债权人可以请求人民法院或仲裁机构强制债务人实际履行合同义务。继续履行意味着当事人不得以其他方式代替合同义务的履行。当事人订立合同均基于一定目的。只有合同义务得到全面履行，当事人的订约目的才能最终实现。对此，《民法典》第五百八十条和第五百八十五条第三款有相关规定。

### （二）采取补救措施

采取补救措施主要适用于当事人交付的标的物质量不符合约定的情形。对此，受损方可以根据具体情况，合理选择要求对方承担修理、更换、重作、退货、减少价款或者报酬等违约责任。

### （三）支付违约金

违约金，是指按照当事人的约定或者法律的规定，一方当事人违约时应当向对方支付的一定数额的违约金，也可以约定因违约产生的损失赔偿额的计算方法。约定的违约金低于造成的损失的，人民法院或者仲裁机构可以根据当事人的请求予以增加；约定的违约金过分高于造成的损失的，人民法院或者仲裁机构可以根据当事人的请求予以适当减少。

### （四）赔偿损失

赔偿损失赔偿应相当于因违约造成的损失，包括合同履行后可以获得的利益，但不得超过违约方订立合同时预见到或者应当预见到的因违反合同可能造成的损失。

### （五）定金制裁

当事人可以依照《民法典》约定一方向对方给付定金作为债权的担

保。定金合同自实际交付定金时成立。定金的数额由当事人约定;但是不得超过主合同标的额的百分之二十,超过部分不产生定金的效力。实际交付的定金数额多于或者少于约定数额的,视为变更约定的定金数额。

债务人履行债务的,定金应当抵作价款或者收回。给付定金的一方不履行债务或者履行债务不符合约定,致使不能实现合同目的的,应当双倍返还定金。

当事人既约定违约金,又约定定金的,一方违约时,对方可以选择适用违约金或者定金条款。定金不足以弥补一方违约造成的损失的,对方可以请求赔偿超过定金数额的损失。

## 四、违约责任的免除

违约责任的免除存在于三种情况:其一,非违约方免于追究;其二,当事人在合同中约定的免责事由出现;其三,发生不可抗力事件。

《民法典》第五百九十条规定:“当事人一方因不可抗力不能履行合同的,根据不可抗力的影响,部分或者全部免除责任,但是法律另有规定的除外。因不可抗力不能履行合同的,应当及时通知对方,以减轻可能给对方造成的损失,并应当在合理期限内提供证明。

“当事人迟延履行后发生不可抗力的,不免除其违约责任。”

## 本章知识结构图

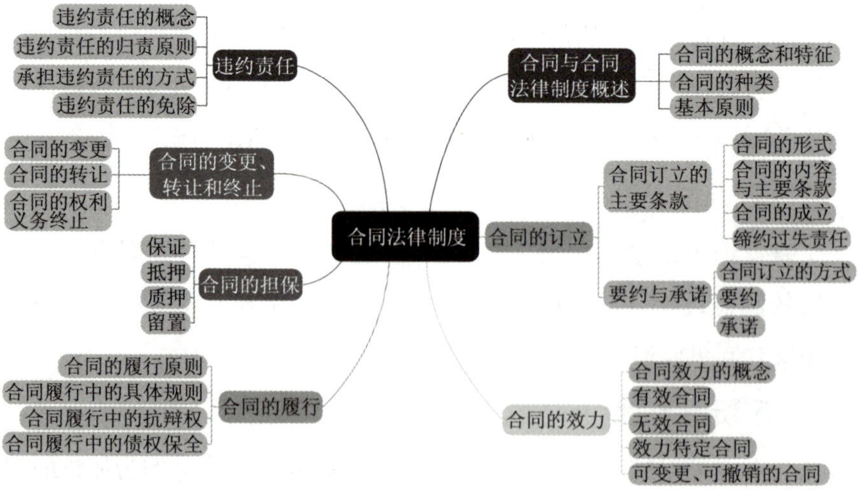

# 课后练习题

扫码做题

## 一、单项选择题

1. 下列协议中,不适用《中华人民共和国民法典》合同编的是(　　)。

A. 监护协议　　B. 房屋租赁协议

C. 专利转让协议　　D. 股权转让协议

2. 甲公司于3月5日向乙企业发出签订合同的要约信函。3月8日乙企业收到甲公司声明该要约作废的传真。3月10日乙公司收到该要约的信函。根据合同法律制度的规定,甲公司发出传真声明要约作废的行为属于(　　)。

A. 要约撤回　　B. 要约撤销

C. 要约生效　　D. 要约失效

3. 甲商场向乙企业发出采购100台电冰箱的要约,乙企业于5月1日寄出承诺信件,5月8日信件寄至甲商场,时逢其总经理外出,5月9日总经理知悉了该信内容,遂于5月10日电话告知乙收到承诺。根据合同法律制度的规定,该承诺的生效时间是(　　)。

A. 5月1日　　B. 5月8日

C. 5月9日　　D. 5月10日

4. 陈某以信件发出要约,信件未载明承诺开始日期,仅规定承诺期限为10天。5月8日,陈某将信件投入邮箱;邮局将信件加盖5月9日邮戳发出;5月11日,信件送达受要约人李某的办公室;李某因外出,直至5月15日才知悉信件内容。根据合同法律制度的规定,该承诺期限的起算日为(　　)。

A. 5月8日　　B. 5月9日

C. 5月11日　　D. 5月15日

5. 甲公司在与乙公司协商购买某种零件时提出,由于该零件的工艺要求高,只有乙公司先行制造出符合要求的样品后,才能考虑批量购买。乙公司完成样品后,甲公司因经营战略发生重大调整,遂通知乙公司:本公司已不需此种零件,终止谈判。根据合同法律制度的规定,下列选项中,正确的是(　　)。

A. 甲公司构成违约,应当赔偿乙公司的损失

B. 甲公司的行为构成缔约过失，应当赔偿乙公司的损失

C. 甲公司的行为构成缔约过失，但无须赔偿乙公司的损失

D. 甲公司不应赔偿乙公司的任何损失

6. 甲公司于6月5日以传真方式向乙公司求购一台机床，要求“立即回复”。乙公司当日回复“收到传真”。6月10日，甲公司电话催问，乙公司表示同意按甲公司报价出售，并要求甲公司于6月15日来人签订合同书。6月15日，甲公司前往签约，乙公司要求加价，未获同意，乙公司遂拒绝签约。根据合同法律制度的规定，下列表述中，正确的是(　　)。

A. 买卖合同于6月5日成立

B. 买卖合同于6月10日成立

C. 买卖合同于6月15日成立

D. 甲公司有权要求乙公司承担缔约过失责任

7. 甲、乙两公司拟签订一份书面买卖合同，甲公司签字盖章后尚未将书面合同邮寄给乙公司时，即接到乙公司按照合同约定发来的货物，甲公司经清点后将该批货物入库。次日将签字盖章后的书面合同发给乙公司。乙公司收到后，即在合同上签字盖章。根据合同法律制度的规定，该买卖合同的成立时间是(　　)。

A. 甲公司签字盖章时

B. 乙公司签字盖章时

C. 甲公司接受乙公司发来的货物时

D. 甲公司将签字盖章后的合同发给乙公司时

8. 甲是乙公司采购员，已离职。丙公司是乙公司的客户，已被告知甲离职的事实，但当甲持乙公司盖章的空白合同书，以乙公司名义与丙公司洽购100吨白糖业务时，丙公司仍与其签订了买卖合同。根据合同法律制度的规定，下列表述中，正确的是(　　)。

A. 甲的行为构成无权代理，合同效力待定

B. 甲的行为构成无权代理，合同无效

C. 丙公司有权在乙公司追认合同之前，行使撤销权

D. 丙公司可以催告乙公司追认合同，如乙公司在一个月内未作表示，合同有效

9. 根据合同法律制度的规定，当事人对合同价款约定不明确，又没

有政府定价或指导价可供参照时，合同价款的确定规则为（　　）。

A. 按照订立合同时履行地的市场价格履行

B. 按照履行合同时履行地的市场价格履行

C. 按照纠纷发生时履行地的市场价格履行

D. 按照订立合同时订立地的市场价格履行

10. 甲、乙双方约定，由丙每月代乙向甲偿还债务 500 元，期限 2 年。丙履行 5 个月后，以自己并不对甲负有债务为由拒绝继续履行。甲遂向法院起诉，要求乙、丙承担违约责任。根据合同法律制度的规定，人民法院的下列判决中，符合规定的是（　　）。

A. 判决乙承担违约责任　B. 判决丙承担违约责任

C. 判决乙、丙连带承担违约责任　D. 判决乙、丙分担违约责任

## 二. 多项选择题

扫码做题

1. 根据合同法律制度的规定，下列体现合同的相对性的有（　　）。

A. 合同主体的相对性　B. 合同内容的相对性

C. 合同责任的相对性　D. 合同相对性的例外

2. 根据合同法律制度的规定，下列各项中，属于不得撤销要约的情形有（　　）。

A. 要约已经到达受要约人　B. 要约人确定了承诺期限

C. 要约人明示要约不可撤销　D. 受要约人已对要约作出承诺

3. 根据合同法律制度的规定，下列各项中，属于要约失效的情形有（　　）。

A. 要约人依法撤回要约

B. 要约人依法撤销要约

C. 承诺期限届满，受要约人未做出承诺

D. 受要约人对要约内容做出实质性变更

4. 根据合同法律制度的规定，下列各项中，属于合同成立的情形有（　　）。

A. 甲向乙发出要约，乙作出承诺，该承诺除对履行地点提出异议外，其余内容均与要约一致

B. 甲、乙约定以书面形式订立合同，但在签订书面合同之前甲已履行主要义务，乙接受了履行

C. 甲、乙约定采用合同书形式订立一合同，但在双方签章之前，甲履行了主要义务，乙接受了履行

D. 甲于 5 月 10 日向乙发出要约，要约规定承诺期限截至 5 月 20 日，乙于 5 月 28 日发出承诺信函，该信函 5 月 30 日到达甲

5. 甲委托乙前往丙厂采购男装，乙觉得丙生产的女装市场看好，便自作主张以甲的名义向丙订购。丙未问乙的代理权限，便与之订立了买卖合同。根据合同法律制度的规定，下列选项中，正确的有（　　）。

A. 甲有追认权　　B. 丙有催告权

C. 乙有撤销权　　D. 构成表见代理

6. 甲、乙双方签订了买卖合同，在合同履行过程中，发现该合同履行费用的负担问题约定不明确。根据合同法律制度的规定，在这种情况下，可供甲乙双方选择的履行规则有（　　）。

A. 双方协议补充　　B. 按交易习惯确定

C. 由履行义务一方负担　　D. 按合同有关条款确定

扫码做题

## 三、案例分析题

甲公司向乙宾馆发出一封电报称：现有一批电器，其中电视机 80 台，每台售价 3 400 元；电冰箱 100 台，每台售价 2 800 元，总销售优惠价 52 万元。如有意购买，请告知。

乙宾馆接到该电报后，遂向甲公司回复称：只欲购买甲公司 50 台电视机，每台电视机付款 3 200 元；60 台电冰箱，每台电冰箱付款 2 500 元，共计支付总货款 31 万元，货到付款。

甲公司接到乙宾馆的电报后，决定接受乙宾馆的要求。甲乙双方签订了买卖合同，约定交货地点为乙宾馆。

甲公司同时与丙运输公司签订了合同，约定由丙公司将货物运至乙宾馆。丙公司在运输货物途中遭遇洪水，致使部分货物毁损。丙公司将剩余的未遭损毁的货物运至乙宾馆，乙宾馆要求甲公司将货物补齐后一并付款。

甲公司迅速补齐货物，但乙宾馆以资金周转困难为由，表示不能立即支付货款，甲公司同意乙宾馆推迟 1 个月付款。1 个月后经甲公司催告，乙宾馆仍未付款。于是，甲公司通知乙宾馆解除合同，乙宾馆不同意解除合同。甲公司拟向法院起诉，要求解除合同，并要求乙宾馆赔偿

损失。

要求:根据合同法律制度的规定,分别回答下列问题。

(1)甲公司向乙宾馆发出的电报是要约还是要约邀请?

(2)乙宾馆的回复是承诺还是新的要约?并说明理由。

(3)丙公司是否应对运货途中的货物毁损承担损害赔偿责任?并说明理由。

(4)甲公司能否解除与乙宾馆的买卖合同?并说明理由。

# 第三章　公司法

**【案例导入】**

2020年4月，知名咖啡品牌瑞幸咖啡被爆财务造假。为此，财政部组织力量，自5月6日起对瑞幸咖啡公司（Luckin Coffee Inc.）境内2家主要运营主体瑞幸咖啡（中国）有限公司和瑞幸咖啡（北京）有限公司成立以来的会计信息质量开展检查，并延伸检查关联企业、金融机构23家。检查发现，自2019年4月起至2019年年末，瑞幸咖啡公司通过虚构商品券业务增加交易额22.46亿元（人民币，下同），虚增收入21.19亿元（占对外披露收入51.5亿元的41.16%），虚增成本费用12.11亿元，虚增利润9.08亿元。财政部将依法对瑞幸咖啡境内主要运营主体财务造假问题给予行政处罚，及时向社会公开处理处罚结果。①

思考：习近平总书记主持召开的中央全面依法治国委员会第二次会议强调"法治是最好的营商环境"。近年来，党中央、国务院高度重视深化"放管服"改革优化营商环境工作，强化为市场主体服务，加快打造市场化法治化国际化营商环境。企业是社会主义市场经济的主体，也是社会发展的重要力量。在优化营商环境的背景下，企业更应该诚信经营，提升企业诚信品牌软实力。瑞幸咖啡的案例告诉我们企业只有在法律允许的范围内活动，方能营造更大的创新创造和发展空间。如何运用法律，规范企业在市场经济中的行为呢？

诚信为本与责任意识

## 情境一　公司法概述

本章以最新修订的《中华人民共和国公司法》为依据。

2023年12月29日，第十四届全国人民代表大会常务委员会第七次会议修订通过《中华人民共和国公司法》（以下简称《公司法》），自2024年7月1日起施行。本次修订，是对1993年《公司法》制定以来的第六次修订，也是规模最大的一次修订，删除了2018年修订的《公司法》中的16个条文，新增和修改了228个条文，其中实质性修改112个条文。正如修订后的《公司法》总则所述，《公司法》对于"规范公司的

① 资料来源：财政部监督评价局，《财政部完成对瑞幸咖啡公司境内运营主体会计信息质量检查》。

组织和行为,保护公司、股东、职工和债权人的合法权益,完善中国特色现代企业制度,弘扬企业家精神,维护社会经济秩序,促进社会主义市场经济的发展"具有重要意义。

## 一、公司的概念和特征

### (一)公司的概念

公司是依照法定的条件与程序设立的,以营利为目的的商事组织。根据我国《公司法》规定,公司包括有限责任公司和股份有限公司两种类型。

### (二)公司的特征

**1. 公司是企业法人**

公司可以拥有自己的财产,以自己的名义在法律法规设定的范围内依法行使法定权利,履行法定义务。《公司法》第三条规定:"公司的合法权益受法律保护,不受侵犯。"

**2. 公司必须是以营利为目的的法人团体**

法人不一定以营利为目的,一些非营利法人,比如医院、学校等,虽然也会取得收入,但并非是将其取得的收入作为利润分配,因此属于非营利法人。我国《民法典》总则第七十六条规定:"以取得利润并分配给股东等出资人为目的成立的法人,为营利法人。"公司的宗旨是追求利润并分配给股东,因此《公司法》使用的企业法人的概念与《民法典》总则中营利法人的概念是相通的。

思考:学校是以营利为目的的法人吗?

**3. 公司股东通常承担有限责任**

有限责任公司的股东以其认缴的出资额为限对公司承担责任,股份有限公司的股东以其认购的股份为限对公司承担责任。

微课7:公司的基本特征

扫码做题

提示:无论是有限责任公司,还是股份有限公司,它们的名称中都带有"有限"这两个字。

**知识加油站**

公司法的基本逻辑——公司人格独立

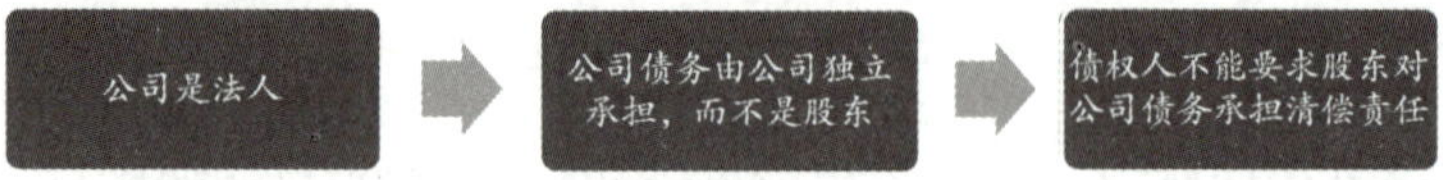


结论：公司是公司，股东是股东。[①]

## 二、公司的种类

公司的种类见表 3-1。

表 3-1　公司的种类

| | | |
|---|---|---|
| 立法分类 | 有限责任公司 | 封闭性：股权不得自由转让。<br>人资两合：人合性为主、兼具资合性，具有较强的人身信任或依赖关系。<br>重视意思自治：按公司章程约定的条款更多 |
| | 股份有限公司 | 开放性：股份可转让。<br>资合性：公司规模重于人身依赖。<br>重视监管：按公司章程约定的条款更少 |
| 公司间关系标准 | 总-分公司 | 分公司不是独立法人，不能独立担责 |
| | 母-子公司 | 子公司是独立法人，可以独立担责 |

# 情境二　有限责任公司

有限责任公司，简称“有限公司”，是指全部资本不区分为等额股份，股权转让受限，股东承担有限责任，公司以其全部资产对公司债务承担责任的公司。

① 司法实践中也常有人格混同、股东对公司过度支配和控制、操纵公司导致公司丧失独立性等情形，但是公司的“有限责任”特征，仍然是理解现代公司制度和公司法的基本原则和逻辑。

思考：有限责任公司与股份有限公司有哪些区别？

扫码做题

## 一、有限责任公司的设立条件和程序

### （一）有限责任公司的设立条件

（1）股东符合法定人数：一般情况下，法定股东数额是 1 人以上，50 人及以下。

（2）有符合公司章程规定的全体股东认缴的出资额。[①]

（3）股东共同制定公司章程；有限责任公司章程应当载明下列事项：公司名称和住所；公司经营范围；公司注册资本；股东的姓名或者名称；股东出资方式、出资额和出资时间；公司的机构及其生产办法、职权、议事规则；公司法定代表人；股东会会议认为需要规定的其他事项。股东应当在公司章程上签名、盖章。

（4）有公司名称，建立符合有限责任公司要求的组织机构。

（5）有公司住所。

**知识加油站**

《公司法》中的法定代表人规定

《公司法》第十条、第十一条对法定代表人作出了新的规定。其中，第十条规定：“公司的法定代表人按照公司章程的规定，由代表公司执行公司事务的董事或者经理担任。

“担任法定代表人的董事或者经理辞任的，视为同时辞去法定代表人。

“法定代表人辞任的，公司应当在法定代表人辞任之日起三十日内确定新的法定代表人。”

① 《公司法》第四十七条规定：“有限责任公司的注册资本为在公司登记机关登记的全体股东认缴的出资额。全体股东认缴的出资额由股东按照公司章程的规定自公司成立之日起五年内缴足。”

第十一条规定:“法定代表人以公司名义从事的民事活动,其法律后果由公司承受。

“公司章程或者股东会对法定代表人职权的限制,不得对抗善意相对人。

“法定代表人因执行职务造成他人损害的,由公司承担民事责任。公司承担民事责任后,依照法律或者公司章程的规定,可以向有过错的法定代表人追偿。”

以上规定不仅适用于有限责任公司,也适用于股份有限公司。

### (二)有限责任公司的设立程序

**1. 设立登记**

设立有限责任公司,应当由全体股东指定的代表或者共同委托的代理人向公司登记机关报送公司登记申请书、公司章程等文件,申请设立登记。

**2. 公告**

登记主管机关核准登记后,应当发布公司登记公告。

**3. 出资证明书**

有限责任公司成立后,应当向股东签发出资证明书。出资证明书应当载明下列事项:①公司名称;②公司成立日期;③公司注册资本;④股东的姓名或者名称、缴纳的出资额和出资日期;⑤出资证明书的编号和核发日期。出资证明书由公司盖章。

**4. 股东名册**

有限责任公司应当置备股东名册,记载下列事项:①股东的姓名或者名称及住所;②股东的出资额;③出资证明书编号。记载于股东名册的股东,可以依股东名册主张行使股东权利。

微课 8:有限责任和股份有限公司的组织结构

## 二、有限责任公司的组织机构

### (一)股东会

**1. 股东会的职权**

有限责任公司股东会由全体股东组成。股东会是公司的权力机构。根据我国《公司法》的有关规定,股东会行使下列职权:①选举和更换董事、监事,决定有关董事、监事的报酬事项;②审议批准董事会的报告;③审议批准监事会的报告;④审议批准公司的利润分配方案和弥补亏损方案;⑤对公司增加或者减少注册资本作出决议;⑥对发行公司债券作出决议;⑦对公司合并、分立、解散、清算或者变更公司形式作出决议;⑧修改公司章程;⑨公司章程规定的其他职权。

提示:注意《公司法》对股东会职权的修订。

**2. 股东会会议**

股东会会议分为定期会议和临时会议。定期会议应当依照法律和公司章程的规定,在一定时间内必须召开。代表 1/10 以上表决权的股东、1/3 以上的董事、监事会或者不设监事会的公司的监事提议召开临时会议的,应当在两个月内召开临时股东会议。

**3. 股东会的召集**

首次股东会会议由出资最多的股东召集和主持,依法行使职权。有限责任公司设立董事会的,股东会会议由董事会召集,董事长主持;董事长不能履行职务或者不履行职务的,由副董事长主持;副董事长不能履行职务或者不履行职务的,由半数以上董事共同推举一名董事主持。有限责任公司不设董事会的,股东会会议由执行董事召集和主持。董事会或者执行董事不能履行或者不履行召集股东会会议职责的,由监事会或者不设监事会的公司的监事召集和主持;监事会或者监事不召集和主持的,代表 1/10 以上表决权的股东可以自行召集和主持。召开股东会会议,应当于会议召开 15 日前通知全体股东;但是,公司章程另有规定或者全体股东另有约定的除外。股东会应当将所议事项的决定作成会议记录,出席会议的股东应当在会议记录上签名。

**4. 股东会决议**

股东会会议由股东按照出资比例行使表决权;但是,公司章程另有规定的除外。有限责任公司股东会的议事方式和表决程序,除《公司法》有规定以外,由公司章程规定。其中修改公司章程、增加或者减少注册资本的决议,以及公司合并、分立、解散或者变更公司形式的决议,必须经代表全体股东 2/3 以上表决权的股东通过。

提示:此四项内容为特别决议。

提示：注意新《公司法》对董事会成员构成和职权的新规定。

### （二）董事会

根据《公司法》第六十八条的规定，有限责任公司董事会成员为三人以上，其成员中可以有公司职工代表。职工人数三百人以上的有限责任公司，除依法设监事会并有公司职工代表的外，其董事会成员中应当有公司职工代表。董事会中的职工代表由公司职工通过职工代表大会、职工大会或者其他形式民主选举产生。董事会设董事长一人，可以设副董事长。董事长、副董事长的产生办法由公司章程规定。根据《公司法》第七十条的规定，董事任期由公司章程规定，但每届任期不得超过三年。董事任期届满，连选可以连任。根据《公司法》第七十五条的规定，规模较小或者股东人数较少的有限责任公司，可以不设董事会，设一名董事，行使本法规定的董事会的职权。该董事可以兼任公司经理。规模较小或者股东人数较少的有限责任公司，可以不设董事会，设一名董事，行使本法规定的董事会的职权。该董事可以兼任公司经理。

董事会对股东会负责，行使下列职权：①召集股东会会议，并向股东会报告工作；②执行股东会的决议；③决定公司的经营计划和投资方案；④制订公司的利润分配方案和弥补亏损方案；⑤制订公司增加或者减少注册资本以及发行公司债券的方案；⑥制订公司合并、分立、解散或者变更公司形式的方案；⑦决定公司内部管理机构的设置；⑧决定聘任或者解聘公司经理及其报酬事项，并根据经理的提名决定聘任或者解聘公司副经理、财务负责人及其报酬事项；⑨制定公司的基本管理制度；⑩公司章程或者股东会授予的其他职权。公司章程对董事会职权的限制不得对抗善意相对人。

提示：常说的首席执行官（CEO）、总裁，其实就是履行公司管理职责的人。

### （三）经理

根据《公司法》第七十四条的规定，有限责任公司可以设经理，由董事会决定聘任或者解聘。因此，经理不再是必设机构，公司章程可以规定不设经理。经理主持或参与生产经营管理工作，拟订公司内部管理机构设置方案等职权。

### （四）监事会

根据《公司法》第七十六条的规定，有限责任公司设监事会，《公司法》第六十九条、第八十三条另有规定的除外。监事会成员为三人以上。监事会成员应当包括股东代表和适当比例的公司职工代表，其中职工代表的比例不得低于三分之一，具体比例由公司章程规定。监事会中的职工代表由公司职工通过职工代表大会、职工大会或者其他形式民主选举产生。监事会设主席一人，由全体监事过半数选举产生。监事会主席召集和主持监事会会议；监事会主席不能履行服务或者不履行职务的，由过半数的监事共同推举一名监事召集和主持监事会会议。董事、高级管理人员不得兼任监事。根据《公司法》第七十七条的规定，监事的任期每届为三年。监事任期届满，连选可以连任。根据《公司法》第八十一条的规定，监事会每年度至少召开一次会议，监事可以提议召开临时监事会会议。根据《公司法》第八十三条的规定，规模较小或者股东人数较少的有限责任公司，可以不设监事会，设一名监事，行使本法规定的监事会的职权；经全体股东一致同意，也可以不设监事。

思考：为什么董事、高级管理人员不得兼任监事？

扫码做题

## 情境三　股份有限公司

提示：注意与有限责任公司的区别。

股份有限公司，简称“股份公司”，是指全部资本分为等额股份，股权转让相对自由，股东承担有限责任，公司以其全部资产对公司债务承担责任的公司。

### 一、股份有限公司的设立条件和程序

提示：股份公司可以采用发起设立或募集设立方式。实践中，募集设立方式被采用得较少。

#### （一）股份有限公司的设立条件

设立股份有限公司，应当具备下列条件：

（1）发起人符合法定人数；

（2）有符合公司章程规定的全体发起人认购的股本总额或者募集

的实收股本总额；[①]

（3）股份发行、筹办事项符合法律规定；

（4）发起人制定公司章程，采用募集方式设立的经创立大会通过；

（5）有公司名称，建立符合股份有限公司要求的组织机构；

（6）有公司住所。

### （二）股份有限公司的设立程序

（1）签订发起人协议。发起人应当签订发起人协议，明确各自在公司设立过程中的权利和义务。

（2）报经有关部门批准。这里所说的批准主要针对一些法律、行政法规特别规定需要报经批准的情形，除此之外，设立股份有限公司无须经过特别批准，可直接向登记机关注册设立。

（3）申请名称预先核准，制定公司章程。

（4）认购股份。以发起设立方式设立股份有限公司的，发起人应当认足公司章程规定的公司设立时应发行的股份。以募集设立方式设立股份有限公司的，发起人认购的股份不得少于公司章程规定的公司设立时应发行股份总数的百分之三十五，法律、行政法规另有规定的，从其规定。发起人应当在公司成立前按照其认购的股份全额缴纳股款。

（5）选举董事会和监事会，由董事会向公司登记机关报送公司章程以及法律、行政法规规定的其他文件，申请设立登记。发行股份的股款缴足后，必须经依法设立的验资机构验资并出具证明。募集设立股份有限公司的发起人应当自公司设立时应发行股份的股款缴足之日起三十日内召开公司成立大会。发起人应当在成立大会召开十五日前将会议日期通知各认股人或者予以公告。成立大会应当有持有表决权过半数的认股人出席，方可举行。以发起设立方式设立股份有限公司成立大会的召开和表决程序由公司章程或者发起人协议规定。董事会应当授权代表，于公司成立大会结束后三十日内向公司登记机关申请设立登记。

（6）发行股票。股份有限公司成立后，即向股东正式交付股票。公

① 法律、行政法规以及国务院决定对股份有限公司注册资本实缴、注册资本最低限额另有规定的，从其规定。

司成立前不得向股东交付股票。公司发行记名股票的,应当置备股东名册。

(7)公告。公告登记的内容应当与登记机关核准登记的内容一致。

## 二、股份有限公司的组织机构

### (一)股东会

**1. 股东会的职权**

股份有限公司股东会由全体股东组成。股东会是公司的权力机构,依法行使职权。股份有限公司股东会的职权和有限责任公司股东会的职权基本相同。

复习:有限责任公司股东会职权都有哪些?

**2. 股东会会议形式**

股东会应当每年召开一次年会。有下列情形之一的,应当在两个月内召开临时股东会会议:①董事人数不足本法规定人数或者公司章程所定人数的2/3时;②公司未弥补的亏损达股本总额1/3时;③单独或者合计持有公司10%以上股份的股东请求时;④董事会认为必要时;⑤监事会提议召开时;⑥公司章程规定的其他情形。

**3. 股东会会议的召集**

股东会会议由董事会召集,董事长主持;董事长不能履行职务或者不履行职务的,由副董事长主持;副董事长不能履行职务或者不履行职务的,由过半数的董事共同推举一名董事主持。董事会不能履行或者不履行召集股东会会议职责的,监事会应当及时召集和主持;监事会不召集和主持的,连续90日以上单独或者合计持有公司10%以上股份的股东可以自行召集和主持。

**4. 股东会会议的表决和决议事项**

股东出席股东会会议,所持每一股份有一表决权。类别股股东除外。但是,公司持有的本公司股份没有表决权。股东会作出决议,应当经出席会议的股东所持表决权过半数通过。但是,股东会作出修改公司章程、增加或者减少注册资本的决议,以及公司合并、分立、解散或者变更公司形式的决议,应当经出席会议的股东所持表决权的2/3以上通过。

复习:有限责任公司董事会职权都有哪些?

## (二)董事会

### 1. 董事会的概念及组成

股份有限公司设董事会。股份有限公司可以按照公司章程的规定在董事会中设置由董事组成的审计委员会,行使本法规定的监事会的职权,不设监事会或者监事。董事会成员中可以有公司职工代表。股份有限公司董事的任期与董事会的职权,同有限责任公司。董事会设董事长一人,可以设副董事长。董事长和副董事长由董事会以全体董事的过半数选举产生。董事长召集和主持董事会会议,检查董事会决议的实施情况。副董事长协助董事长工作,董事长不能履行职务或者不履行职务的,由副董事长履行职务;副董事长不能履行职务或者不履行职务的,由半数以上董事共同推举一名董事履行职务。

### 2. 董事会会议

提示:表明异议+记录,方能免责。

董事会每年度至少召开两次会议,每次会议应当于会议召开十日前通知全体董事和监事。董事会会议应有过半数的董事出席方可举行。董事会作出决议,必须经全体董事的过半数通过。董事会决议的表决,实行一人一票。董事会会议,应由董事本人出席;董事因故不能出席,可以书面委托其他董事代为出席,委托书中应载明授权范围。董事会应当将会议所议事项的决定做成会议记录,出席会议的董事应当在会议记录上签名。董事应当对董事会的决议承担责任。董事会的决议违反法律、行政法规或者公司章程、股东会决议,给公司造成严重损失的,参与决议的董事对公司负赔偿责任。但经证明在表决时曾表明异议并记载于会议记录的,该董事可以免除责任。

## (三)经理

股份有限公司设经理,由董事会决定聘任或者解聘。经理对董事会负责,根据公司章程的规定或者董事会的授权行使职权。经理列席董事会会议。

## (四)监事会

股份有限公司设监事会,其成员不得少于三人。监事会应当包括股东代表和适当比例的公司职工代表,其中职工代表的比例不得低于三分之一,具体比例由公司章程规定。监事会中的职工代表由公司职工通过职工代表大会、职工大会或者其他形式民主选举产生。董事、高级管理人员不得兼任监事。股份有限公司监事的任期与监事会的职权,同有限责任公司。监事会行使职权所必需的费用,由公司承担。

监事会每6个月至少召开一次会议。监事可以提议召开临时监事会会议。监事会的议事方式和表决程序,除本法有规定的外,由公司章程规定。监事会决议应当经半数以上监事通过。监事会应当将所议事项的决定做成会议记录,出席会议的监事应当在会议记录上签名。

想一想:试着比较股东有限公司和有限责任公司在股东(大)会、董事会、经理、监事会构成方面的异同。

## 三、上市公司的特别规定

股票在证券交易所上市交易的股份有限公司是上市公司。由于上市公司股份为社会公众所持有,因此股东人数众多,《公司法》对上市公司有以下特别规定。

(1)上市公司设独立董事和董事会秘书。

(2)增加股东会特别决议事项:上市公司在一年内购买、出售重大资产或者担保金额超过公司资产总额30%的,应当由股东会作出决议,并经出席会议的股东所持表决权的2/3以上通过。

(3)增设关联董事表决权排除制度。上市公司董事与董事会会议决议事项所涉及的企业有关联关系的,不得对该项决议行使表决权,也不得代理其他董事行使表决权。该董事会会议由过半数的无关联关系董事出席即可举行,董事会会议所作决议须经无关联关系董事过半数通过。出席董事会的无关联关系董事人数不足3人的,应将该事项提交上市公司股东会审议。

提示:注意《公司法》对发行股票的新规定。

## 四、股份有限公司的股份发行和转让

公司的资本划分为股份。公司的全部股份,根据公司章程的规定择一采用面额股或者无面额股。采用面额股的,每一股的金额相等。

采用无面额股的，应当将发行股份所得股款的二分之一以上计入注册资本。

股份的发行，实行公平、公正的原则，同类别的每一股份应当具有同等权利。同次发行的同类别股票，每股的发行条件和价格应当相同；认购人所认购的股份，每股应当支付相同价额。面额股股票的发行价格可以按票面金额，也可以超过票面金额，但不得低于票面金额。股东持有的股份可以自由转让，但法律、行政法规也对股份转让作出了一定范围的限制，具体限制如下。

**1. 场所限制**

股东转让其股份，应当在依法设立的证券交易场所进行或者按照国务院规定的其他方式进行。

**2. 已发行股份转让限制**

公司公开发行股份前已发行的股份，自公司股票在证券交易所上市交易之日起一年内不得转让。

**3. 董事、监事、高级管理人员转让股份的限制**

公司董事、监事、高级管理人员应当向公司申报所持有的本公司的股份及其变动情况，在就任时确定的任职期间每年转让的股份不得超过其所持有本公司股份总数的25%；所持本公司股份自公司股票上市交易之日起一年内不得转让。上述人员离职后半年内，不得转让其所持有的本公司股份。公司章程可以对公司董事、监事、高级管理人员转让其所持有的本公司股份作出其他限制性规定。

**4. 公司对本公司股份的收购限制**

公司不得收购本公司股份。但是，有下列情形之一的除外：①减少公司注册资本；②与持有本公司股份的其他公司合并；③将股份用于员工持股计划或者股权激励；④股东因对股东会作出的公司合并、分立决议持异议，要求公司收购其股份；⑤将股份用于转换上市公司发行的可转换为股票的公司债券；⑥上市公司为维护公司价值及股东权益所必需。

**5. 股票质押限制**

公司不得接受本公司的股份作为质押权的标的。

**知识加油站**

角色扮演

股份有限公司的组织机构是本节的重点内容，请同学们分为四组，分别扮演股份公司的股东会、董事会、监事会和经理层。思考一下，公司的董事会应该如何产生？监事会里应该包含哪些人？股东会、董事会、监事会和经理层的职责有哪些？请同学们草拟一个公司的章程，分别陈述上述几项内容，并向全体同学展示你们的成果。

## 情境四　公司董事、监事、高级管理人员的资格和义务

微课 9：董事、监事、高级管理人员的权利和义务

现代公司体制下，股东往往不直接参与公司的经营管理，而是聘用专业经理人负责日常管理，监事会负责监督。也就是说，拥有公司股份的人（股东）并不实际控制公司（经理），在所有权与控制权相分离的背景下，如何保证公司的经营管理者能够勤勤恳恳为公司服务，保障股东的整体利益呢？如何保证监事们能够认真履行监督职责呢？这就是本节需要探讨的话题，也是《公司法》所解决的核心问题。

### 一、公司董事、监事、高级管理人员的任职资格

根据《公司法》第一百七十八条的规定，有下列情形之一的，不得担任公司的董事、监事、高级管理人员：①无民事行为能力或者限制民事行为能力；②因贪污、贿赂、侵占财产、挪用财产或者破坏社会主义市场经济秩序，被判处刑罚，或者因犯罪被剥夺政治权利，执行期满未逾五年，被宣告缓刑的，自缓刑考验期满之日起未逾二年；③担任破产清算的公司、企业的董事或者厂长、经理，对该公司、企业的破产负有个人责任的，自该公司、企业破产清算完结之日起未逾三年；④担任因违法被吊销营业执照、责令关闭的公司、企业的法定代表人，并负有个人责任的，自该公司、企业被吊销营业执照、责令关闭之日起未逾三年；⑤个人因所负数额较大债务到期未清偿被人民法院列为失信被执行人。

提示：注意《公司法》对公司董事、监事、高级管理人员任职资格的新规定。

### 二、公司董事、监事、高级管理人员对公司的义务和责任

根据《公司法》第一百七十九条规定，董事、监事、高级管理人员应当遵守法律、行政法规和公司章程。根据《公司法》第一百八十条规定：董事、监事、高级管理人员对公司负有忠实义务，应当采取措施避免自身利益与公司利益冲突，不得利用职权牟取不正当利益。董事、监事、高级管理人员对公司负有勤勉义务，执行职务应当为公司的最大利益尽到管理者通常应有的合理注意。公司的控股股东、实际控制人不担任公司董事但实际执行公司事务的，适用前两款规定。根据《公司法》第一百八十一条规定，董事、监事、高级管理人员不得有下列行为：①侵占公司财产、挪用公司资金；②将公司资金以其个人名义或者以其他个人名义开立账户存储；③利用职权贿赂或者收受其他非法收入；④接受他人与公司交易的佣金归为己有；⑤擅自披露公司秘密；⑥违反对公司忠实义务的其他行为。

根据《公司法》第一百八十八条规定，董事、监事、高级管理人员执行职务违反法律、行政法规或者公司章程的规定，给公司造成损失的，应当承担赔偿责任。

## 情境五　公司财务会计

### 一、公司财务会计概述

公司应当依照法律、行政法规和国务院财政部门的规定建立本公司的财务、会计制度。财务会计工作是公司从事经营活动的一项基础工作，它有利于保护投资者和债权人的合法利益，了解公司的各种生产经营状况，通过财务会计报告和报表，反映资产状况、资产运营状况和债权人的债权状况，正确核算经营成果，合理分配利润，保证公司财产的完整；其次，有利于吸收社会投资。由于公司财务会计制度的规范化和公开化，使得社会各界方便地了解公司的经营状况和盈利能力，扩大再生产。同时，也有利于政府的宏观调控。公司在国家统一的财务会计制度规定下筹集、分配资金，真实、完整地反映公司的经营状况，有利于给政府有关部门提供信息、掌握情况，制定切实可行的政策，达到宏观调控的目的。

## 二、公司财务会计报告

公司应当在每一会计年度终了时编制财务会计报告，并依法经会计师事务所审计。财务会计报告应当依照法律、行政法规和国务院财政部门的规定制作。公司财务会计报告主要包括资产负债表、利润表、现金流量表及附注。

有限责任公司应当依照公司章程规定的期限将财务会计报告送交各股东。股份有限公司的财务会计报告应当在召开股东会年会的20日前置备于本公司，供股东查阅；公开发行股份的股份有限公司应当公告其财务会计报告。

## 三、利润分配

### （一）利润

根据《公司法》的规定，公司应当按照如下顺序进行利润分配：①弥补以前年度亏损，但不得超过税法规定的弥补期限；②缴纳所得税；③弥补在税前利润弥补亏损之后仍存在的亏损；④提取法定公积金；⑤提取任意公积金；⑥向股东分配利润。

提示：公司利润分配的顺序要牢记。

公司弥补亏损和提取公积金后所余税后利润，有限责任公司按照股东实缴的出资比例分配利润，全体股东约定不按照出资比例分配利润的除外；股份有限公司按照股东所持有的股份比例分配利润，公司章程另有规定的除外。公司持有的本公司股份不得分配利润。公司违反本法规定向股东分配利润的，股东应当将违反规定分配的利润退还公司；给公司造成损失的，股东及负有责任的董事、监事、高级管理人员应当承担赔偿责任。

### （二）公积金

公司分配当年税后利润时，应当提取利润的10%列入公司法定公积金。公司法定公积金累计额为公司注册资本的50%以上的，可以不再提取。公司从税后利润中提取法定公积金后，经股东会或者股东会决议，还可以从税后利润中提取任意公积金。公司的公积金用于弥补公司的亏损、扩大公司生产经营或者转为增加公司注册资本。公积金弥补公司亏损，应当先使用任意公积金和法定公积金；仍不能弥补的，可以按照规定使用资本公积金。法定公积金转为增加注册资本时，所

提示：公积金相关的3个比例为10%，50%，25%。

留存的该项公积金不得少于转增前公司注册资本的 25%。

微课 10:公司的合并、分立、解散和清算

## 情境六 公司的合并、分立、解散、清算

### 一、公司的合并、分立

#### (一)公司合并的概念和形式

公司合并的形式有两种,即吸收合并和新设合并。吸收合并是指一个或几个公司并入一个存续公司的行为。在吸收合并中,吸收方存续,而被吸收公司全部解散。新设合并是指两个或两个以上公司合并成一个新的公司,参与合并各方均归于消灭。公司合并引起的法律效力表现为:除吸收合并中吸收公司存续外,其他参与合并的公司和法人资格均归于消灭;因合并而消灭了的公司权利、义务,均为存续公司或新设公司概括承受;因合并而被消灭了的公司的股东,均被存续公司或新设公司所接受。

#### (二)公司分立的概念和形式

公司分立,是指一个公司又设立另一个公司或一个公司分解为两个以上公司的法律行为。公司分立的形式有两种,即新设分立和派生分立。所谓新设分立是指一个公司将其全部资产分割设立两个或两个以上的公司的行为。所谓派生分立,是指一个公司以其部分资产设立另一个公司的法律行为。在新设分立的情况下,原公司解散,需办理注销登记,新设公司需办理设立登记。在派生分立的情况下,原公司虽存续,却减少了注册资本,应依法办理变更登记,派生的公司则应办理设立登记。

#### (三)公司合并、分立的法定程序

(1)签订合并或分立协议。合并或分立各方在平等协商的基础上签订合并协议或分立协议,协议内容因公司类型及合并、分立的形式不同而有所区别。合并一方为股份有限公司的,或者股份有限公司分立的,必须经国务院授权的部门或者省级人民政府批准。

(2)编制资产负债表及财产清单。

(3)作出合并或分立的决议。由于合并、分立关系到股东的利益,依法应由股东会作出决议,协议才能生效。

(4)通知或公告债权人。公司合并,合并协议作出后,各方应当自作出决议之日起10日内通知其债权人,并于30日内在报纸上或者国家企业信用信息公示系统公告。公司的债权人自接到通知书之日起30日内,未接到通知书的自公告之日起45日内,有权要求公司清偿债务或提供相应的担保。公司分立,应当编制资产负债表及财产清单。公司应当自作出分立决议之日起10日内通知债权人,并于30日内在报纸上或者国家企业信用信息公示系统公告。

(5)办理登记。因合并或分立的形式不同有变更登记、设立登记、注销登记。未经登记的,法律不予承认。

## 二、公司的解散与清算

### (一)公司解散

公司解散,是公司发生章程规定或法定的除破产以外的解散事由而停止业务活动,并进入清算程序的过程。

公司解散可分自愿解散和强制解散。具体来说,公司的解散原因有以下五种情形:①公司章程规定的营业期限届满或者公司章程规定的其他解散事由出现;②股东会决议解散;③因公司合并或者分立需要解散;④依法被吊销营业执照、责令关闭或者被撤销;⑤人民法院依照《公司法》第二百三十一条的规定予以解散。其中,前三种原因属于自愿解散,必须经过股东会的决议,后两项则是公司外部原因,属于强制解散。

提示:公司出现解散事由,但并未终止,因此具有法人资格,可以以自己的名义开展清算活动,直到清算完毕并注销后,才消灭其主体资格。

**知识加油站**

盈利企业为什么也会被法院强制解散?

法院生效裁判认为:判断公司的经营管理是否出现严重困难,应当从公司的股东会、董事会或执行董事及监事会或监事的运行现状进行综合分析。"公司经营管理发生严重困难"的侧重点在于公司管理方面存有严重内部障碍,如股东会机制失灵、无法就公司的经营管理进行决策等,不应片面理解为公司资金缺乏、严重亏损等经营性困难。本案中,凯莱公司仅有戴小明与林方清两名股东,两人各占 50%的股份，凯莱公司章程规定“股东会的决议须经代表二分之一以上表决权的股东通过”，且各方当事人一致认可该“二分之一以上”不包括本数。因此，只要两名股东的意见存有分歧、互不配合，就无法形成有效表决，显然影响公司的运营。凯莱公司已持续 4 年未召开股东会，无法形成有效股东会决议，也就无法通过股东会决议的方式管理公司，股东会机制已经失灵。执行董事戴小明作为互有矛盾的两名股东之一，其管理公司的行为，已无法贯彻股东会的决议。林方清作为公司监事不能正常行使监事职权，无法发挥监督作用。由于凯莱公司的内部机制已无法正常运行、无法对公司的经营作出决策，即使尚未处于亏损状况，也不能改变该公司的经营管理已发生严重困难的事实。

——最高人民法院指导案例“林方清诉常熟市凯莱实业有限公司、戴小明公司解散纠纷案”①的启示

### （二）公司清算

公司清算，是指公司解散或被依法宣告破产后，依照一定的程序结束公司事务，收回债权，偿还债务，清理资产，并分配剩余财产，终止消灭公司的过程。公司清算是为了公平合理分配公司财产，保护股东和债权人的利益，同时也保护职工利益。公司清算程序如下。

**1. 成立清算组**

公司出现解散事由时（因公司合并或者分立需要解散的除外），应当在解散事由出现之日起 15 日内成立清算组，开始清算。有限责任公司的清算组由股东组成，股份有限公司的清算组由董事或者股东会确定的人员组成。逾期不成立清算组进行清算的，债权人可以申请人民法院指定有关人员组成清算组进行清算。人民法院应当受理该申请，并及时组织清算组进行清算。

清算组在清算期间行使下列职权：清理公司财产，分别编制资产负债表和财产清单；通知或者公告债权人；处理与清算有关的公司未了结

① 资料来源：最高人民法院指导案例 8 号：林方清诉常熟市凯莱实业有限公司、戴小明公司解散纠纷案。

的业务；清缴所欠税款以及清算过程中产生的税款；清理债权、债务；处理公司清偿债务后的剩余财产；代表公司参与民事诉讼活动。

**2. 通知并公告**

清算组应当自成立之日起 10 日内通知债权人，并于 60 日内在报纸上或者国家企业信用信息公示系统公告。债权人应当自接到通知书之日起 30 日内，未接到通知书的自公告之日起 45 日内，向清算组申报其债权。债权人申报债权，应当说明债权的有关事项，并提供证明材料。清算组应当对债权进行登记。在申报债权期间，清算组不得对债权人进行清偿。

**3. 处分公司财产**

清算组在清理公司财产，编制资产负债表和财产清单后，应当制订清算方案，并报股东会或者人民法院确认。公司财产在分别支付清算费用、职工的工资、社会保险费用和法定补偿金，缴纳所欠税款，清偿公司债务后的剩余财产，有限责任公司按照股东的出资比例分配，股份有限公司按照股东持有的股份比例分配。

清算组在清理公司财产、编制资产负债表和财产清单后，发现公司财产不足以清偿债务的，应当依法向法院申请破产清算。人民法院受理破产申请后，清算组应当将清算事务移交给人民法院指定的破产管理人。

**4. 登记与公告**

公司清算终结后，清算组应当制作清算报告，报股东会或者人民法院确认，并报送公司登记机关，申请注销公司登记。

### 三、法律责任

清算组成员因故意或重大过失给公司或者债权人造成损失的，应当承担赔偿责任。

## 情境七　法律责任

### 一、违反公司设立的法律责任

公司必须按照公司法的规定进行登记，内部管理和经营活动，接受政府和社会的监督，对于违反公司法的行为，应当依法承担民事责任、行政责任和刑事责任。公司违反规定,应当承担民事赔偿责任和缴纳罚款、罚金的,其财产不足以支付时,先承担民事赔偿责任。

## 二、发起人的法律责任

提示:对直接负责人处罚的加重是《公司法》修订的重要内容。

(1)虚报注册资本、提交虚假材料或者采取其他欺诈手段隐瞒重要事实取得公司登记的,由公司登记机关责令改正,对虚报注册资本的公司,处以虚报注册资本金额百分之五以上百分之十五以下的罚款;对提交虚假材料或者采取其他欺诈手段隐瞒重要事实的公司,处以五万元以上二百万元以下的罚款;情节严重的,吊销营业执照;对直接负责的主管人员和其他直接责任人员处以三万元以上三十万元以下的罚款。

(2)公司的发起人、股东虚假出资,未交付或者未按期交付作为出资的货币或者非货币财产的,由公司登记机关责令改正,可以处以五万元以上二十万元以下的罚款;情节严重的,处以虚假出资或者未出资金额百分之五以上百分之十五以下的罚款;对直接负责的主管人员和其他直接责任人员处以一万元以上十万元以下的罚款。

(3)公司的发起人、股东在公司成立后,抽逃其出资的,由公司登记机关责令改正,处以所抽逃出资金额百分之五以上百分之十五以下的罚款;对直接负责的主管人员和其他直接责任人员处以三万元以上三十万元以下的罚款。

## 三、公司的法律责任

(1)公司违反本法规定,在法定的会计账簿以外另立会计账簿的,由县级以上人民政府财政部门依照《中华人民共和国会计法》等法律、行政法规的规定处罚。

(2)公司在合并、分立、减少注册资本或者进行清算时,不依照本法规定通知或者公告债权人的,由公司登记机关责令改正,对公司处以一万元以上十万元以下的罚款。

(3)公司在进行清算时,隐匿财产,对资产负债表或者财产清单作虚假记载,或者在未清偿债务前分配公司财产的,由公司登记机关责令改正,对公司处以隐匿财产或者未清偿债务前分配公司财产金额百分之五以上百分之十以下的罚款;对直接负责的主管人员和其他直接责任人员处以一万元以上十万元以下的罚款。

（4）公司成立后无正当理由超过六个月未开业的，或者开业后自行停业连续六个月以上的，公司登记机关可以吊销营业执照，但公司依法办理歇业的除外。公司登记事项发生变更时，未依照本法规定办理有关变更登记的，由公司登记机关责令限期登记；逾期不登记的，处以一万元以上十万元以下的罚款。

## 四、公司董事、监事、高级管理人员的法律责任

（1）董事、监事、经理利用职权收受贿赂、其他非法收入或者侵占公司财产的，没收违法所得，责令退还公司财产，由公司给予处分。构成犯罪的，依法追究刑事责任。

（2）董事、经理挪用公司资金或者将公司资金借贷给他人的，责令退还公司的资金，由公司给予处分，将其所得收入归公司所有，构成犯罪的，依法追究刑事责任。

（3）董事、经理违反规定，以公司资产为本公司的股东或者其他个人债务提供担保的，责令取消担保，并依法承担赔偿责任，将违法提供担保取得的收入归公司所有。情节严重的，由公司给予处分。

（4）董事、经理违反规定自营或者为他人经营与其所任职公司同类业务的，除将其所得收入归公司所有外，还将由公司给予处分。

## 五、清算组、资产评估、验资机构的法律责任

清算组不按照《公司法》规定向公司登记机关报送清算报告，或者报送清算报告隐瞒重要事实或者有重大遗漏的，责令改正。

清算组成员利用职权徇私舞弊，谋取非法收入或者侵占公司财产的，责令退还公司财产，没收违法所得，并可处以违法所得 1 倍以上 5 倍以下的罚款。构成犯罪的，依法追究刑事责任。

承担资产评估。验资或者验证的机构提供虚假证明违法的，没收违法所得，处以违法所得一倍以上五倍以下的罚款，并可由有关主管部门依法责令该机构停业，吊销直接责任人员的资格证书。构成犯罪的，依法追究刑事责任。

承担资产评估、验资或者验证的机构因过失提供有重大遗漏的报告的，由公司登记机关责令改正，情节较重的，处以违法所得一倍以上五倍以下的罚款，并可以由有关主管部门依法责令该机构停业、吊销直

接责任人员的资格证书,吊销营业执照。

## 六、政府有关部门的法律责任

(1)国务院授权的有关主管部门,对不符合规定条件的公司申请予以批准,或者对不符合法定条件的股份发行的申请予以批准,情节严重的,对直接负责的主管人员和其他直接责任人员,依法给予行政处分。构成犯罪的,依法追究刑事责任。

(2)国务院证券管理部门对不符合本法规定条件的募集股份,股票上市和债券发行的申请予以批准,情节严重的,对直接负责主管人员和其他直接责任人员,依法给予行政处分。构成犯罪的,依法追究刑事责任。

(3)公司登记机关对不符合规定条件的登记申请予以登记,情节严重的,对直接负责的主管人员和其他责任人员,依法给予行政处分。构成犯罪的,依法追究刑事责任。

(4)公司登记机关的上级部门强令公司登记机关对不符合规定条件的登记申请予以登记的,或者对违法登记进行包庇的,对直接负责的主管人员和其他直接责任人员依法给予行政处分。构成犯罪的,依法追究刑事责任。

(5)依照法律履行审批职责的有关主管部门,对符合法定条件的申请,不予批准的,或者公司登记机关对符合法定条件的申请,不予登记的,当事人可以依法申请复议或者提起行政诉讼。

**知识加油站**

国务院办公厅转发中国证监会等部门《关于进一步做好资本市场财务造假综合惩防工作的意见》①

为贯彻落实党中央、国务院关于严厉打击资本市场财务造假,加强综合惩防工作的重大决策部署,中国证监会联合公安部、财政部、中国人民银行、金融监管总局、国务院国资委制定了《关于进一步做好资本市场财务造假综合惩防工作的意见》(以下简称《意见》),经

① 资料来源:中国证监会,国务院办公厅转发中国证监会等部门《关于进一步做好资本市场财务造假综合惩防工作的意见》。

国务院同意,2024 年 7 月 5 日国务院办公厅正式转发《意见》全文。

《意见》以习近平新时代中国特色社会主义思想为指导,深入贯彻党的二十大、中央经济工作会议和中央金融工作会议精神,坚持和加强党的领导,大力提升对资本市场财务造假的打击和防范力度,强化惩防并举、标本兼治。《意见》从打击和遏制重点领域财务造假、优化证券监管执法体制机制、加大全方位立体化追责力度、加强部际协调和央地协同、常态化长效化防治财务造假等 5 个方面提出 17 项具体举措。《意见》的出台,为做好当前和今后一段时期资本市场财务造假综合惩防工作指明了方向,将有力推动各方进一步严惩财务造假,切实保护投资者合法权益,全面构建财务造假综合惩防新的工作格局,为推动资本市场高质量发展提供有力支撑。

中国证监会将与相关部门密切配合,扎实推进《意见》落地实施,重点做好以下工作。一是严把资本市场入口关,严防存在财务造假的主体"带病闯关",从源头提升财务信息披露的真实性和透明度。二是强化穿透式监管,发挥"吹哨人"作用,多渠道识别并循环筛查有效线索。提升案件调查质效,大力提高行政处罚力度,优化与公安司法机关的衔接机制,从严惩处造假"首恶",完善行政、刑事、民事立体化追责体系。三是加大基础制度供给,推动出台上市公司监督管理条例和背信损害上市公司利益罪司法解释,对财务造假和第三方配合造假一体打击,提高违法违规成本。四是深化部际和央地协作,加强与国资、金融等监管部门、行业主管部门、地方政府在线索发现、信息通报、调查取证、联合惩戒等方面的协作,强化监督管理和追责问责。五是加强综合防范机制。强化公司防范财务造假、防范关联方侵占上市公司资产的内部防线建设,进一步压实中介机构"看门人"责任,持续加大宣传警示力度。

反思:无论是上市公司,还是董事、监事、高级管理人员、中介机构人员,只要出现违法违规行为,就必然会遭到处罚,这体现了我国市场监管的力度,只有做到对违法行为的"零容忍",才能保护广大投资者的利益,确保资本市场的健康有效发展。

## 本章知识结构图

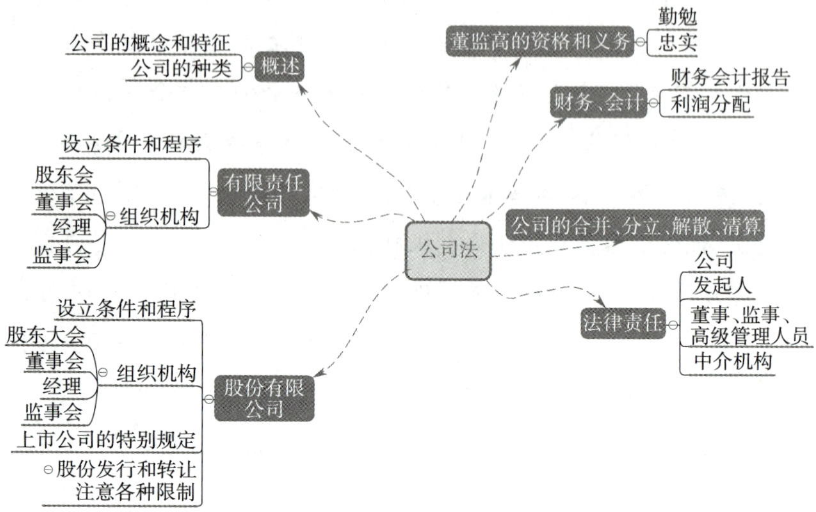


## 课后练习题

扫码做题

扫码做题

### 一、判断题

1. 公司的董事、高管可以兼任监事。 (  )

2. 公司不得收购本公司的股票。 (  )

3. 资本公积可以用来弥补亏损。 (  )

### 二、多选题

1. 公司自愿解散事由包括(  )。

A. 公司营业期限届满或公司章程规定的解散事由出现

B. 股东解散公司的决议

C. 公司不能清偿到期债务被依法宣告破产

D. 公司合并、分立

2. 下列事项属于有限责任公司监事会或者监事职权范围之内的有(  )。

A. 决定公司内部管理机构的设置

B. 对董事、经理执行公司职务时违反法律、法规或者公司章程的行为进行监督

C. 提议召开临时股东会

D. 当董事的行为危害到公司利益时,要求董事予以纠正

3. 某有限责任公司欲设立监事会,下列人员中可以担任监事的是(　　)。

A. 董事长李某　　B. 总经理王某

C. 财务处职工张某　　D. 工会主席赵某

4. 有限责任公司董事会行使的职权包括(　　)。

A. 负责召集股东会,并向股东会报告工作

B. 执行股东会的决议

C. 修改公司章程

D. 制定公司增加或者减少注册资本的方案

5. 有限责任公司经理行使的职权包括(　　)。

A. 召集股东会

B. 制定公司的具体规章制度

C. 决定公司内部管理机构的设置

D. 主持公司的生产经营管理工作,组织实施董事会决议

6. 以下属于必须经有限责任公司股东会决议并且经代表 2/3 以上表决权的股东通过的是(　　)。

A. 公司利润分配方案

B. 增加公司注册资本

C. 向公司股东以外的人转让出资

D. 修改公司章程

7. 有限责任公司临时股东会议的召开条件是(　　)。

A.1/4 以上的股东提议召开　　B.1/3 以上的董事提议召开

C. 监事会提议召开　　D. 董事长提议召开

8. 下列选项中具有法人资格的是(　　)。

A. 某控股公司　　B. 某股份有限公司

C. 某分公司　　D. 某子公司

9. 下列关于有限责任公司董事会的说法正确的是(　　)。

A. 董事会对内执行公司业务,但对外不能代表公司

B. 董事会是由股东会选举产生的

C. 董事会是有限责任公司的权力机构

D. 董事会是常设性机构

10. 某股份有限公司注册资本 6 000 万元。公司章程规定，董事会由 15 名董事组成。在出现(　　)情形时，公司应当召开临时股东会。

A. 董事会只剩下 9 人

B. 公司未弥补的亏损达 2 000 万元

C. 持有公司股份额达 700 万元的股东提出请求

D. 董事长提议召开时

11. 股份有限公司的设立，有(　　)两种方式。

A. 发起设立　　B. 登记设立　　C. 申请设立　　D. 募集设立

12. 股份有限公司的常设机构有(　　)。

A. 监事会　　B. 股东会　　C. 经理　　D. 董事会

## 三、简答题

1. 有限责任公司和股份有限公司的区别有哪些?

2. 公司公积金的种类及用途是什么?

3. 有限责任公司设立的条件是什么?

4. 股份有限公司股份转让有哪些限制?

5. 公司董事、监事、高级管理人员的义务都有哪些?

## 四、案例分析题

扫码做题

1. 某公司股东会在审议董事会人选时，有下列四人的任职资格受到股东质疑。其中张某，五年前因对一起重大工程事故负有责任，被判处有期徒刑一年；李某，两年前被任命为一家长期经营不善、负债累累的国有企业的厂长，上任仅三个月，该企业被宣告破产；陈某，曾独资开办一家工厂，一年前该厂因无力清偿大额债务而倒闭，债权人至今仍在追讨；刘某，66 岁，曾任市政府副秘书长，现退休在家，这几位人选，哪些不属于《公司法》规定不得担任董事的情形?

2. 某市 A、B、C 三家企业经协商决定，共同投资创办一家从事生产经营的实业有限责任公司。公司注册资本 110 万元，其中 A 出资 10 万元，B 出资 20 万元，另以实物出资折价 10 万元，C 出资 10 万元，另以土地使用权出资折价 30 万元及专利使用权出资折价 30 万元。问 A、B、C 对该公司出资有不符法律、法规规定之处吗?

## 五、思考题

1. 如果有一天你自己创业，开办了公司，公司的主营业务是什么？你认为一个公司想要良好运营下去，都需要具备哪些要素？

2. 谈谈你对企业家精神的理解。

# 第四章　合伙企业法律制度

**【案例导入】**

2024 年 5 月，中国证监会作出第 50 号行政处罚决定书，决定对中汇会计师事务所、王甫荣、章归鸿作出行政处罚。原因在于，中汇会计师事务所对深大通 2016 年和 2017 年年度财务报表审计执业未做到勤勉尽责。中汇会计师事务所接受深大通的委托，对其 2016 年、2017 年年度财务报表进行审计，出具了标准无保留意见的审计报告。2016 年和 2017 年年度的深大通年度审计业务收入分别为 57.5 万元、80 万元，合计 137.5 万元（含税，税率 6%）。王甫荣、章归鸿为深大通 2016 年和 2017 年度审计报告的签字注册会计师。证监会决定：对中汇会计师事务所（特殊普通合伙）责令改正，没收其对深大通 2016 年、2017 年财务报表审计业务收入 1 297 169.78 元（不含税），并处以 1 297 169.78 元的罚款。

——中国证监会行政处罚决定书（中汇会计师事务所、王甫荣、章归鸿）[①]

思考：会计师事务所应当勤勉尽责，如果其出具的审计报告和法律意见书中存在虚假记载，应承担相应的法律责任，除非其能证明自己没有过错。日后，当同学们走上工作岗位的时候，无论我们从事的工作类型是什么，面临何种挑战，都要遵纪守法，守护好自己的底线和原则，做到勤勉尽责，爱岗敬业，在平凡的岗位上创造不平凡的人生。想一想，会计师事务所是公司吗？它们的企业性质属于什么呢？

## 情境一　合伙企业法概述

### 一、合伙企业法概述

#### （一）合伙企业的产生

合伙制度源于罗马法。我国第一次在法律中出现“合伙”这个词是

① 资料来源：中国证监会行政处罚决定书（中汇会计师事务所、王甫荣、章归鸿）〔2024〕50 号。

在我国的《中华人民共和国民法通则》中。我国现行的《中华人民共和国合伙企业法》(简称《合伙企业法》)是1997年第八届全国人民代表大会常务委员会第二十四次会议通过，2006年8月27日第十届全国人民代表大会常务委员会第二十三次会议修订，并自2007年6月1日起施行的。《合伙企业法》的立法结束了我国合伙企业立法不健全、不完备、不规范的局面，为合伙企业的健康发展创造平等的法律环境。对规范合伙企业的行为，保护合伙企业及其合伙人的合法权益、维护社会经济秩序也起到了重要作用。

### (二)《合伙企业法》的基本原则

**1. 协商原则**

合伙企业是契约式组织。合伙企业首先是人的联合，即必须要由两个以上的合伙人共同投资。其次是意思表示一致的结果，这是以合伙协议的形式确立下来的。合伙协议依法由全体合伙人协商一致、以书面形式订立。

**2. 自愿、平等、公平、诚实信用原则**

订立合伙协议、设立合伙企业，应当遵循自愿、平等、公平、诚实信用原则。合伙人在设立合伙企业的过程中，应当作出真实的意思表示；合伙人之间应当是平等的法律地位，享受平等的法律待遇，受到平等的法律保护；全体合伙人应当本着公平的观念实施自己的行为，诚实守信，善意地处理问题。

**3. 守法原则**

合伙企业及其合伙人必须遵守法律、行政法规，遵守社会公德、商业道德，承担社会责任。

**4. 合法权益受法律保护原则**

合伙企业及其合伙人的合法财产和权益受法律保护。

**5. 依法纳税原则**

合伙企业的生产经营所得和其他所得，应当按照税法规定，由合伙人分别缴纳个人所得税。

提示：合伙企业不缴纳企业所得税。

扫码做题

微课 11:普通合伙企业

提示:这是合伙企业区别于有限责任公司和股份有限公司的最主要特征。

思考:《合伙企业法》的基本原则体现了哪些社会主义核心价值观?

______________________________

______________________________

______________________________

______________________________

## 情境二 普通合伙企业

### 一、普通合伙企业概述

普通合伙企业,由普通合伙人组成,合伙人对合伙企业债务承担无限连带责任。除法律另有规定外,合伙人对企业债务依法承担无限连带责任。[①] 当合伙企业的财产不足以清偿企业债务时,各合伙人不仅要以自己投入企业的资金和合伙企业的资金对债权人承担清偿责任,而且在不够清偿时,还要以自己所有的财产承担清偿责任。如果部分合伙人代为清偿了债务,清偿债务的合伙人取得代位求偿权,可以向其他合伙人追偿其多余分担的部分。

### 二、普通合伙企业的设立

#### (一)合伙人

设立合伙企业应当有两个以上合伙人。合伙人为自然人的,应当具有完全民事行为能力,法律、行政法规规定禁止从事营利性活动的人,不得成为合伙企业的合伙人。例如,法官、检察官、人民警察及其他国家公务员,依照有关法律、行政法规,被禁止从事营利性活动,因而不能成为合伙企业的合伙人。国有独资公司、国有企业、上市公司以及公益性的事业单位、社会团体不得成为普通合伙人。[②]

① 特殊普通合伙企业,在某些特定情形下,合伙人不承担无限连带责任,这在本章“情境三 特殊的普通合伙企业中”介绍。

② 国有独资公司、国有企业、上市公司以及公益性的事业单位、社会团体不得成为普通合伙人,但可成为有限合伙人。

### （二）书面合伙协议

合伙协议应当由全体合伙人协商一致，以书面形式订立。合伙协议经全体合伙人签名、盖章后生效。修改或者补充合伙协议，应当经全体合伙人一致同意；但是，合伙协议另有约定的除外。

根据《合伙企业法》第十八条的规定，合伙协议应当载明下列事项：①合伙企业的名称和主要经营场所的地点；②合伙目的和合伙经营范围；③合伙人的姓名或者名称、住所；④合伙人的出资方式、数额和缴付期限；⑤利润分配、亏损分担方式；⑥合伙事务的执行；⑦入伙与退伙；⑧争议解决办法；⑨合伙企业的解散与清算；⑩违约责任。

### （三）认缴或者实际缴付的出资

合伙协议生效后，合伙人应当按照合伙协议的规定缴纳出资。合伙人的出资，可以是货币、实物、土地使用权、知识产权或者其他财产权利。经全体合伙人一致同意，合伙人也可以用劳务出资，其评估办法由全体合伙人协商确定。合伙人应当按照合伙协议约定的出资方式、数额和缴付出资的期限，履行出资义务。

提示：只有普通合伙人可以以劳务出资，有限合伙人不得以劳务出资。由于其很难委托法定评估机构合理评估，劳务出资的评估方法由合伙人协商确定。

### （四）自己的名称和生产经营场所

合伙企业名称中应当标明“普通合伙”字样。经企业登记机关登记的合伙企业主要经营场所只能有一个，并且应当在其企业登记机关登记管辖区域内。

### （五）法律、行政法规规定的其他条件

凡符合上述条件的，根据《合伙企业法》第十四条至第十九条和《中华人民共和国合伙企业登记管理办法》的规定，向企业登记机关办理登记注册手续，申请人提交的登记申请材料齐全、符合法定形式，企业登记机关能够当场登记的，应予当场登记，发给营业执照。除此之外，企业登记机关应当自受理申请之日起二十日内，作出是否登记的决定。予以登记的，发给营业执照；不予登记的，应当给予书面答复，并说明理由。合伙企业的营业执照签发日期，为合伙企业成立日期。合伙企业领取营业执照前，合伙人不得以合伙企业名义从事合伙业务。合伙企业设立分支机构，应当向分支机构所在地的企业登记机关申请登记，领取营业执照。

## 三、普通合伙企业的财产

### （一）普通合伙企业财产的内容

根据《合伙企业法》第二十条的规定，合伙人的出资、以合伙企业名义取得的收益和依法取得的其他财产，均为合伙企业的财产。由此看来，合伙企业的财产包括三个部分。根据《合伙企业法》第二十一条的规定，合伙人在合伙企业清算前，不得请求分割合伙企业的财产；但是，本法另有规定的除外。合伙人在合伙企业清算前私自转移或者处分合伙企业财产的，合伙企业不得以此对抗善意第三人。

时光机：同学们还记得善意取得制度应当满足的公式吗？

扫码做题

### （二）普通合伙企业财产份额的转让

普通合伙企业具有较强的人合性，因此《合伙企业法》对合伙人转让财产份额作了以下限制性规定。

提示：合伙企业的人合性表现在，如果出现某个合伙人想转让自己的财产份额，法律尽量优先保证其他合伙人能够取得这部分份额，而不是引进新的合伙人。

（1）除合伙协议另有约定外，合伙人向合伙人以外的人转让其在合伙企业中的全部或者部分财产份额时，须经其他合伙人一致同意。

（2）合伙人之间转让在合伙企业中的全部或者部分财产份额时，应当通知其他合伙人。

（3）合伙人向合伙人以外的人转让其在合伙企业中的财产份额的，在同等条件下，其他合伙人有优先购买权；但是，合伙协议另有约定的除外。

（4）合伙人以外的人依法受让合伙人在合伙企业中的财产份额的，经修改合伙协议即成为合伙企业的合伙人，依照本法和修改后的合伙协议享有权利，履行义务。

（5）合伙人以其在合伙企业中的财产份额出质的，须经其他合伙人一致同意；未经其他合伙人一致同意，其行为无效，由此给善意第三人造成损失的，由行为人依法承担赔偿责任。

## 四、普通合伙企业的事务执行

### （一）事务执行的形式

根据《合伙企业法》的规定，合伙人执行合伙事务，可以有以下两种形式：合伙人共同执行或委托一个或数个普通合伙人执行。当然，并非所有的事务都能委托给部分合伙人决定，根据《合伙企业法》第三十一条的规定，除合伙协议另有约定外，合伙企业的下列事项应当经全体合伙人一致同意：①改变合伙企业的名称；②改变合伙企业的经营范围、主要经营场所的地点；③处分合伙企业的不动产；④转让或者处分合伙企业的知识产权和其他财产权利；⑤以合伙企业名义为他人提供担保；⑥聘任合伙人以外的人担任合伙企业的经营管理人员。

提示：此六项事项需要全体合伙人一致同意，要牢记！

### （二）合伙人在事务执行中的权利与义务

**1. 合伙人在事务执行中的权利**

合伙人对执行合伙事务享有同等的权利。不执行合伙事务的合伙人有权监督执行事务合伙人执行合伙事务的情况。由一个或者数个合伙人执行合伙事务的，执行事务合伙人应当定期向其他合伙人报告事务执行情况以及合伙企业的经营和财务状况，其执行合伙事务所产生的收益归合伙企业，所产生的费用和亏损由合伙企业承担。合伙人为了解合伙企业的经营状况和财务状况，有权查阅合伙企业会计账簿等财务资料。

合伙人分别执行合伙事务的，执行事务合伙人可以对其他合伙人执行的事务提出异议。提出异议时，应当暂停该项事务的执行。受委托执行合伙事务的合伙人不按照合伙协议或者全体合伙人的决定执行事务的，其他合伙人可以决定撤销该委托。

**2. 合伙人在事务执行中的义务**

合伙人不得自营或者同他人合作经营与本合伙企业相竞争的业务。除合伙协议另有约定或者经全体合伙人一致同意外，合伙人不得同本合伙企业进行交易。合伙人不得从事损害本合伙企业利益的活动。

### （三）合伙人事务执行的决议办法

合伙人对合伙企业有关事项作出决议，按照合伙协议约定的表决办法办理。合伙协议未约定或者约定不明确的，实行合伙人一人一票并经全体合伙人过半数通过的表决办法。对合伙企业的表决办法另有规定的，从规定，比如前面所说的需要全体合伙人一致同意的情形。

提示：注意顺序为约定—协商—实缴—平分。

(四)损益分配

合伙企业的利润分配、亏损分担，按照合伙协议的约定办理；合伙协议未约定或者约定不明确的，由合伙人协商决定；协商不成的，由合伙人按照实缴出资比例分配、分担；无法确定出资比例的，由合伙人平均分配、分担。合伙协议不得约定将全部利润分配给部分合伙人或者由部分合伙人承担全部亏损。

(五)非合伙人参与经营管理

被聘任的合伙企业的经营管理人员应当在合伙企业授权范围内履行职务，其超越合伙企业授权范围履行职务，或者在履行职务过程中因故意或者重大过失给合伙企业造成损失的，依法承担赔偿责任。

## 五、普通合伙企业与第三人的关系

根据《合伙企业法》第三十七条至第三十九条的规定，合伙企业对合伙人执行合伙事务以及对外代表合伙企业权利的限制，不得对抗善意第三人。合伙企业对其债务，应先以其全部财产进行清偿。合伙企业不能清偿到期债务的，合伙人承担无限连带责任。

根据《合伙企业法》第四十一条、第四十二条的规定，合伙人发生与合伙企业无关的债务，相关债权人不得以其债权抵销其对合伙企业的债务；也不得代位行使合伙人在合伙企业中的权利。合伙人的自有财产不足清偿其与合伙企业无关的债务的，该合伙人可以以其从合伙企业中分取的收益用于清偿；债权人也可以依法请求人民法院强制执行该合伙人在合伙企业中的财产份额用于清偿。

扫码做题

思考：合伙人 A 因个人原因向朋友 B(非合伙人)借款 10 万元，同时 B 尚欠该合伙企业货款 10 万元，则该债权债务能否抵消？如果 A 和 B 商定，A 不用还 B 的 10 万元借款，B 直接取代 A 成为新的合伙人，可以吗？

人民法院强制执行合伙人的财产份额时，应当通知全体合伙人，其他合伙人有优先购买权；其他合伙人未购买，又不同意将该财产份额转让给他人的，依照《合伙企业法》的规定，为该合伙人办理退伙结算，或者办理削减该合伙人相应财产份额的结算。

## 六、普通合伙企业的入伙和退伙

### （一）入伙

根据《合伙企业法》第四十三条的规定，新合伙人入伙，除合伙协议另有约定外，应当经全体合伙人一致同意，并依法订立书面入伙协议。订立入伙协议时，原合伙人应当向新合伙人如实告知原合伙企业的经营状况和财务状况。根据《合伙企业法》第四十四条的规定，入伙的新合伙人与原合伙人享有同等权利，承担同等责任。入伙协议另有约定的，从其约定。新合伙人对入伙前合伙企业的债务承担无限连带责任。

提示：一旦成为普通合伙人，入伙前、入伙后都是无限连带责任。

### （二）退伙

**1. 退伙种类**

退伙按照原因分类为两种：自愿退伙和法定退伙。

**2. 自愿退伙情形**

自愿退伙又可以分为协议退伙和通知退伙。

关于协议退伙，根据《合伙企业法》第四十五条的规定，合伙协议约定合伙期限的，在合伙企业存续期间，有下列情形之一的，合伙人可以退伙：①合伙协议约定的退伙事由出现；②经全体合伙人一致同意；③发生合伙人难以继续参加合伙的事由；④其他合伙人严重违反合伙协议约定的义务。

关于通知退伙，根据《合伙企业法》第四十六条的规定，合伙协议未约定合伙期限的，合伙人在不给合伙企业事务执行造成不利影响的情况下，可以退伙，但应当提前三十日通知其他合伙人。

**3. 法定退伙情形**

法定退伙又可以分为当然退伙和除名两类。根据《合伙企业法》第四十八条的规定，合伙人有下列情形之一的，当然退伙：①作为合伙人的自然人死亡或者被依法宣告死亡；②个人丧失偿债能力；③作为合伙人的法人或者其他组织依法被吊销营业执照、责令关闭、撤销，或者被宣告破产；④法律规定或者合伙协议约定合伙人必须具有相关资格而丧失该资格；⑤合伙人在合伙企业中的全部财产份额被人民法院强制执行。

扫码做题

思考：甲是普通合伙企业的合伙人，由于一场交通事故，丧失民事行为能力，请问甲还能继续担任企业的合伙人吗？

根据《合伙企业法》第四十九条的规定，合伙人有下列情形之一的，经其他合伙人一致同意，可以决议将其除名：①未履行出资义务；②因故意或者重大过失给合伙企业造成损失；③执行合伙事务时有不正当行为；④发生合伙协议约定的事由。对合伙人的除名决议应当书面通知被除名人。被除名人接到除名通知之日，除名生效，被除名人退伙。被除名人对除名决议有异议的，可以自接到除名通知之日起三十日内，向人民法院起诉。

提示：一旦曾经是普通合伙人，退伙前、退伙后都是无限连带责任。

**4. 退伙的财产处理**

合伙人退伙，其他合伙人应当与该退伙人按照退伙时的合伙企业财产状况进行结算，退还退伙人的财产份额。退伙人对给合伙企业造成的损失负有赔偿责任的，相应扣减其应当赔偿的数额。退伙时有未了结的合伙企业事务的，待该事务了结后进行结算。退伙人对基于其退伙前的原因发生的合伙企业债务，承担无限连带责任。

提示：因为特殊普通合伙企业的业务实在是太专业了，因此责任必须进行划分。这也是特殊普通合伙企业区别于普通合伙企业的最主要特征。

## 情境三　特殊的普通合伙企业

### 一、特殊普通合伙企业概述

特殊普通合伙企业是指以专门知识和技能为客户提供有偿服务的专业服务机构，例如律师事务所、会计师事务所等，这种合伙企业的责任分担方式有别于一般的普通合伙。特殊的普通合伙企业必须在其企业名称中标明“特殊普通合伙”字样，以区别于普通合伙企业。

## 二、特殊普通合伙企业的责任分担

在特殊的普通合伙企业中，一个合伙人或者数个合伙人在执业活动中因故意或者重大过失造成合伙企业债务的，应当承担无限责任或者无限连带责任，而其他合伙人以其在合伙企业中的财产份额为有限承担责任。合伙人在执业活动中非因故意或者重大过失造成的合伙企业债务以及合伙企业的其他债务，由全体合伙人承担无限连带责任。为了保护债权人利益，《合伙企业法》规定，特殊的普通合伙企业应当建立执业风险基金、办理职业保险。执业风险基金用于化解经营风险，偿付合伙人执业活动造成的债务。执业风险基金应当单独立户管理。

# 情境四　有限合伙企业

微课 12:有限合伙企业

## 一、有限合伙企业概述

有限合伙企业由有限合伙人与普通合伙人共同组成，对合伙组织的债务，有限合伙人仅以其认缴的出资为限承担责任，而普通合伙人则对合伙企业债务承担无限连带责任。由此可见，有限合伙集有限责任与无限责任于一身，合伙人之间体现了人合与资合两种合作的优势。这样有利于调动各方的投资热情，实现投资者和创业者的利益最大化。有限合伙企业以普通合伙人的个人信用及普通合伙人相互间的人身信任作为对外信用的基础，同时又以有限合伙人出资而形成的合伙资本作为立信于社会的基础。这种双重责任形式使得有限合伙企业既区别于普通合伙企业，又区别于公司。

## 二、有限合伙企业的设立

### （一）有限合伙企业的人数

从以上对有限合伙企业的界定中可以看出，有限合伙中至少由一名普通合伙人和一名有限合伙人共同组成，二者缺一不可。根据《合伙企业法》第六十一条的规定，有限合伙企业由二个以上五十个以下合伙人设立；但是，法律另有规定的除外。

有限合伙企业存续期间，有限合伙人的人数可能发生变化。如果有限合伙企业仅剩有限合伙人,那么应当解散;有限合伙企业仅剩普通合伙人的,应转为普通合伙企业。

### (二)有限合伙企业的名称

有限合伙企业名称中应当标明“有限合伙”字样,而不能标明“普通合伙”“特殊普通合伙”“有限公司”“有限责任公司”等字样。

### (三)有限合伙企业的协议

合伙协议除符合普通合伙协议的规定外,根据《合伙企业法》第六十三条的规定,还应当载明下列事项:①普通合伙人和有限合伙人的姓名或者名称、住所;②执行事务合伙人应具备的条件和选择程序;③执行事务合伙人权限与违约处理办法;④执行事务合伙人的除名条件和更换程序;⑤有限合伙人入伙、退伙的条件、程序以及相关责任;⑥有限合伙人和普通合伙人相互转变程序。

### (四)有限合伙人的出资

根据《合伙企业法》第六十四条、第六十五条的规定,有限合伙人可以用货币、实物、知识产权、土地使用权或者其他财产权利作价出资。有限合伙人不得以劳务出资。有限合伙人应当按照合伙协议的约定按期足额缴纳出资;未按期足额缴纳的,应当承担补缴义务,并对其他合伙人承担违约责任。

提示:这里说明,有限合伙人是不能执行事务的。

扫码做题

思考:为什么有限合伙人不能以劳务出资?

### (五)有限合伙企业的登记事项

有限合伙企业登记事项中应当载明有限合伙人的姓名或者名称及认缴的出资数额。

## 三、有限合伙企业的事务执行

有限合伙企业由普通合伙人执行合伙事务。执行事务合伙人可以要求在合伙协议中确定执行事务的报酬及报酬提取方式。

根据《合伙企业法》第六十八条的规定，有限合伙人不执行合伙事务，不得对外代表有限合伙企业。有限合伙人的下列行为，不视为执行合伙事务：①参与决定普通合伙人入伙、退伙；②对企业的经营管理提出建议；③参与选择承办有限合伙企业审计业务的会计师事务所；④获取经审计的有限合伙企业财务会计报告；⑤对涉及自身利益的情况，查阅有限合伙企业财务会计账簿等财务资料；⑥在有限合伙企业中的利益受到侵害时，向有责任的合伙人主张权利或者提起诉讼；⑦执行事务合伙人怠于行使权利时，督促其行使权利或者为了本企业的利益以自己的名义提起诉讼；⑧依法为本企业提供担保。

提示：有限合伙人进行这八项行为是允许的，不属于执行事务。

有限合伙企业不得将全部利润分配给部分合伙人；但是，合伙协议另有约定的除外。有限合伙人可以同本有限合伙企业进行交易，可以自营或者同他人合作经营与本有限合伙企业相竞争的业务；但是，合伙协议另有约定的除外。

提示：利润分配、自我交易、同业竞争，先看约定，再看法定。

## 四、有限合伙企业的财产出质与转让

有限合伙人可以将其在有限合伙企业中的财产份额出质；但是，合伙协议另有约定的除外。有限合伙人可以按照合伙协议的约定向合伙人以外的人转让其在有限合伙企业中的财产份额，但应当提前三十日通知其他合伙人。

根据《合伙企业法》第七十四条的规定，有限合伙人的自有财产不足清偿其与合伙企业无关的债务的，该合伙人可以以其从有限合伙企业中分取的收益用于清偿；债权人也可以依法请求人民法院强制执行该合伙人在有限合伙企业中的财产份额用于清偿。人民法院强制执行有限合伙人的财产份额时，应当通知全体合伙人。在同等条件下，其他合伙人有优先购买权。

知识加油站

有限合伙人与普通合伙人

| 行为 | 有限合伙人 | 普通合伙人 |
|---|---|---|
| 自我交易 | 可以，除非另有约定 | 不可以，除非另有约定 |
| 同业竞争 | 可以，除非另有约定 | 绝对不可以 |
| 财产份额的外部转让 | 按照协议约定，提前30日通知；其他合伙人无优先购买权。 | 需经其他合伙人一致同意，除非另有约定。其他合伙人有优先购买权。 |
| 财产份额的出质 | 可以，除非另有约定 | 必须经其他合伙人一致同意，第三人不可善意取得。 |

## 五、有限合伙企业的入伙和退伙

### （一）入伙

根据《合伙企业法》第七十七条的规定，新入伙的有限合伙人对入伙前有限合伙企业的债务，以其认缴的出资额为限承担责任。

提示：对比普通合伙人，入伙前、入伙后，均无限连带。

### （二）退伙

根据《合伙企业法》第四十八条的规定，合伙人有下列情形之一的，当然退伙：①作为合伙人的自然人死亡或者被依法宣告死亡；②个人丧失偿债能力；③作为合伙人的法人或者其他组织依法被吊销营业执照、责令关闭、撤销，或者被宣告破产；④法律规定或者合伙协议约定合伙人必须具有相关资格而丧失该资格；⑤合伙人在合伙企业中的全部财产份额被人民法院强制执行。

提示：对比普通合伙人，普通合伙人当然退伙情形还包括个人丧失偿债能力。

作为有限合伙人的自然人在有限合伙企业存续期间丧失民事行为能力的，其他合伙人不得因此要求其退伙。

作为有限合伙人的自然人死亡、被依法宣告死亡或者作为有限合伙人的法人及其他组织终止时，其继承人或者权利承受人可以依法取得该有限合伙人在有限合伙企业中的资格。有限合伙人退伙后，对基于其退伙前的原因发生的有限合伙企业债务，以其退伙时从有限合伙企业中取回的财产承担责任。

### 六、合伙人性质的转变

除合伙协议另有约定外，普通合伙人转变为有限合伙人，或者有限合伙人转变为普通合伙人，应当经全体合伙人一致同意。有限合伙人转变为普通合伙人的，对其作为有限合伙人期间有限合伙企业发生的债务承担无限连带责任。普通合伙人转变为有限合伙人的，对其作为普通合伙人期间合伙企业发生的债务承担无限连带责任。

提示：一旦成为普通合伙人，之前之后都是连带。

## 情境五　合伙企业的解散与清算

### 一、合伙企业的解散

根据《合伙企业法》第八十五条的规定，合伙企业有下列情形之一的，应当解散：①合伙期限届满，合伙人决定不再经营；②合伙协议约定的解散事由出现；③全体合伙人决定解散；④合伙人已不具备法定人数满三十天；⑤合伙协议约定的合伙目的已经实现或者无法实现；⑥依法被吊销营业执照、责令关闭或者被撤销；⑦法律、行政法规规定的其他原因。

### 二、合伙企业的清算

合伙企业解散，应当由清算人进行清算。清算人由全体合伙人担任；经全体合伙人过半数同意，可以自合伙企业解散事由出现后十五日内指定一个或者数个合伙人，或者委托第三人，担任清算人。自合伙企业解散事由出现之日起十五日内未确定清算人的，合伙人或者其他利害关系人可以申请人民法院指定清算人。

合伙企业财产在支付清算费用和职工工资、社会保险费用、法定补偿金以及缴纳所欠税款、清偿债务后的剩余财产，依照《合伙企业法》的规定进行分配。合伙企业的利润分配、亏损分担，按照合伙协议的约定办理；合伙协议未约定或者约定不明确的，由合伙人协商决定；协商不成的，由合伙人按照实缴出资比例分配、分担；无法确定出资比例的，由合伙人平均分配、分担。合伙协议不得约定将全部利润分配给部分合伙人或者由部分合伙人承担全部亏损。

提示：注意清偿顺序。

提示：注意顺序为约定—协商—实缴—平分。

清算结束，清算人应当编制清算报告，经全体合伙人签名、盖章后，在十五日内向企业登记机关报送清算报告，申请办理合伙企业注销登记。合伙企业注销后，原普通合伙人对合伙企业存续期间的债务仍应承担无限连带责任。合伙企业不能清偿到期债务的，债权人可以依法向人民法院提出破产清算申请，也可以要求普通合伙人清偿。

合伙企业依法被宣告破产的，普通合伙人对合伙企业债务仍应承担无限连带责任。

## 本章知识结构图

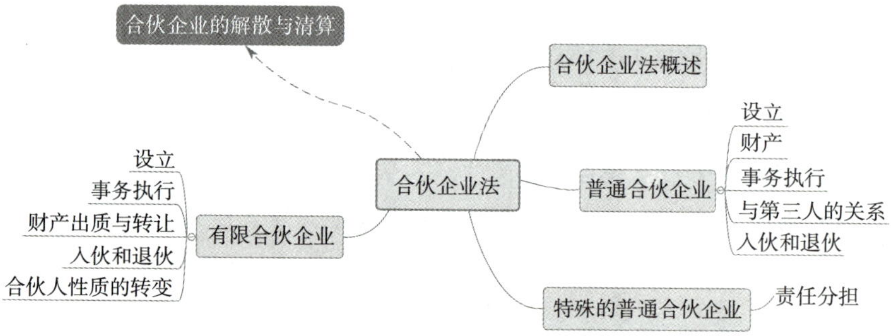


## 课后练习题

扫码做题

### 一、判断题

1. 合伙企业不具有法人资格，无独立承担民事责任的能力。

（　　）

2. 合伙企业的生产经营所得和其他所得，按照国家有关税收规定，由合伙企业分别缴纳所得税。（　　）

3. 合伙协议未约定合伙损益分配比例的，由各合伙人按照出资比例分配和分担。（　　）

扫码做题

### 二、多选题

1. 根据合伙企业法律制度的规定，下列各项中，属于普通合伙企业的合伙人当然退伙情形的有（　　）。

A. 经全体合伙人一致同意

B. 个人丧失偿债能力

C. 合伙人在合伙企业中的全部财产份额被人民法院强制执行

D. 发生合伙人难以继续参加合伙的事由

2. 合伙企业可以由(　　)设立。

A. 自然人　　B. 法人　　C. 其他组织　D. 国家

3.《中华人民共和国合伙企业法》所称合伙企业的特征包括下列内容中的(　　)。

A. 只能由自然人依法设立

B. 合伙企业包括普通合伙企业和有限合伙企业

C. 合伙协议依法由全体合伙人协商一致、以书面形式订立

D. 普通合伙人对合伙企业债务承担无限连带责任，有限合伙人以其认缴的出资额为限对合伙企业债务承担责任

4. 根据《中华人民共和国合伙企业法》的规定，清算人在清算期间执行的事务包括(　　)。

A. 代表合伙企业参加诉讼

B. 清缴所欠税款

C. 处理合伙企业清偿债务后的剩余财产

D. 代表合伙企业对外从事与清算无关的经营活动

5. 甲、乙、丙为某普通合伙企业的合伙人。该合伙企业向丁借款 15 万元，甲、乙、丙之间约定，如果到期合伙企业无力偿还该借款，甲、乙、丙各自负责偿还 5 万元。借款到期时，该合伙企业没有财产向丁清偿。下列关于该债务清偿的表述中，正确的有(　　)。

A. 丁有权直接向甲要求偿还 15 万元

B. 只有在甲、乙确实无力清偿的情况下，丁才有权要求丙偿还 15 万元

C. 乙仅负有向丁偿还 5 万元的义务

D. 丁可以根据各合伙人的实际财产情况，要求甲偿还 10 万元，乙偿还 3 万元，丙偿还 2 万元

6. 某普通合伙企业由于经营不善，无力偿还对外所欠的应付货款。下列有关债务清偿的说法正确的有(　　)。

A. 首先以合伙企业的财产优先清偿，不足的部分，由各合伙人以其自有财产来清偿

B. 合伙人由于承担连带责任，所清偿数额超过其应分担的比例时，

有权向其他合伙人追偿

C. 合伙企业的债权人对合伙企业所负债务，可以向任何一个合伙人主张

D. 合伙人分担合伙债务的比例，由合伙人平均分担

7. 某律师事务所是一家采取特殊普通合伙形式设立的律师事务所，张三、李四是其中的两名合伙人。在一次由张三主办、李四辅办的诉讼代理业务中，因二人的重大过失而泄露客户商业秘密，导致该所对客户应承担巨额赔偿责任。关于该客户的求偿，下列说法正确的有(　　)。

A. 向该所主张全部赔偿责任

B. 向张三主张无限连带赔偿责任

C. 向李四主张补充赔偿责任

D. 向该所其他合伙人主张连带赔偿责任

8. 有下列情况之一的，有限合伙人当然退伙的有(　　)。

A. 作为合伙人的自然人死亡或依法被宣告死亡

B. 作为有限合伙人的自然人在有限合伙企业存续期间丧失民事行为能力

C. 作为合伙人的法人或者其他组织依法被吊销营业执照

D. 执行合伙企业事务

9. 合伙人通知退伙的，应当符合的条件有(　　)。

A. 其他合伙人严重违反合伙协议约定的义务

B. 合伙人的退伙不会给合伙企业事务执行造成不利影响

C. 提前三十日通知其他合伙人

D. 提前六十日通知其他合伙人

10. 除合伙协议另有约定外，下列事项应当经过普通合伙企业全体合伙人一致同意才能决定的有(　　)。

A. 合伙人甲将合伙份额转让给合伙人以外的第三人

B. 聘请合伙人以外的乙作为合伙企业主要经营管理人

C. 以合伙企业名义对外提供担保

D. 出售合伙企业的一辆汽车

## 三、简答题

1. 普通合伙人和有限合伙人在财产份额转让、自我交易、同业竞争方面有何区别?

2. 如果合伙协议未约定,合伙企业在清算过程中的清偿顺序是什么?

3. 有限合伙人做出哪些行为,不视同为执行事务?

## 四、案例分析题

扫码做题

2020 年 1 月,甲、乙、丙三人合伙开办了一个普通合伙企业,甲出资 5 万元,乙出资 3 万元,丙以劳务出资,合伙协议订立中未约定利润分配和亏损分担比例,只约定三人共同管理企业。2020 年 6 月,甲想把自己的一部分财产份额转让给丁(外人),乙同意但丙不同意,因多数合伙人同意丁入伙成为新合伙人,丙便提出退伙,甲、乙表示同意丙退伙,丁入伙。此时,该合伙企业欠星星公司货款 2 万元一直未还。2020 年 10 月,甲私自以合伙企业的名义为其朋友戊的 3 万元贷款提供担保,银行对甲的私自行为并不知情。2021 年 4 月,由于经营不善,该合伙企业宣告解散,企业负债 9 万元无法清偿。根据案例,回答下列问题。

1. 丁认为星星公司的欠款是其入伙前发生的,与自己无关,自己不应该对该笔债务承担责任,丁的看法是否正确?

2. 丙认为其早已于 2020 年 6 月退伙,该合伙企业的债务与其无关,丙的看法是否正确?

3. 若甲的朋友戊到期不能清偿贷款,银行是否有权要求合伙企业承担担保责任?

4. 若其他合伙人在得知甲私自以合伙企业的财产提供担保后一致同意将其除名,该决议是否有效?

5. 在合伙企业清算后,星星公司、贷款银行和该合伙企业的债权人认为乙个人资金雄厚,要求其做全部的清偿,这些债权人的要求是否可以得到支持?

## 五、思考题

我们已经学习了《中华人民共和国公司法》和《中华人民共和国合伙企业法》,试着比较公司制与合伙制的异同,说说各自在社会主义市场经济体制下发挥的作用。

# 第五章　证券法律制度

**【案例导入】**

上市公司财务造假是证券市场的“毒瘤”，严重破坏市场运行基础，侵害投资者利益，始终是证监会监管执法重点。近年来，证监会持续加大对财务造假、操纵市场等恶性违法案件的查处力度，坚决落实新《中华人民共和国证券法》(以下简称《证券法》)各项要求，切实提升资本市场违法违规成本，强化监管执法震慑。近日，首批适用新《证券法》惩处财务造假恶性案件已进入事先告知阶段或作出行政处罚决定，最高拟处以近 4 000 万元罚款。下面通报三宗典型案件处理情况。

宜华生活多年连续实施重大财务造假，2016 至 2019 年 4 年虚增利润分别占当期披露利润总额的 88.24%、98.67%、192.78%和 99.37%(按利润总额绝对值计算)。该案已进入告知程序，系目前拟对上市公司信披违法罚款额最高的案件。告知书认定在 2016 至 2019 年 4 年间，公司通过虚构销售业务、虚增销售额等方式虚增利润 27 亿余元；通过伪造银行单据、不记账或虚假记账等方式虚增银行资金 86 亿余元；未按规定披露与关联方资金往来 320 亿余元。证监会拟对该案违法主体合计罚款 3 980 万元，对宜华生活处以 600 万元罚款，对实际控制人兼董事长罚款 930 万元并采取终身市场禁入，对主要责任人员处以 250 万元至 450 万元不等的罚款并采取最高 10 年证券市场禁入。

广东榕泰 2018 至 2019 年期间，通过虚构销售回款、虚构保理业务方式虚增利润 5 500 余万元。相关报告未按规定披露关联关系、日常经营性关联交易。广东榕泰的信息披露存在虚假记载和重大遗漏。证监会已经依法对广东榕泰及相关人员作出行政处罚决定，决定对本案违法主体罚款合计 1 450 万元，对广东榕泰处以 300 万元罚款，对实际控制人罚款 330 万元，对其他责任人员处以 20 万元至 160 万元不等的罚款。

中潜股份 2019 年虚增营业收入 3 720 余万元，虚增营业成本 1 150 余万元，导致虚增营业利润 2 570 余万元，占当期利润总额的 62.08%。同时，中潜股份存在 2019 年年度报告未按规定披露关联交易，2020 年披露的相关公告存在误导性陈述情况。该案已进入告知程序，证监会拟对本案违法主体罚款合计 1 540 万元，对中潜股份处以 350 万元罚款，对 2 名主要责任人员各处以 200 万元罚款。

三宗案件呈现以下特征：长期系统性财务造假，涉案金额巨大，持续时间长，最长跨度 4 年；实际控制人核心决策、组织实施，主观恶性明显；造假手段复杂隐蔽，形式不断翻新，利用新型或复杂金融工具、跨境业务达成造假目的；财务造假伴生未按规定披露重大信息等其他违法违规行为。前述部分案件，造假比例高，情节严重，影响极为恶劣。证监会坚决用好新《证券法》利剑，用重典、出重拳，维护市场信心，保护投资者合法权益，秉持以下执法理念：第一，对于证据充分、违法事实清楚的案件，从严重处，一抓到底，打则“痛击筋骨”，绝不“挠痒痒”，该批案件均处千万元以上重罚，责任人百万元以上，让违法者“知疼”，不敢“再犯”；第二，抓“关键少数”，精准打击，区分责任，区分情节，该批案件较为明显的特点，即严办首恶，对实际控制人施以重罚及终身市场禁入；第三，构建立体追责体系，涉嫌犯罪，坚决移送，绝不姑息，让违法者在行政处罚、刑事打击、民事赔偿中承担应有的责任。除已作出行政处罚决定的广东榕泰案外，该批案件均已告知，证监会将严格依法定程序从快处理该批案件。

下一步，证监会将认真贯彻中办、国办发布的《关于依法从严打击证券违法活动的意见》，全面落实“零容忍”的工作方针，用足用好相关法律赋予的职责，严厉查处财务造假等恶性违法行为，坚决追究相关机构和人员的违法责任，综合运用行政执法、民事追偿和刑事惩戒的立体式追责体系，形成依法打击证券违法活动的合力，维护市场“三公”秩序，净化市场生态，促进资本市场平稳健康发展。

——《证监会通报首批适用新〈证券法〉财务造假案件处罚情况》①

思考：上述案例说明，任何操纵市场、作出虚假陈述的行为都是禁止的，都要受到惩罚。近年来，证监会出重拳打击资本市场上的违法违规行为，不断强化法律法规的监管。请同学们思考，我们为什么要打击这些违法违规行为，它主要是破坏了中小投资者的哪些权益？

证监会：严厉打击资本市场违法违规行为切实维护资本市场秩序。

① 资料来源：中国证监会，《证监会通报首批适用新〈证券法〉财务造假案件处罚情况》。

## 情境一　证券法律制度概述

想一想：证券都包括什么？我们常说的股票、公司债券、政府债券属于《证券法》规范的内容吗？

企业的发展需要资金的支持，而对于一个企业来说，自身筹集的资金是有限的，因此，企业要想做大做强，就必须学会从外部吸收资金，而社会上持有闲散资金的也希望将自己手中的资金投入到更大的项目中，以此来获得更多的资金。于是，当两种需求互相匹配的时候，就产生了证券。

为了规范证券发行和交易行为，保护投资者的合法权益，维护社会经济秩序和社会公共利益，促进社会主义市场经济的发展，1998年12月29日第九届全国人民代表大会常务委员会第六次会议通过了《中华人民共和国证券法》，自1999年7月1日起施行。2004年8月28日第十届全国人民代表大会常务委员会第十一次会议通过《关于修改〈中华人民共和国证券法〉的决定》，进行了第一次修正。2005年10月27日第十届全国人民代表大会常务委员会第十八次会议第一次修订。2013年6月29日第十二届全国人民代表大会常务委员会第三次会议通过《关于修改〈中华人民共和国文物保护法〉等十二部法律的决定》进行了第二次修正。2014年8月31日第十二届全国人民代表大会常务委员会第十次会议通过《关于修改〈中华人民共和国保险法〉等五部法律的决定》进行了第三次修正。2019年12月28日第十三届全国人民代表大会常务委员会第十五次会议进行了第二次修订，并于2020年3月1日起施行。这一系列的修正体现了国务院简政放权的精神，进一步规范证券市场管理，处理好政府与市场的关系。

### 一、《证券法》的适用范围

《证券法》第二条规定："在中华人民共和国境内，股票、公司债券、存托凭证和国务院依法认定的其他证券的发行和交易，适用本法；本法未规定的，适用《中华人民共和国公司法》和其他法律、行政法规的规定。"由此可见，目前《证券法》中的证券，主要可以分为股票、债券、混合型的可转换债券以及存托凭证。

## 二、证券市场监管体制

对证券市场的监管包括政府监管和自律管理两部分。国务院证券监督管理机构依法对全国证券市场实行集中统一监督管理。国家审计机关依法对证券交易所、证券公司、证券登记结算机构、证券监督管理机构进行审计监督。同时，在国家对证券发行、交易活动实行集中统一监督管理的前提下，依法设立证券业协会，实行自律性管理。除此之外，证券交易所（上海证券交易所（简称“上交所”）、深圳证券交易所（简称“深交所”）和北京证券交易所（简称“北交所”））、全国中小企业股份转让系统（俗称“新三板”）、证券服务机构（会计师事务所、律师事务所、资产评估机构等）也实施自律管理。

微课 14：走进北交所

## 三、证券发行和交易的基本原则

### （一）公开、公平、公正

《证券法》第三条规定：“证券的发行、交易活动，必须遵循公开、公平、公正的原则。”

### （二）自愿、有偿、诚实信用

《证券法》第四条规定：“证券发行、交易活动的当事人具有平等的法律地位，应当遵守自愿、有偿、诚实信用的原则。”

### （三）遵法依规

证券的发行、交易活动，必须遵守法律、行政法规；禁止欺诈、内幕交易和操纵证券市场的行为。

思考：想一想这些原则反映了哪些社会主义核心价值观？

扫码做题

# 情境二　证券的发行和交易

## 一、证券的发行

### （一）证券的发行条件

根据《证券法》第九条的规定，公开发行证券，必须符合法律、行政法规规定的条件，并依法报经国务院证券监督管理机构或者国务院授权的部门注册。未经依法注册，任何单位和个人不得公开发行证券。证券发行注册制的具体范围、实施步骤，由国务院规定。有下列情形之一的，为公开发行：①向不特定对象发行证券；②向特定对象发行证券累计超过二百人，但依法实施员工持股计划的员工人数不计算在内；③法律、行政法规规定的其他发行行为。非公开发行证券，不得采用广告、公开劝诱和变相公开方式。

### （二）证券发行的特别规定

根据《证券法》第十条的规定，发行人申请公开发行股票、可转换为股票的公司债券，依法采取承销方式的，或者公开发行法律、行政法规规定实行保荐制度的其他证券的，应当聘请证券公司担任保荐人。保荐人应当遵守业务规则和行业规范，诚实守信，勤勉尽责，对发行人的申请文件和信息披露资料进行审慎核查，督导发行人规范运作。保荐人的管理办法由国务院证券监督管理机构规定。

发行人向国务院证券监督管理机构或者国务院授权的部门报送的证券发行申请文件，必须真实、准确、完整。为证券发行出具有关文件的证券服务机构和人员，必须严格履行法定职责，保证其所出具文件的真实性、准确性和完整性。

## 二、证券的交易

### （一）交易场所和方式

根据《证券法》第三十五条和第三十六条的规定，证券交易当事人依法买卖的证券，必须是依法发行并交付的证券。非依法发行的证券，不得买卖。依法发行的证券，《中华人民共和国公司法》和其他法律对其转让期限有限制性规定的，在限定的期限内不得转让。

公开发行的证券，应当在依法设立的证券交易所上市交易或者在国务院批准的其他全国性证券交易场所交易。非公开发行的证券，可以在证券交易所、国务院批准的其他全国性证券交易场所、按照国务院规定设立的区域性股权市场转让。

证券在证券交易所上市交易，应当采用公开的集中交易方式或者国务院证券监督管理机构批准的其他方式。

（二）对特定对象的特定要求

提示：注意对三类人群从事证券交易的限制。

根据《证券法》第四十条的规定，证券交易场所、证券公司和证券登记结算机构的从业人员，证券监督管理机构的工作人员以及法律、行政法规规定禁止参与股票交易的其他人员，在任期或者法定限期内，不得直接或者以化名、借他人名义持有、买卖股票或者其他具有股权性质的证券，也不得收受他人赠送的股票或者其他具有股权性质的证券。任何人在成为前款所列人员时，其原已持有的股票或者其他具有股权性质的证券，必须依法转让。

为证券发行出具审计报告或者法律意见书等文件的证券服务机构和人员，在该证券承销期内和期满后六个月内，不得买卖该证券。

提示：买入后六个月内卖出，或者在卖出后六个月内又买入，就是常说的“短线交易”。

上市公司、股票在国务院批准的其他全国性证券交易场所交易的公司持有百分之五以上股份的股东、董事、监事、高级管理人员，将其持有的该公司的股票或者其他具有股权性质的证券在买入后六个月内卖出，或者在卖出后六个月内又买入，由此所得收益归该公司所有，公司董事会应当收回其所得收益。但是，证券公司因购入包销售后剩余股票而持有百分之五以上股份，以及有国务院证券监督管理机构规定的其他情形的除外。

## 三、证券的上市

根据《证券法》第四十六条的规定，申请证券上市交易，应当向证券交易所提出申请，由证券交易所依法审核同意，并由双方签订上市协议。证券交易所根据国务院授权的部门的决定安排政府债券上市交易。

## 四、持续信息公开

（一）一般规定

根据《证券法》第七十八条的规定，发行人及法律、行政法规和国务院证券监督管理机构规定的其他信息披露义务人，应当及时依法履行信息披露义务。信息披露义务人披露的信息，应当真实、准确、完整，简明清晰，通俗易懂，不得有虚假记载、误导性陈述或者重大遗漏。证券同时在境内境外公开发行、交易的，其信息披露义务人在境外披露的信息，应当在境内同时披露。

（二）特别规定

上市公司、公司债券上市交易的公司、股票在国务院批准的其他全国性证券交易场所交易的公司，应当按照国务院证券监督管理机构和证券交易场所规定的内容和格式编制定期报告，并按照以下规定报送和公告：①在每一会计年度结束之日起四个月内，报送并公告年度报告，其中的年度财务会计报告应当经符合本法规定的会计师事务所审计；②在每一会计年度的上半年结束之日起两个月内，报送并公告中期报告。

发生可能对上市公司、股票在国务院批准的其他全国性证券交易场所交易的公司的股票交易价格产生较大影响的重大事件，投资者尚未得知时，公司应当立即将有关该重大事件的情况向国务院证券监督管理机构和证券交易场所报送临时报告，并予公告，说明事件的起因、目前的状态和可能产生的法律后果。

下列情况为重大事件：①公司的经营方针和经营范围的重大变化；②公司的重大投资行为，公司在一年内购买、出售重大资产超过公司资产总额的百分之三十，或者公司营业用主要资产的抵押、质押、出售或者报废一次超过该资产的百分之三十；③公司订立重要合同、提供重大担保或者从事关联交易，可能对公司的资产、负债、权益和经营成果产生重要影响；④公司发生重大债务和未能清偿到期重大债务的违约情况；⑤公司发生重大亏损或者重大损失；⑥公司生产经营的外部条件发生重大变化；⑦公司的董事、三分之一以上监事或者经理发生变动，董事长或者经理无法履行职责；⑧持有公司百分之五以上股份的股东或者实际控制人持有股份或者控制公司的情况发生较大变化，公司的实际控制人及其控制的其他企业从事与公司相同或者相似业务的情况发生较大变化；⑨公司分配股利、增资的计划，公司股权结构的重要变化，公司减资、合并、分立、解散及申请破产的决定，或者依法进入破产程序、被责令关闭；⑩涉及公司的重大诉讼、仲裁，股东大会、董事会决议被依法撤销或者宣告无效；⑪公司涉嫌犯罪被依法立案调查，公司的控股股东、实际控制人、董事、监事、高级管理人员涉嫌犯罪被依法采取强制措施；⑫国务院证券监督管理机构规定的其他事项。

### （三）法律责任

根据《证券法》第八十五条的规定，信息披露义务人未按照规定披露信息，或者公告的证券发行文件、定期报告、临时报告及其他信息披露资料存在虚假记载、误导性陈述或者重大遗漏，致使投资者在证券交易中遭受损失的，信息披露义务人应当承担赔偿责任；发行人的控股股东、实际控制人、董事、监事、高级管理人员和其他直接责任人员以及保荐人、承销的证券公司及其直接责任人员，应当与发行人承担连带赔偿责任，但是能够证明自己没有过错的除外。

## 五、禁止的交易行为

《证券法》禁止的交易行为包括内幕交易、虚假陈述、操纵市场等。

### （一）内幕交易

证券交易内幕信息的知情人包括：①发行人的董事、监事、高级管理人员；②持有公司百分之五以上股份的股东及其董事、监事、高级管理人员，公司的实际控制人及其董事、监事、高级管理人员；③发行人控股或者实际控制的公司及其董事、监事、高级管理人员；④由于所任公司职务或者因与公司业务往来可以获取公司有关内幕信息的人员；⑤上市公司收购人或者重大资产交易方及其控股股东、实际控制人、董事、监事和高级管理人员；⑥因职务、工作可以获取内幕信息的证券交易场所、证券公司、证券登记结算机构、证券服务机构的有关人员；⑦因职责、工作可以获取内幕信息的证券监督管理机构工作人员；⑧因法定职责对证券的发行、交易或者对上市公司及其收购、重大资产交易进行管理可以获取内幕信息的有关主管部门、监管机构的工作人员；⑨国务院证券监督管理机构规定的可以获取内幕信息的其他人员。

证券交易活动中，涉及公司的经营、财务或者对该发行人证券的市场价格有重大影响的尚未公开的信息，为内幕信息。前述持续信息披露中涉及的重大事件便属于内幕信息。

提示4：内幕交易>重大事件

证券交易内幕信息的知情人和非法获取内幕信息的人，在内幕信息公开前，不得买卖该公司的证券，或者泄露该信息，或者建议他人买卖该证券。持有或者通过协议、其他安排与他人共同持有公司百分之五以上股份的自然人、法人、其他组织收购上市公司的股份，《证券法》另有规定的，适用其规定。内幕交易行为给投资者造成损失的，行为人应当依法承担赔偿责任。

（二）虚假陈述

根据《证券法》第七十八条的规定，信息披露义务人披露的信息，应当真实、准确、完整，简明清晰，通俗易懂，不得有虚假记载、误导性陈述或者重大遗漏。根据中国证监会发布的《信息披露违法行为行政责任认定规则》，虚假陈述包括虚假记载、误导性陈述、重大遗漏以及不正当披露。具体规定如下：①信息披露义务人未按照法律、行政法规、规章和规范性文件，以及证券交易所业务规则规定的信息披露（包括报告）期限、方式等要求及时、公平披露信息，应当认定构成“未按照规定披露信息”的信息披露违法行为；②信息披露义务人在信息披露文件中对所披露内容进行不真实记载，包括发生业务不入账、虚构业务入账、不按照相关规定进行会计核算和编制财务会计报告，以及其他在信息披露中记载的事实与真实情况不符的，应当认定构成“所披露的信息有虚假记载”的信息披露违法行为；③信息披露义务人在信息披露文件中或者通过其他信息发布渠道、载体，作出不完整、不准确陈述，致使或者可能致使投资者对其投资行为发生错误判断的，应当认定构成“所披露的信息有误导性陈述”的信息披露违法行为；④信息披露义务人在信息披露文件中未按照法律、行政法规、规章和规范性文件以及证券交易所业务规则关于重大事件或者重要事项信息披露要求披露信息，遗漏重大事项的，应当认定构成“所披露的信息有重大遗漏”的信息披露违法行为。

（三）操纵市场

《证券法》禁止任何人操纵证券市场，影响或者意图影响证券交易价格或者证券交易量包括：①单独或者通过合谋，集中资金优势、持股优势或者利用信息优势联合或者连续买卖；②与他人串通，以事先约定的时间、价格和方式相互进行证券交易；③在自己实际控制的账户之间进行证券交易；④不以成交为目的，频繁或者大量申报并撤销申报；

⑤利用虚假或者不确定的重大信息，诱导投资者进行证券交易；⑥对证券、发行人公开作出评价、预测或者投资建议，并进行反向证券交易；⑦利用在其他相关市场的活动操纵证券市场；⑧操纵证券市场的其他手段。

操纵证券市场行为给投资者造成损失的，应当依法承担赔偿责任。

## 情境三　股票的上市与退市

微课 13：股票的上市和退市

想一想：大家都听说过哪些证券交易所？每个交易所上市的股票有什么区别吗？

### 一、主板市场

在我国，上海证券交易所全部为主板市场，深圳证券交易所于 2021 年 4 月将中小企业版和主板合并为主板市场。主板市场主要是为自身资质较高的企业股票提供交易服务，上市的门槛也比较高。

图 5-1 为上海证券交易所 2024 年 7 月 23 日主板市场市值排名前十名的企业。

**股票市价总值排名前十名**　数据更新日期：2024-07-23

| 名次 | 股票代码 | 股票简称 | 市价总值(万元) | 所占总市值的比例(%) |
|---|---|---|---|---|
| 1 | 600519 | 贵州茅台 | 182776779.90 | 4.50 |
| 2 | 601398 | 工商银行 | 162036939.74 | 3.99 |
| 3 | 601857 | 中国石油 | 153987896.00 | 3.79 |
| 4 | 601288 | 农业银行 | 151321755.91 | 3.72 |
| 5 | 601988 | 中国银行 | 100324385.07 | 2.47 |
| 6 | 600900 | 长江电力 | 75044023.73 | 1.85 |
| 7 | 600036 | 招商银行 | 68776900.73 | 1.69 |
| 8 | 601088 | 中国神华 | 67712201.84 | 1.67 |
| 9 | 601628 | 中国人寿 | 64677884.18 | 1.59 |
| 10 | 600028 | 中国石化 | 62604029.18 | 1.54 |

图 5-1　上海证券交易所 2024 年 7 月 23 日主板市场市值排名前十名企业

图 5-2 为深圳证券交易所 2024 年 7 月 23 日主板市场市值排名前 20 名的企业。

2024-07-23 板块信息 主板 ○总股本 ◉总市值 ○流通股本 ○流通市值 ○市盈率 查询 更多指标

总市值前20名 2024-07-23 下载

| 序号 | 证券代码 | 证券简称 | 总股本(亿) | 总市值(亿元) | 流通股本(亿) | 流通市值(亿元) |
|---|---|---|---|---|---|---|
| 1 | 300750 | 宁德时代 | 43.98 | 8,190.57 | 38.94 | 7,252.21 |
| 2 | 000858 | 五 粮 液 | 38.81 | 4,921.87 | 38.81 | 4,921.77 |
| 3 | 002594 | 比亚迪 | 18.11 | 4,586.66 | 11.62 | 2,943.69 |
| 4 | 000333 | 美的集团 | 69.85 | 4,357.82 | 68.60 | 4,279.79 |
| 5 | 300760 | 迈瑞医疗 | 12.12 | 3,353.61 | 12.12 | 3,353.58 |
| 6 | 002475 | 立讯精密 | 72.17 | 2,773.65 | 72.00 | 2,767.27 |
| 7 | 002415 | 海康威视 | 93.30 | 2,759.99 | 91.08 | 2,694.24 |
| 8 | 002714 | 牧原股份 | 54.65 | 2,392.73 | 38.10 | 1,668.33 |
| 9 | 000651 | 格力电器 | 56.31 | 2,145.56 | 55.63 | 2,119.69 |
| 10 | 000568 | 泸州老窖 | 14.71 | 1,993.66 | 14.67 | 1,987.09 |
| 11 | 000001 | 平安银行 | 194.05 | 1,975.52 | 194.05 | 1,975.49 |
| 12 | 003816 | 中国广核 | 393.34 | 1,951.01 | 393.34 | 1,951.01 |
| 13 | 002371 | 北方华创 | 5.32 | 1,785.72 | 5.31 | 1,784.17 |
| 14 | 002352 | 顺丰控股 | 48.15 | 1,716.87 | 47.88 | 1,707.09 |
| 15 | 300059 | 东方财富 | 157.85 | 1,633.80 | 133.59 | 1,382.68 |
| 16 | 300274 | 阳光电源 | 20.73 | 1,488.56 | 15.90 | 1,141.62 |
| 17 | 300308 | 中际旭创 | 11.21 | 1,467.83 | 11.15 | 1,460.69 |
| 18 | 000725 | 京东方A | 369.57 | 1,441.32 | 368.52 | 1,437.25 |
| 19 | 300999 | 金龙鱼 | 54.21 | 1,435.63 | 5.42 | 143.69 |
| 20 | 002142 | 宁波银行 | 66.03 | 1,427.69 | 65.23 | 1,410.40 |

图 5-2　深圳证券交易所 2024 年 7 月 23 日主板市场市值排名前 20 名企业

## 二、创业板

创业板是一个不同于主板的交易所市场，俗称“二板市场”。为了使得中小企业，特别是一些高新技术企业顺利获得资金支持，特别开设了该板块。

2020 年 6 月 12 日中国证监会发布《创业板首次公开发行股票注册管理办法（试行）》《创业板上市公司证券发行注册管理办法（试行）》《创业板上市公司持续监管办法（试行）》和《证券发行上市保荐业务管理办法》，自公布之日起施行。与此同时，证监会、深交所、中国结算、证券业协会等发布了相关配套规则。相关制度规则的正式发布，意味着创业板由原来的核准制变为注册制的改革正式启航。

图 5-3 为深圳证券交易所 2024 年 7 月 23 日创业板市场市值排名前 20 名的企业。

2024-07-23 板块信息 创业板 ○总股本 ◉总市值 ○流通股本 ○流通市值 ○市盈率 查询 更多指标

总市值前20名 2024-07-23　下载

| 序号 | 证券代码 | 证券简称 | 总股本(亿) | 总市值(亿元) | 流通股本(亿) | 流通市值(亿元) |
|---|---|---|---|---|---|---|
| 1 | 300750 | 宁德时代 | 43.98 | 8,190.57 | 38.94 | 7,252.21 |
| 2 | 300760 | 迈瑞医疗 | 12.12 | 3,353.61 | 12.12 | 3,353.58 |
| 3 | 300059 | 东方财富 | 157.85 | 1,633.80 | 133.59 | 1,382.68 |
| 4 | 300274 | 阳光电源 | 20.73 | 1,488.56 | 15.90 | 1,141.62 |
| 5 | 300308 | 中际旭创 | 11.21 | 1,467.83 | 11.15 | 1,460.69 |
| 6 | 300999 | 金龙鱼 | 54.21 | 1,435.63 | 5.42 | 143.69 |
| 7 | 300498 | 温氏股份 | 66.52 | 1,333.24 | 54.38 | 1,089.82 |
| 8 | 300124 | 汇川技术 | 26.78 | 1,297.55 | 22.67 | 1,098.41 |
| 9 | 300015 | 爱尔眼科 | 93.27 | 965.34 | 79.05 | 818.16 |
| 10 | 300433 | 蓝思科技 | 49.83 | 890.97 | 49.60 | 887.00 |
| 11 | 300014 | 亿纬锂能 | 20.45 | 794.76 | 18.61 | 723.16 |
| 12 | 300502 | 新易盛 | 7.08 | 724.33 | 6.30 | 644.00 |
| 13 | 300979 | 华利集团 | 11.67 | 671.02 | 11.66 | 671.02 |
| 14 | 300122 | 智飞生物 | 23.93 | 629.56 | 14.14 | 371.96 |
| 15 | 300408 | 三环集团 | 19.16 | 622.86 | 18.69 | 607.68 |
| 16 | 300033 | 同花顺 | 5.37 | 516.74 | 2.73 | 262.87 |
| 17 | 300394 | 天孚通信 | 5.53 | 507.27 | 5.52 | 506.20 |
| 18 | 300832 | 新产业 | 7.85 | 500.89 | 6.80 | 433.63 |
| 19 | 300896 | 爱美客 | 3.02 | 488.22 | 2.08 | 336.52 |
| 20 | 300628 | 亿联网络 | 12.63 | 447.51 | 7.22 | 255.96 |

图 5-3　深圳证券交易所 2024 年 7 月 23 日创业板市场市值排名前 20 名企业

## 三、科创板

根据中国证监会 2019 年 1 月 28 日发布的《关于在上海证券交易所设立科创板并试点注册制的实施意见》，我国上海证券交易所设立科创板并试点注册制。科创板更加注重科技创新能力，设置了更为宽松的上市条件，允许尚未盈利或存在累计未弥补亏损的企业在科创板上市。

图 5-4 为上海证券交易所 2024 年 7 月 23 日科创板市场市值排名前十名的企业。

**科创板股票市价总值排名前十名** 数据更新日期：2024-07-23

| 名次 | 股票代码 | 股票简称 | 市价总值(万元) | 所占总市值的比例(%) |
| --- | --- | --- | --- | --- |
| 1 | 688041 | 海光信息 | 17502265.83 | 3.71 |
| 2 | 688256 | 寒武纪 | 10372130.49 | 2.20 |
| 3 | 688981 | 中芯国际 | 9725946.00 | 2.06 |
| 4 | 688271 | 联影医疗 | 9336061.69 | 1.98 |
| 5 | 688111 | 金山办公 | 9306015.94 | 1.97 |
| 6 | 688012 | 中微公司 | 9190350.96 | 1.95 |
| 7 | 688036 | 传音控股 | 8685739.33 | 1.84 |
| 8 | 688223 | 晶科能源 | 7263775.10 | 1.54 |
| 9 | 688008 | 澜起科技 | 6711791.42 | 1.42 |
| 10 | 688506 | 百利天恒 | 6411990.00 | 1.36 |

图 5-4　上海证券交易所 2024 年 7 月 23 日科创板市场市值排名前十名企业

## 四、全国中小企业股份转让系统(新三板)

全国中小企业股份转让系统(简称“全国股转系统”,俗称“新三板”)是经国务院批准,依据证券法设立的继上交所、深交所之后第三家全国性证券交易场所,也是我国第一家公司制运营的证券交易场所。2013 年 12 月 14 日,国务院发布《国务院关于全国中小企业股份转让系统有关问题的决定》(国发〔2013〕49 号),明确了全国股转系统全国性公开证券市场的市场性质,主要为创新型、创业型、成长型中小企业发展服务的市场定位,符合条件的股份公司均可通过主办券商申请挂牌,公开转让股份,进行股权融资、债权融资、资产重组等。2020 年 3 月 1 日正式施行的新《证券法》进一步明确了新三板作为“国务院批准的其他全国性证券交易场所”的法律地位,夯实了新三板场内、集中、公开市场的性质。

图 5-5 为 2023 年 7 月至 2024 年 6 月新三板指数平均市盈率统计。

▼ 二、三板指数平均市盈率统计

| 日期 | 三板成指市盈率（倍） | 三板做市市盈率（倍） | 创新成指市盈率（倍） |
|---|---|---|---|
| 202307 | 19.55 | 16.98 | 18.37 |
| 202308 | 19.07 | 16.06 | 17.84 |
| 202309 | 19.67 | 14.92 | 17.65 |
| 202310 | 19.49 | 14.53 | 17.35 |
| 202311 | 20.04 | 15.53 | 17.90 |
| 202312 | 20.37 | 15.61 | 19.99 |
| 202401 | 20.09 | 14.54 | 19.28 |
| 202402 | 19.55 | 14.13 | 18.49 |
| 202403 | 18.78 | 13.72 | 17.50 |
| 202404 | 17.95 | 13.11 | 17.03 |
| 202405 | 17.95 | 13.51 | 16.37 |
| 202406 | 17.83 | 12.73 | 14.92 |

图 5-5　2023 年 7 月至 2024 年 6 月新三板指数平均市盈率统计

动动手：请同学们登录中国证监会、上海证券交易所、深圳证券交易所和全国中小企业股份转让系统官方网站，看看有哪些你熟知的证券法知识？

**知识加油站**

北京证券交易所①

北京证券交易所于 2021 年 9 月 3 日注册成立，是经国务院批准设立的我国第一家公司制证券交易所，受中国证监会监督管理。经营范围为依法为证券集中交易提供场所和设施、组织和监督证券交易以及证券市场管理服务等业务。

① 资料来源：北京证券交易所官方网站。

2021年9月2日，习近平总书记在2021年中国国际服务贸易交易会全球服务贸易峰会上的致辞中宣布，将继续支持中小企业创新发展，深化新三板改革，设立北京证券交易所，打造服务创新型中小企业主阵地。这是对资本市场更好服务构建新发展格局、推动高质量发展作出的新的重大战略部署，是实施国家创新驱动发展战略、持续培育发展新动能的重要举措，也是深化金融供给侧结构性改革、完善多层次资本市场体系的重要内容，对于更好发挥资本市场功能作用、促进科技与资本融合、支持中小企业创新发展具有重要意义。

## 本章知识结构图

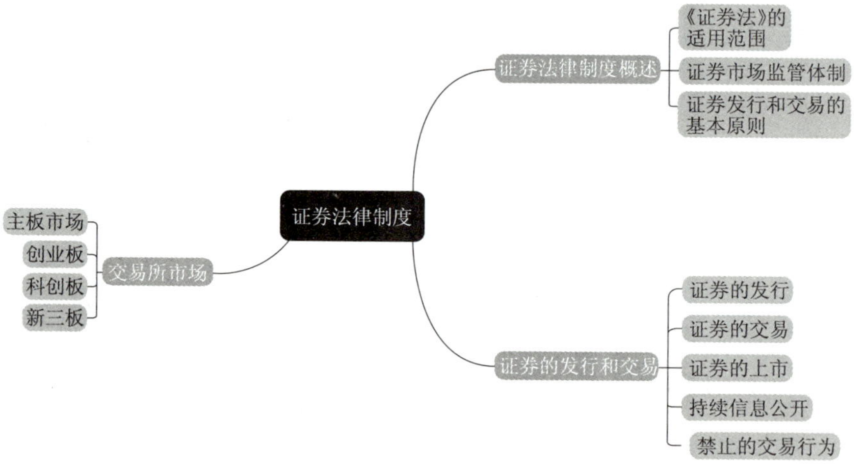


## 课后练习题

### 一、单选题

1. 根据证券法律制度的规定，上市公司必须编制并公告季度报告。报告编制并公告的时间应当是(　　)。

A. 会计年度前3个月、6个月、9个月结束后的30日内

扫码做题

B. 会计年度前 3 个月、6 个月、9 个月结束后的 60 日内

C. 会计年度前 3 个月、9 个月结束后的 30 日内

D. 会计年度前 3 个月、9 个月结束后的 60 日内

2. 根据证券法律制度的规定，下列主体中，对招股说明书中的虚假记载承担无过错责任的是(　　)。

A. 发行人　　B. 承销人

C. 实际控制人　　D. 保荐人

3. 甲公司为发起设立的股份有限公司，现有股东 199 人，尚未公开发行或者转让过任何股票。根据证券法律制度的规定，下列情形中，需要向中国证监会申请核准的是(　　)。

A. 股东乙向一位朋友转让部分股票

B. 股东丙将其持有的部分股票分别转让给丁和戊，约定 2 个月后全部买回

C. 甲公司向全国中小企业股份转让系统申请其股票公开转让

D. 甲公司向两家投资公司定向发行股票各 500 万股

4. 非上市公众公司的董事、监事和高级管理人员在信息披露工作中应当履行相应的职责。下列表述中，符合证券法律制度规定的是(　　)。

A. 非上市公众公司的董事应对公司年度报告签署书面审核意见

B. 非上市公众公司的监事应对公司年度报告签署书面确认意见

C. 非上市公众公司的高级管理人员应对公司年度报告签署书面审核意见

D. 非上市公众公司的监事会应对公司年度报告签署书面审核意见

## 二、多选题

1. 根据证券法律制度的规定，下列关于上市公司非公开发行股票的表述中，正确的有(　　)。

A. 发行对象不得超过 200 人

B. 发行价格不得低于市场交易价格

C. 控股股东认购的股份 36 个月内不得转让

D. 非控股股东认购的股份在 12 个月内不得转让

2. 根据证券法律制度的规定，股份有限公司发行的公司债券上市

扫码做题

交易后,公司发生的下列情形中,证券交易所可以决定暂停公司债券上市交易的有(　　)。

A. 最近 2 年连续亏损

B. 有重大违法行为

C. 净资产额减至人民币 5 000 万元

D. 不按审批机关批准的用途使用公司债券募集资金

3. 某股份有限公司拟在主板公开发行股票并上市。根据证券法律制度的有关规定,下列各项中,符合公司首次公开发行股票并上市条件的有(　　)。

A. 公司发行股票前股本总额为人民币 6 000 万元

B. 公司上一年度严重违反环境保护管理法规受到罚款的行政处罚

C. 公司最近 3 个会计年度净利润均为正数且累计为人民币 4 000 万元

D. 公司最近 1 个会计年度的净利润主要来自合并财务报表范围以外的投资收益

4. 上市公司发生下列情形时,属于证券法律制度禁止其增发股票的有(　　)。

A. 公司在 3 年前曾经公开发行过可转换公司债券

B. 公司现任董事在最近 36 个月内曾经受到过中国证监会的行政处罚

C. 公司在前年曾经严重亏损

D. 公司现任董事因涉嫌违法已被中国证监会立案调查

5. 根据证券法律制度的有关规定,下列各项中,属于发行公司债券应当符合的条件有(　　)。

A. 股份有限公司的净资产不低于 3 000 万元

B. 有限责任公司的净资产不低于 5 000 万元

C. 本次发行后累计公司债券余额不超过最近一期期末净资产额的 50%

D. 最近 3 个会计年度实现的年均可分配利润不少于公司债券 1 年的利息

6. 根据证券法律制度的规定,下列信息中,属于内幕信息的有(　　)。

A. 公司董事的行为可能依法承担重大损害赔偿责任

B. 公司营业用主要资产的抵押、出售或者报废一次超过该资产的20%

C. 公司生产经营的外部条件发生重大变化

D. 公司董事长发生变动

7. 甲公司是一家上市公司。下列股票交易行为中，属于证券法律制度所禁止的有（ ）。

A. 持有甲公司3%股权的股东李某已将其所持全部股权转让给他人，甲公司董事张某在获悉该消息后，告知其朋友王某，王某在该消息为公众所知悉前将其持有的甲公司股票全部卖出

B. 乙公司经研究认为甲公司去年盈利状况超出市场预期，在甲公司公布年报前购入甲公司4%的股权

C. 甲公司董事张某在董事会审议年度报告时，知悉了甲公司去年盈利超出市场预期的消息，在年报公布前买入了本公司股票10万股

D. 甲公司的收发室工作人员刘某看到了中国证监会寄来的公司因涉嫌证券违法行为被立案调查的通知，在该消息公告前卖出了其持有的本公司股票

8. 根据证券法律制度的规定，下列选项中，属于股份有限公司申请股票上市应当符合的条件有（ ）。

A. 公司股本总额不少于人民币5 000万元

B. 公司股本总额超过人民币2亿元的，公开发行股份的比例为10%以上

C. 公司最近3年无重大违法行为，财务会计报告无虚假记载

D. 股票经国务院证券监督管理机构核准已公开发行

## 三、简答题

1. 上市公司持续信息披露中所谈到的重大事件都有哪些？

2.《中华人民共和国证券法》中规定了哪些禁止的交易行为？

# 第六章　票据法律制度

**【案例导入】**

2024 年 6 月 11 日，国家金融监督管理总局连云港监管分局行政处罚信息公开表显示，恒丰银行股份有限公司连云港分行市场拓展三部总经理助理张寅（主持工作）因未严格审查票据业务贸易背景真实性，被处以警告并罚款 6 万元，作出处罚决定的日期为 2024 年 6 月 3 日。[①]

思考：2023 年 3 月，中共中央、国务院印发《党和国家机构改革方案》，其中多项涉及金融监管领域：组建中央金融委员会、组建中央金融工作委员会、组建国家金融监督管理总局、深化地方金融监管体制改革、中国证券监督管理委员会调整为国务院直属机构、统筹推进中国人民银行分支机构改革等。根据改革方案，国家金融监督管理总局在中国银保监会基础上组建，统一负责除证券业之外的金融业监管。不再保留中国银保监会。

2023 年 5 月 18 日，国家金融监督管理总局正式挂牌。继 2018 年中国银保监会组建之后，金融监管格局又迎来重大调整，这是深化金融监管体制改革、加强和完善现代金融监管、促进实现金融监管全覆盖的重大举措。

结合你在出纳实务课程中的学习，思考一下，与货币相比，票据具有什么样的特点？如何规范票据市场？

## 情境一　票据法概述

与货币相比，票据结算更灵活和方便，是社会主义市场经济发展的必然产物。我国现行的《中华人民共和国票据法》（简称《票据法》）于 1995 年 5 月 10 日第八届全国人民代表大会常务委员会第十三次会议通过，并在 2004 年进行修订，旨在规范票据行为，保障票据活动中当事人的合法权益，维护社会经济秩序，促进社会主义市场经济的发展。

① 资料来源：国家金融监督管理总局连云港监管分局行政处罚信息公开表（连金罚决字〔2024〕13 号）。

## 一、《票据法》相关概念

### （一）票据的含义

依法发行的，由自己无条件支付或委托他人无条件支付一定金额的有价证券，包括汇票、本票和支票。

### （二）票据的特征

票据的四大特征要牢记！

票据的特征包括有价性、要式性、无因性、文义性。

（1）有价性：票据是代表一定数量货币请求权的有价证券。

（2）要式性：票据的制作和记载事项必须符合法律法规的规定，否则其效力会受到影响。

（3）无因性：权利人享有票据权利仅以持有票据为必要。

（4）文义性：该证券的义务人只按证券上所指明的金额和条件对权利人履行义务。

### （三）票据能力

任何民事主体都有票据权利能力，包括自然人、法人和其他组织。

无民事行为能力或者限制民事行为能力人在票据上签章的，其签章无效，但不影响其他有效签章的效力。出票人为无民事行为能力人、限制行为能力人的票据，未经背书转让的，票据债务人不承担票据责任；已经背书转让的，票据无效不影响其他有效签章的效力。

### （四）票据当事人

基本当事人是指在票据作成和交付时就已存在的当事人，是构成票据法律关系的必要主体，包括出票人、付款人和收款人。

非基本当事人是指在票据作成并交付后，通过一定的票据行为加入票据关系而享有一定权利、义务的当事人，包括承兑人、背书人、被背书人、保证人等。

所谓票据关系是指由于票据行为而产生的有关各方之间的权利义务关系。在这种权利义务关系中，具有如下三个基本的当事人。

（1）出票人：出票人是指在票据上签名并发出票据的人，或者说是签发票据的人。

（2）付款人：付款人是受发票人委托付款的人，有的情况下，发票人也是付款人，如本票。

微课 15:票据的种类

(3)收款人:收款人是指从发票人那里接收票据并有权向付款人请求付款的人。

除了三个基本当事人以外,票据还有如下一些非基本当事人。非基本当事人的情况较为复杂,不同的票据行为产生不同的票据非基本当事人,如由于背书行为而产生的背书人和被背书人,由于保证行为产生的保证人和被保证人,由于参加行为产生的参加人和被参加人等。

## 二、票据的种类

票据的种类有汇票、本票和支票。汇票的种类较多,从不同角度主要可分成以下几种。

(1)按出票人不同,可分成银行汇票和商业汇票。银行汇票的出票人是银行,付款人也是银行。商业汇票,出票人是企业或个人,付款人可以是企业、个人或银行。

(2)按付款日期不同,汇票可分为即期汇票和远期汇票。汇票上付款日期有四种记载方式:见票即付;见票后若干天付款;出票后若干天付款;定日付款。若汇票上未记载付款日期,则视作见票即付。见票即付的汇票为即期汇票。其他三种为远期汇票。

(3)按承兑人的不同,汇票只可分成商业承兑汇票和银行承兑汇票。远期的商业汇票,经企业或个人承兑后,称为商业承兑汇票。远期的商业汇票,经银行承兑后,称为银行承兑汇票。银行承兑后成为该汇票的主债务人,所以银行承兑汇票是一种银行信用。

票据的种类如图 6-1 和图 6-2 所示。

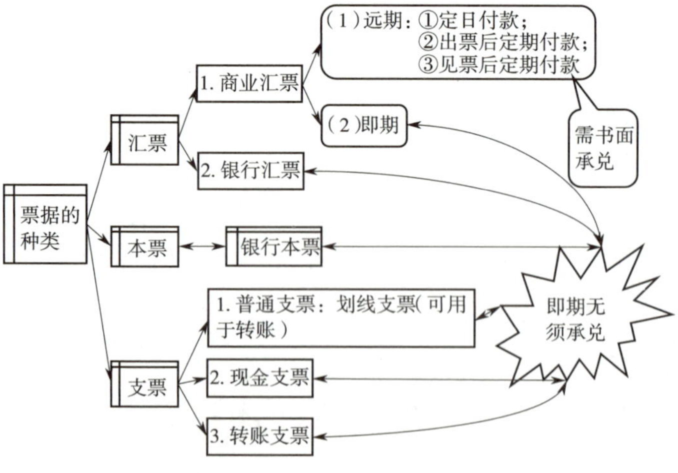


图 6-1 票据的种类

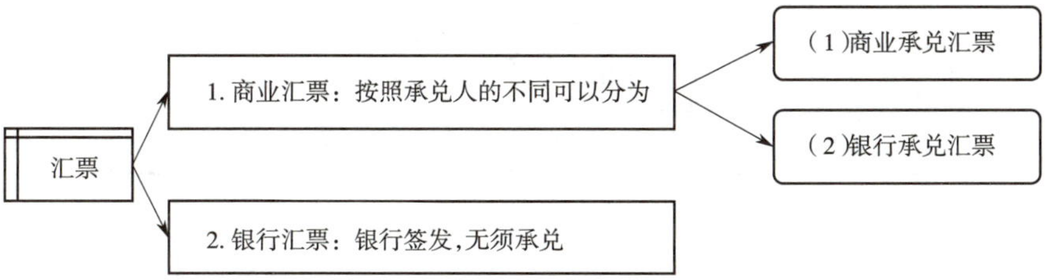


图 6-2　汇票的种类

## 情境二　票据关系与非票据关系

### 一、《票据法》上的法律关系

票据关系（票据上的关系）：当事人之间基于票据行为而发生的债权债务关系。

《票据法》上的非票据关系：《票据法》规定的，但不是基于票据行为直接发生的法律关系。票据返还关系、利益返还关系、损害赔偿关系。

二者的区别：权利产生的原因、权利内容、权利行使的依据不同。

二、票据的基础关系

原因关系：依票据转让的原因而发生的法律关系。

预约关系：票据当事人之间，在发行票据之前，对票据的种类、金额、到期日等票据事项所达成的合意，或在背书之前，对背书事项所进行的约定等产生的法律关系。

资金关系：汇票、支票的付款人与出票人之间有关票据付款的资金基础关系。

### 三、票据关系与非票据关系

票据关系是基于票据行为而产生的关系。非票据关系是基于《票据法》的直接规定而产生的，即不基于票据行为而发生的票据当事人之间与票据有关的法律关系。票据关系和非票据关系如图 6-3 所示。

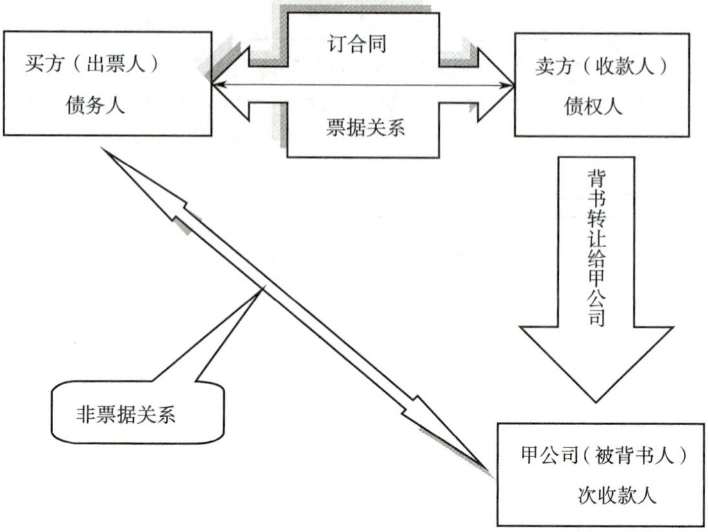


图 6-3　票据关系和非票据关系

票据基础关系是真实的买卖关系，是票据关系产生的前提，票据关系一产生就离开了票据基础关系。票据法律关系如图 6-4 所示。

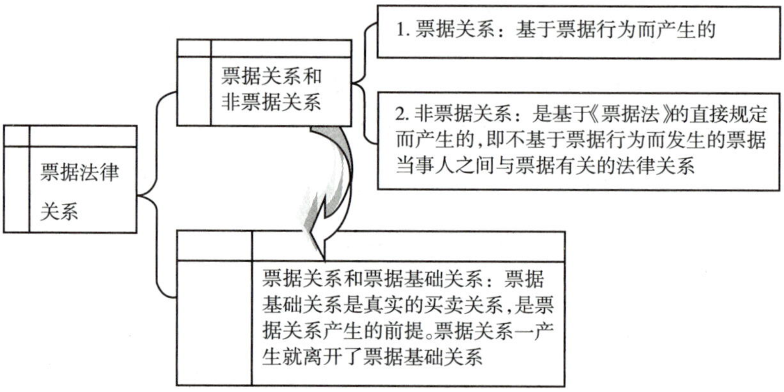


图 6-4　票据法律关系

## 情境三　票据行为与票据权利

微课 16：票据行为

### 一、票据行为

#### （一）狭义的票据行为

狭义的票据行为仅指能够发生票据债务的法律行为，主要包括出票、背书、承兑、保证等。出票行为是主票据行为或基本票据行为。其他的是附属票据行为。

（二）出票

出票是指出票人签发票据并将其交付给收款人的票据行为，也叫发票行为或发行行为。

（三）背书

背书是指背书人在票据背面或粘单上记载有关事项并签章的票据行为。

（四）承兑

承兑是指汇票的付款人承诺在票据到期日支付汇票金额的票据行为。只有汇票才有承兑制度。定期付款或出票后定期付款的汇票，持票人应当在汇票到期日前向付款人提示承兑，见票后定期付款的，持票人应当自出票日起 1 个月内向付款人提示承兑。未按照规定提示承兑的，持票人丧失对前手的追索权。

（五）保证

保证是指汇票债务人以外的第三人对特定的票据债务人的票据债务承担保证责任的票据行为。保证不得附有条件，附有条件的，不影响保证人对汇票承担的保证责任。被保证人可以是出票人、承兑人、背书人等。

保证的效力：当被保证人的债务实质上有效存在时，保证人的责任在种类、数量、时效、性质上与被保证人完全相同。

当被保证人的债务实质上归于无效时，保证人应负保证责任。但如因时效或手续欠缺而消灭时，持票人对出票人或承兑人的利益偿还请求权，保证人不负保证责任。

票据行为如图 6-5 所示。

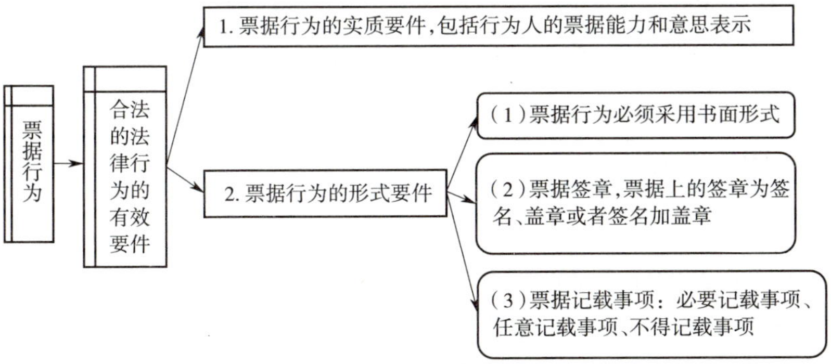


图 6-5　票据行为

## 二、票据权利

### （一）票据权利的内容

票据权利是指持票人向票据债务人请求支付票据金额的权利，包括付款请求权和追索权。付款请求权是主票据权利，须满足以下条件。

（1）持票人持有处在有效期内的票据，其中汇票和本票的有效期自票据到期日起2年以内；见票即付的汇票和本票的有效期自出票日起2年以内；支票的有效期自出票日起6个月内。

（2）持票人只能请求付款人支付票据上确定的金额，付款人须一次性将债务履行完毕。

（3）付款人支付票据金额后，如果发现该票据有伪造、变造情况的，有权向持票人请求返还所给付的金额。追索权指持票人行使付款请求权受到拒绝承兑或拒绝付款时，或有其他法定事由请求付款未果时，向其前手请求支付票据金额的权利。

### （二）票据权利的取得

票据权利的取得方式包括原始取得和继受取得。原始取得是指出票人在其开出的票据上填写的收款人取得票据的行为。继受取得是指第三人自收款人手中取得的票据行为，包括通过背书转让、贴现、质押、继承、赠与、付款、公司合并或分立、清算等方式取得票据权利。

### （三）票据权利的行使

票据权利的行使方式包括提示承兑和提示付款。

（1）提示承兑：持票人应当自出票日起1个月内向付款人提示承兑。

（2）提示付款：其中支票自出票日起10日内向付款人提示付款；本票自出票日起2个月内向付款人提示付款；见票即付的汇票，自出票日起1个月内向付款人提示付款；出票后定期付款或见票后定期付款的汇票，自到期日起10日内向承兑人提示付款。

### （四）票据权利的保全

票据权利的保全是指票据权利人为防止票据权利消灭所进行的行为，如提示票据、作成拒绝证明、起诉等。

## （五）票据权利的消灭

票据权利的消灭是指持票人对票据的出票人和承兑人的权利，自票据到期日起 2 年；见票即付的汇票、本票，自出票日起 2 年；持票人对支票出票人的权利，自出票日起 6 个月；持票人对前手的追索权，自被拒绝承兑或被拒绝付款之日起 6 个月。

## （六）票据的补救

票据的补救包括挂失止付、公示催告及诉讼。

票据权利如图 6-6 所示。

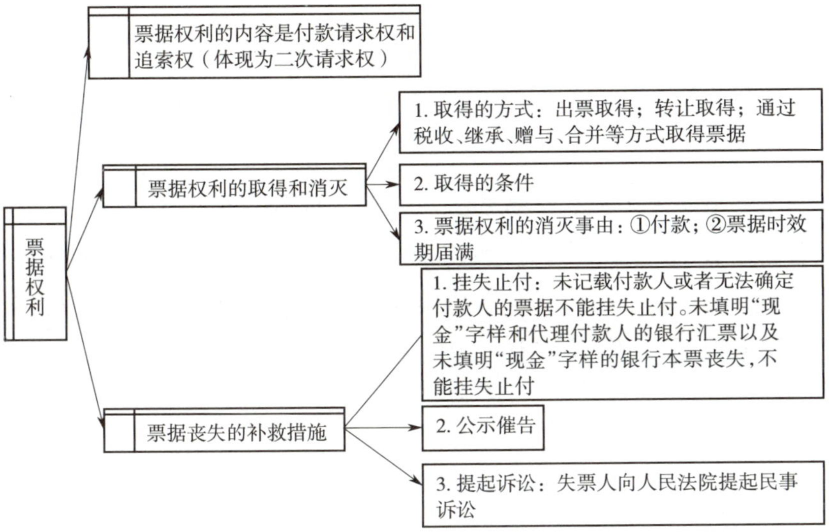


图 6-6　票据权利

# 情境四　票据瑕疵与抗辩

## 一、票据瑕疵

票据瑕疵，是指影响票据效力的行为，即由于票据当事人或其他人进行的某些行为，致使票据权利义务关系的实行受到了一定影响。

一般来说，票据瑕疵主要有票据的伪造、票据的变造、票据的更改、票据的涂销四种。

（1）票据的伪造，是指假冒他人的名义出票或假借他人名义在票据上签章的行为。

（2）票据的变造，是指无权而擅自变更票据文义的行为。

（3）票据的更改，是指有票据更改权限的人为订正自己在票据记载上的错误，以法定方式对票据内容加以变更的合法行为。

（4）票据的涂销，是指将票据上的签章或其他记载事项加以涂抹或消除的行为。

根据《票据法》第十四条的规定，票据上有伪造、变造的签章的，不影响票据上其他真实签章的效力。票据上其他记载事项被变造的，在变造之前签章的人，对原记载事项负责；在变造之后签章的人，对变造之后的记载事项负责；不能辨别是在票据被变造之前或者之后签章的，视同在变造之前签章。

## 二、票据抗辩

票据抗辩，是指票据债务人根据《票据法》的规定对票据债权人拒绝履行义务的行为。

票据抗辩分为对物抗辩和对人抗辩。对物抗辩是指票据债务人可以对抗一切票据债权人的抗辩，如票据欠缺绝对记载事项、票据债务人无民事行为能力、背书不连续、票据权利时效届满而消灭等。对人抗辩是指票据债务人对抗特定票据债权人的抗辩。

### （一）物的抗辩

所谓对物抗辩，是指基于票据本身的内容有瑕疵而进行的抗辩。比如，债务人认为票据本身欠缺某些基本内容，如汇票上未记明金额、发票人没有签名、记有附带条件的支付委托等，认为该票据应该无效或消灭，从而拒绝进行付款，这种抗辩就属于对物的抗辩。属于对物的抗辩包括：①票据欠缺应记载的内容；②票据到期日未到；③票据已经依法付款；④票据经判决为无效；⑤票款已依法提存；⑥欠缺票据行为能力；⑦票据系伪造及变造；⑧票据因时效而消灭；⑨与票据记载不符的抗辩等。对于前五项，任何票据债务人都有权拒绝支付票款。对于后四项，只限于特定债务人可以对所有债权人进行抗辩。比如对于伪造票据，由于被伪造者并未在票据上签字，因而被伪造者可以对任何债权人进行抗辩。

### （二）人的抗辩

所谓对人抗辩是指特定的债务人对特定的债权人的抗辩。这种抗辩是基于当事人之间的特定关系而产生的，一旦持票人发生变更，就不得再进行抗辩，属于对人抗辩的包括：①票据原因关系不合法，比如为支付赌债而签发的支票；②原因关系不存在或消灭，比如为购货而签发票据但对方没有发货；③欠缺对价，比如持票人未按约提供与票款相当的商品或劳务等；④票据债务已经清偿、抵销或免除而未载于票据上，可对直接当事人抗辩；⑤票据交付前被盗或遗失，可对盗窃人或拾得人抗辩；等等。

对人抗辩又称相对抗辩，主要包括以下三类。

（1）票据上的一切债务人可以对特定的债权人行使的抗辩。

①持票人破产或其债权经法院扣押禁止付款时，即失去受领能力。

②持票人欠缺形式上、实质上的受领资格的抗辩。当持票人所持的票据为记名票据时，持票人必须以背书的连续性来证明其票据权利的存在。如果持票人所持的票据背书欠缺连续性，那么付款人有权拒绝付款。

（2）只有特定票据债务人可以向特定的票据债权人行使的抗辩。

①欠缺对价的抗辩。在直接相对的当事人之间，如果票据权利的转让是以支付约定对价为条件，那么在持票人没有向票据出让人支付约定对价的情况下，出让人有权拒绝向持票人付款。

②票据行为无效的抗辩。票据行为是由依法记载和交付两个行为组成，所以当票据已记载但尚未交付而遗失或被盗窃时，票据债务人可以对拾得者和盗窃者行使抗辩权拒绝向其付款。

③原因关系欠缺或已消灭的抗辩。

（3）特定票据债务人可对一切票据债权人行使的抗辩。

①欠缺票据行为能力的抗辩。无票据行为能力或限制票据行为能力的人，在未获其法定代理人许可的前提下而实施的票据行为当属无效票据行为，可以以此对抗所有持票人。

②票据伪造、变造的抗辩。票据伪造是假冒他人签章的票据行为，所以被假冒人无须承担任何票据责任。票据变造时，在变造前票据上签章的人只对变造前的记载事项承担票据责任，对变造后的记载事项不承担票据责任。

③无权代理的抗辩。无权代理及超越代理而实施的票据行为，因未经授权，所以不具有法律上的代理效力。作为票据债务人本人可以

此对抗所有持票人。

④票据债权因时效而消灭的抗辩。《票据法》上的权利，对于不同的义务人有不同的时效期间，票据债务人可根据法律的具体规定，对持票人行使抗辩。

⑤承兑撤销的抗辩。

## 三、票据抗辩的意义

票据的抗辩是为了防止不法行为，以保护债务人的合理权益。但对票据的抗辩如不加限制，那么有关票据债务人随意抗辩就会影响票据的流通性。对此《票据法》第十三条对抗辩作出限制，票据债务人不得以自己与出票人或者与持票人的前手之间的抗辩事由，对抗持票人。但是，持票人明知存在抗辩事由而取得票据的除外。票据债务人可以对不履行约定义务的与自己有直接债权债务关系的持票人，进行抗辩。

与民法上的一般抗辩制度相比，票据抗辩虽然与之有着许多共同之处，但也存在着较大的差异，主要体现在以下方面。

(1)在一般民法领域中，发生债权转让时，债务人对债权人的抗辩移转于新的债权人，即债务人能对让与人进行的一切抗辩，均可对抗受让人，债权流转次数越多，累积的抗辩事由越多，债务人的抗辩权就越大。例如，甲欠乙货款，乙将债权转让给丙，丙又转让给丁，则丁就可能面对甲原来针对乙、丙的一切抗辩，诸如：交付的标的物不符合质量约定、未按期收到货物、时效已过等。而在票据法领域，由于作为流通证券的票据，其作用的发挥依赖于票据的流通，票据债务人享有较少的抗辩权。如果票据债务人享有太多的抗辩权，则会影响票据的信用，从而阻碍票据的流通。

(2)票据保证抗辩与一般民法上的保证抗辩是有区别的，一般民法上的保证抗辩设立有保证人的先诉抗辩权，而票据保证抗辩中则没有；民法上的保证抗辩一般允许保证人行使主债务人得以行使的抗辩，票据保证抗辩则一般不允许。

(3)因票据抗辩产生无效后果时，并不一定具有溯及既往的效力。例如：在票据流通过程中发生的某一无效的票据行为并不影响其他票据行为的效力，也不溯及既往。但在民法的一般理论中，民事合同被确认为无效后，均自始无效。

**知识加油站**

这里需要重点指出的是，在认识和掌握票据抗辩理论时，首先要弄清楚民法上的抗辩和票据上抗辩的关系。票据上的抗辩是以民法上的抗辩为基础的，但票据法上的抗辩和民法上的抗辩又存在着明显的不同。票据法的抗辩属于绝对抗辩权，即从根本上否定票据权利存在的抗辩权；而民法上规定的抗辩权一般只是对抗请求权的抗辩，它不能从根本上否定权利的存在。

## 情境五　票据时效

### 一、票据时效

票据时效是指持票人可以有效地进行票据权利的行使的期间。这里"票据权利的行使"作广义解释，既包括付款请求权和追索权的行使，也包括请求承兑、请求作出拒绝证明书等。

广义票据时效相应地也应包括行使票据权利的时效和保全票据权利的时效。经过一定的期间不行使票据权利或不保全票据权利，票据权利人对特定票据债务人不能有效地行使相应的请求权，票据义务人当然得拒绝其请求。

提示是持票人将汇票提交付款人要求承兑或付款的行为，是持票人要求取得票据权利的必要程序。提示又分提示付款和提示承兑。

持票人应在提示付款期限内通过开户银行委托收款或直接向付款人提示付款。对异地委托收款的，持票人可提前通过开户银行委托收款。持票人超过提示付款期限提示付款的，持票人开户银行不予受理。

**知识加油站**

提示付款和提示承兑的问题，到实际工作中，也是挥之不去的困惑。主要的困惑有：第一，"商业汇票的提示付款期限自汇票到期日起10日内"这里为什么是"自汇票到期日起"；第二，"定日付款或者出票后定期付款的商业汇票,持票人应当在汇票到期日前向付款人提示承兑",这里为什么是"汇票到期日前向付款人提示承兑";第三,"见票后定期付款的汇票,持票人应当自出票日起一个月内向付款人提示承兑",这里为什么是"自出票日起"。那么,如何解决这一困惑呢?

解决困惑的第一步只需要小小一图,解决提示付款和提示承兑的时间问题,其他问题也就迎刃而解了。

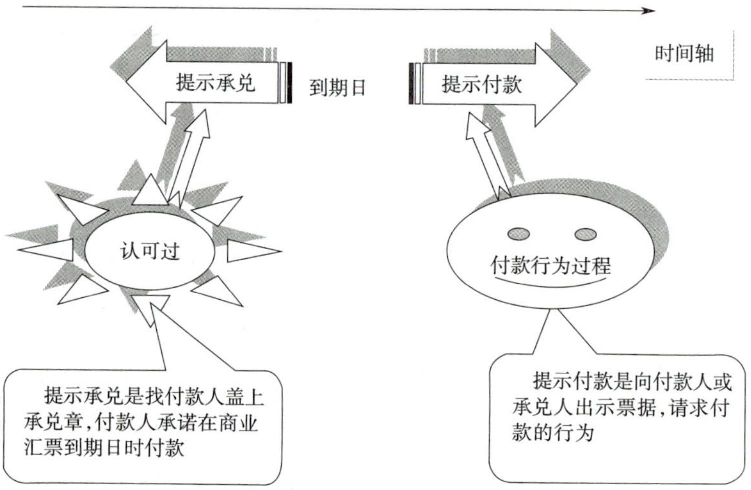


提示付款和提示承兑时间

解决困惑的第二步是将几个重要的提示付款期绘制出图。

解决困惑的第三步是要结合提示付款和提示承兑时间图与提示付款期图,层层深入地阐述。

第一,银行汇票是见票即付,无须提示承兑。需要承兑的只有商业汇票,因为只有商业汇票才有承兑人。同样银行本票和支票也是见票即付,谈不上提示承兑的问题。

第二,一般都是在汇票到期前先提示承兑,等汇票到期后再提示付款。

第三,对商业汇票来说,定日付款、出票后定期付款、见票后定期付款的汇票都有到期日。在到期日前找付款人提示付款,付款人一定不会付款,因为汇票还没到期呢。所以提示付款期一定是从到期日算起。

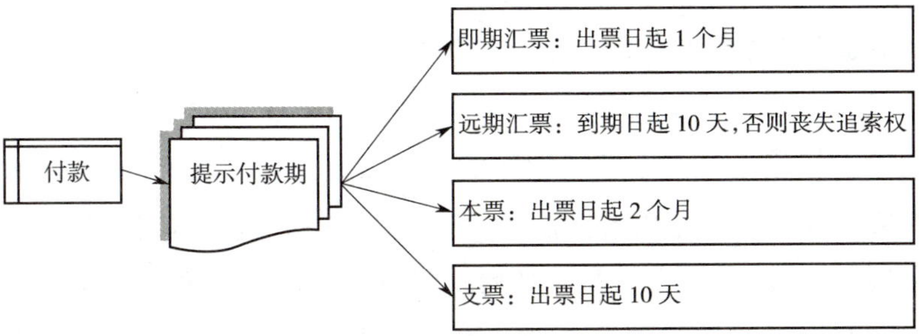


提示付款期

第四，对银行汇票、银行本票、支票来说，都是见票即付，谈不上到期日，所以提示付款期都从出票日算起。

第五，对定日付款、出票后定期付款的商业汇票来说，有明确的到期日，所以要在到期日前提示承兑，否则将丧失对前手的追索权。

第六，对见票后定期付款（即承兑后定期付款）来说，不知道承兑日就不能确定到期日，要先确定承兑日，才能确定出到期日。所以就不能规定成前两种那样的到期日前提示承兑。只能从出票日起算提示承兑期，确定承兑日后，再算出到期日和提示付款期。

第七，超过提示承兑期或提示付款期，都将丧失对前手的追索权。但一般情况下，付款人还是要付款的。

## 二、票据追索权

### 1. 票据追索权的含义

票据追索权又称偿还请求权，是指持票人在提示承兑或提示付款，而未获承兑或未获付款时，依法向其前手请求偿还票据金额及其他金额的权利。

微课 17：票据的追索

### 2. 票据追索权的分类

依追索权发生的不同情况，分为期前追索权、期后追索权和再追索权。期前追索权：是指在汇票上所载的到期日到来之前，因发生到期付款的可能性显著减少的情况，而得进行追索的权利。期后追索权，是指在票据到期时，持票人因不获付款而得进行追索的权利。再追索权，是指被追索人在履行了自己的追索义务，向追索人偿还追索金额后，得向其前手追索义务人进行追索的权利。

**3. 票据追索权与付款请求权的关系**

虽然同为请求付款的票据权利，但在行使权利的过程中，追索权与付款请求权相比是处于第二顺序的票据权利。原因在于，付款请求权的对象是票据的承兑人或付款人，其承担的是第一位的付款责任，因此在主张票据权利、要求支付票款时自然首先应由第一顺序的义务主体加以主张。追索权的行使必须是以持票人不获付款或不获承兑为前提，只有在持票人的付款请求权无从实现的情况下，才能依法行使追索权。

**4. 需要注意的问题**

关于追索权前提条件中还有一点需要注意，如果持票人未按法定期限及时要求行使付款请求权而丧失了该项权利，就如同免除了承兑人或付款人的第一位付款责任，而加重了其他票据债务人的义务，显属不公。而且这属于持票人自身的过错，应由持票人自行承担相应责任，其直接反映就是丧失对部分票据债务人的追索权。

## 情境六　票据法律责任

### 一、票据责任具有双重性

票据责任具有双重性，而民事责任则不具有双重性。票据责任的承担者，即票据债务人，具有付款和担保的双重责任。这是由票据行为的独立性和无因性所决定的。票据行为的独立性，使得产生于同一票据上的众多票据行为彼此独立，互不影响，互不依赖，即使某一票据行为无效，其他票据行为的效力也不受任何干扰和妨碍。票据行为的无因性，使得票据行为一旦要式具备，即产生法律效力，而不问产生票据行为的基础关系如何。纵使基础关系无效或者有瑕疵，票据行为的效力也不受影响。正是基于这一点，票据才得以在社会上自由、安全地流通，发挥其汇兑工具、支付工具、信用工具、融资工具和结算工具的作用。票据的主债务人，即直接承担票据付款责任的人，例如汇票的主债务人，即汇票的承兑人、本票的出票人，其对票据持票人的付款责任是绝对的，不可免除的。只有在主债务人付款后，债务人的责任才宣告解除，票据上的债权债务关系也才归于消灭。票据的次债务人，即对票据查对和付款负担保责任的人，例如汇票的出票人、背书人、保证人、本票的背书人、支票的出票人、背书人等，其在票据不获查对或者不获付款时，承担票据责任。次债务人在向持票人支付了票据金额后，便解除自己的票据责任，从而获得向其前手进行追索的权利，直至票据上的债权债务关系归于消灭。如果持票人未在法定期限内行使或保全主要票据权利，如提示承兑、提示付款，则除汇票的承兑人、本票和支票的出票人外，其余次债务人的票据权利随之解除。

## 二、票据责任具有连带性

票据责任具有连带性，所有票据当事人对持票人均负有共同的责任。在持票人的债权不能实现时，所有在票据上签名盖章的人都要对持票人承担连带责任。持票人有权以自己的名义对任何票据当事人进行追索，而不问先后顺序和有无直接关系。正因为如此，持票人的权利才得以保障。

## 三、票据责任以票据上所记载的事项为准

票据是一种文义证券。票据上的权利义务，依靠票据上的文义来确定，持票人对票据债务人行使权利，请求支付票据金额时，只能依据单据上记载内容，而不得以票据以外的证据方法来变更或补充其权利。同样，在票据上签名的人，必须依签名时的票据上记载的内容对票据承担责任，不管是主债务人还是次债务人，向持票人支付票据金额时，均以票据文义为准，任何人不得以票据文义以外的事项要求债务人承担票据责任。

## 四、票据责任基于票据行为而产生

票据责任是以金钱给付义务，基于票据行为而产生的。而这种票据授受、签章等形式意义行为的产生，并不反映导致票据授受的具体交易形态或原因。票据责任与民事责任是相互独立存在的，在票据当事人之间存在票据责任，但未必存在民事责任，例如出票人对其间接后手应承担担保付款的责任，但他们之间不存在合同关系或侵权关系，故不存在民事责任，有时民事责任是票据责任产生的原因，二者有一定的联系。但原则上仍然独立，票据行为一旦完成，票据责任即产生，即使票

据责任不能成立，也不影响民事责任的存在。反之，主张票据责任，不必证明导致票据责任的原因关系的义务或责任的存在。

## 情境七　汇票

### 一、汇票的基本概念

汇票是指出票人签发的，委托付款人在见票时或者在指定日期无条件支付确定的金额给收款人或者持票人的票据。

#### (一)汇票的绝对记载事项和相对记载事项

汇票是出票人签发的，委托付款人在见票时或者在指定日期无条件支付确定的金额给收款人或者持票人的票据。

汇票的绝对记载事项是：①“汇票”字样；②无条件支付的委托；③确定的金额；④付款人名称；⑤收款人名称；⑥出票日期；⑦出票人签章。汇票上未记载前款规定事项之一的，汇票无效。

汇票的相对记载事项是：①付款日期；②付款地；③出票地。

#### (二)出票的效力

出票的效力包括：①对出票人的效力；②对收款人的效力，即付款请求权和追索权；③对付款人的效力。

#### (三)背书

根据《票据法》第二十八条、第三十一条和第三十三条的规定，票据凭证不能满足背书人记载事项的需要，可以加附粘单，粘附于票据凭证上。以背书转让的汇票，背书应当连续。背书不得附有条件。背书时附有条件的，所附条件不具有汇票上的效力。将汇票金额的一部分转让的背书或者将汇票金额分别转让给二人以上的背书无效。

#### (四)错误付款和付款损失承担

(1)付款人或代理付款人未能识别出伪造、变造的票据或身份证件而错误付款，属于重大过失，给持票人造成损失的，应当依法承担民事责任。承担责任后有权向伪造者、变造者依法追偿。

(2)付款人或代理付款人应当自行承担责任：①未对提示付款人的合法身份证明或有效证件以及汇票背书的连续性履行审查义务而错误

付款的；②公示催告期间对公示催告的票据付款的；③收到法院止付通知后付款的；④其他以恶意或重大过失付款的。

## 二、追索权行使条件

根据《票据法》第六十一条的规定，汇票到期被拒绝付款的，持票人可以对背书人、出票人以及汇票的其他债务人行使追索权。汇票到期日前，有下列情形之一的，持票人也可以行使追索权：①汇票被拒绝承兑的；②承兑人或者付款人死亡、逃匿的；③承兑人或者付款人被依法宣告破产的或者因违法被责令终止业务活动的。

# 情境八　本票与支票

## 一、本票与支票的概念

### （一）本票

本票是一项书面的无条件的支付承诺，由一个人作成，并交给另一人，经制票人签名承诺，即期或定期或在可以确定的将来时间，支付一定数目的金钱给一个特定的人或其指定人或来人。

《票据法》对本票的定义，指的是银行本票，指出票人签发的，承诺自己在见票时无条件支付确定金额给收款人或者持票人的票据。

### （二）支票

支票是指以银行为付款人的即期汇票。

支票是以银行为付款人的即期汇票，可以看作汇票的特例。支票出票人签发的支票金额，不得超出其在付款人处的存款金额。如果存款低于支票金额，银行将拒付给持票人。这种支票称为空头支票，出票人要负法律上的责任。

开立支票存款账户和领用支票，必须有可靠的资信，并存入一定的资金。支票可分为现金支票、转账支票、普通支票。支票一经背书即可流通转让，具有通货作用，成为替代货币发挥流通手段和支付手段职能的信用流通工具。运用支票进行货币结算，可以减少现金的流通量，节约货币流通费用。

**知识加油站**

票据的出票日期必须使用中文大写

为防止变造票据的出票日期，在填写月、日时，月为壹、贰和壹拾的，日为壹至玖和壹拾、贰拾和叁拾的，应在其前加“零”；日为拾壹至拾玖的，应在其前加“壹”。如1月15日，应写成零壹月壹拾伍日。再如10月20日，应写成零壹拾月零贰拾日。另外，票据出票日期使用小写填写的，银行不予受理。大写日期未按要求规范填写的，银行可予受理，但由此造成损失的，由出票人负责。

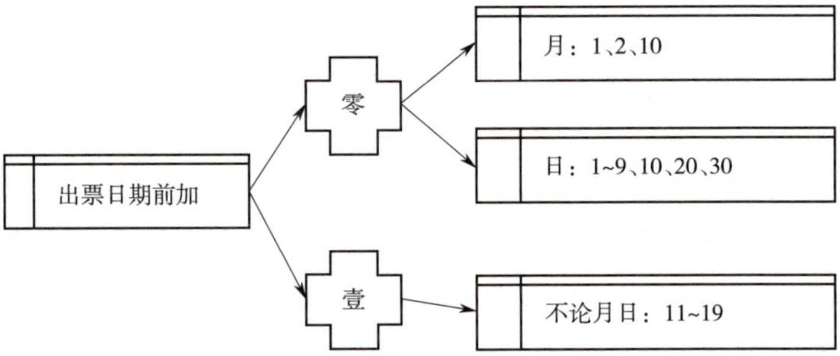


出票日期前加“零”或“壹”字

## 二、出票的绝对记载事项和相对记载事项

### （一）本票的绝对记载事项和相对记载事项

本票是出票人签发的，承诺自己在见票时无条件支付确定的金额给收款人或者持票人的票据。

本票的绝对记载事项是：①“本票”字样；②无条件支付的承诺；③确定的金额；④收款人名称；⑤出票日期；⑥出票人签章。本票上未记载前款规定事项之一的，本票无效。

本票的相对记载事项是：①付款地；②出票地。

### （二）支票的绝对记载事项和相对记载事项

支票是出票人签发的，委托办理支票存款业务的银行或者其他金融机构在见票时无条件支付确定的金额给收款人或者持票人的票据。

支票的绝对记载事项是：①“支票”字样；②无条件支付的委托；③确定的金额；④付款人名称；⑤出票日期；⑥出票人签章。汇票上未记载前款规定事项之一的，支票无效。

支票的相对记载事项是：①付款地；②出票地。

出票的绝对记载事项和相对记载事项如图 6-7 所示。

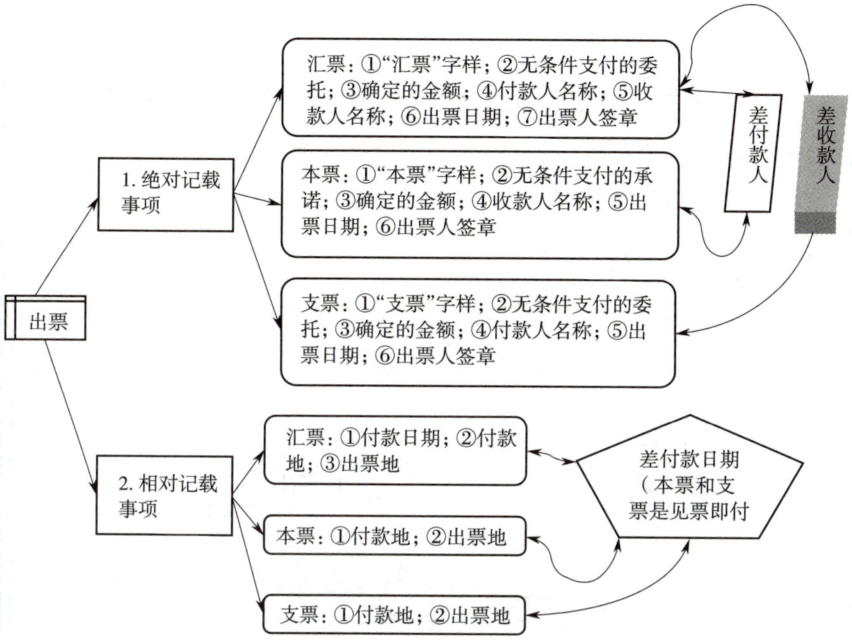


图 6-7　出票的绝对记载事项和相对记载事项

汇票、本票、支票同属狭义的票据范畴，其构成要素大致相同，都具有出票、背书、承兑、付款、追索这些流通证券的基本内容。它们之间的主要区别如下。

（1）汇票和支票有三个基本当事人，即出票人、付款人、收款人；而本票只有出票人（付款人和出票人为同一个人）和收款人两个基本当事人。

（2）支票的出票人与付款人之间必须先有资金关系，才能签发支票；汇票的出票人与付款人之间不必先有资金关系；本票的出票人与付款人为同一个人，不存在所谓的资金关系。

（3）支票和本票的主债务人是出票人，而汇票的主债务人，在承兑前是出票人，在承兑后是承兑人。

（4）远期汇票需要承兑，即期商业汇票、银行汇票、支票和本票一般为即期无须承兑。

（5）汇票的出票人担保承兑付款，若另有承兑人，由承兑人担保付款；本票的出票人自负付款责任；支票出票人担保支票付款。

（6）支票、本票持有人只对出票人有追索权，而汇票持有人在票据的有效期内,对出票人、背书人、承兑人都有追索权。

(7)支票、本票没有拒绝承兑证书,而汇票则有。

**知识加油站**

中文大写金额数字到“元”为止的,在“元”之后,应写“整”(或“正”)字,在“角”之后可以不写“整”(或“正”)字。大写金额数字有“分”的,“分”后面不写“整”(或“正”)字,例捌佰伍拾柒元捌角陆分,该内容可以通过下图表示。

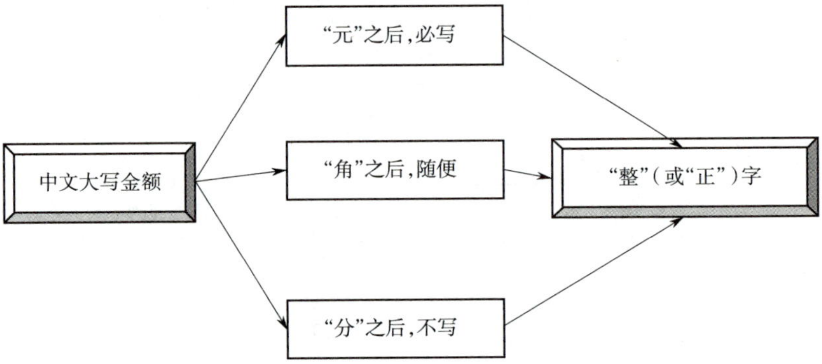


出票时的金额后加“整”(或“正”)字

## 本章知识结构图

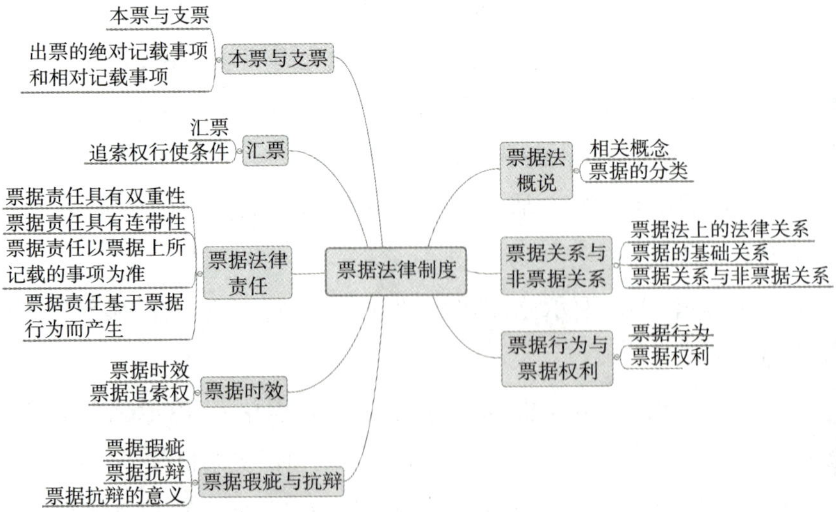

# 课后练习题

## 一、单选题

扫码做题

1. 下列票据中,不属于《中华人民共和国票据法》调整范围的是(　　)。

A. 汇票　　B. 本票

C. 支票　　D. 发票

2. 票据的基本当事人是(　　)。

A. 出票人　　B. 承兑人　　C. 背书人　　D. 保证人

3. 根据支付结算法律制度的规定,下列关于公示催告的表述中,不正确的是(　　)。

A. 利害关系人应当在公示催告期间向人民法院申报,人民法院收到利害关系人的申报后,应当裁定终结公示催告程序,并通知申请人和付款人

B. 公示催告期间届满以后,没有人申报的,人民法院应当根据申请人的申请,作出除权判决,宣告票据无效

C. 判决应当公告,并通知支付人,自判决公告之日起,申请人有权向支付人请求支付

D. 利害关系人因正当理由不能在判决前向人民法院申报的,自知道或者应当知道判决公告之日起 2 年内,可以向作出判决的人民法院起诉

## 二、多选题

扫码做题

1. 根据票据法律制度的规定,下列各项中,属于票据基本当事人的有(　　)。

A. 出票人　　B. 收款人

C. 付款人　　D. 保证人

2. 根据票据法律制度的规定,下列各项中,可以行使票据追索权的当事人有(　　)。

A. 票据记载的收款人　　B. 代为清偿票据债务的保证人

C. 最后被背书人　　D. 代为清偿票据债务的背书人

3. 根据票据法律制度的规定,下列各项中,当事人享有票据权利的是(　　)。

A. 甲明知乙偷来一张支票,乙向其转让,甲欣然接受

B. 丙公司以支票形式向某灾区小学捐款,该小学接受了该支票

C. 作为收款人,丁依法接受一张银行本票

D. 作为最后持票人,庚持有一张银行汇票且背书连续

4. 根据票据法律制度的规定,下列各项中,属于票据丧失后可以采取的补救措施的有(　　)。

A. 挂失止付　　B. 公示催告　　C. 普通诉讼　　D. 仲裁

5. 根据支付结算法律制度的规定,下列票据丧失后,可以挂失止付的有(　　)。

A. 未承兑的商业汇票

B. 支票

C. 填明"现金"字样和代理付款人的银行汇票

D. 填明"现金"字样的银行本票

6. 根据支付结算法律制度的规定,下列关于公示催告的表述中,正确的(　　)。

A. 申请公示催告的主体必须是可以背书转让的票据的最后持票人

B. 公示催告的期间,国内票据自公告发布之日起 90 日

C. 在公示催告期间,转让票据权利的行为无效

D. 在公示催告期间,以公示催告的票据贴现、质押,因贴现、质押而接受该票据的持票人主张票据权利的,人民法院不予支持

7. 根据票据法律制度的规定,下列选项中,属于票据权利消灭情形的有(　　)。

A. 持票人对前手的再追索权,自清偿日或者被提起诉讼之日起 3 个月未行使

B. 持票人对前手的追索权,在被拒绝承兑或者被拒绝付款之日起 6 个月未行使

C. 持票人对支票出票人的权利,自出票日起 6 个月未行使

D. 持票人对本票出票人的权利,自票据到期日起 2 年未行使

8. 根据票据法律制度的规定,下列选项中,属于因时效而致使票据权利消灭情形的有(　　)。

A. 甲持有一张本票,出票日期为 20×7 年 5 月 20 日,于 20×8 年 5 月 27 日行使票据的付款请求权

B. 乙持有一张为期 30 天的汇票，出票日期为 20×6 年 5 月 20 日，于 20×8 年 5 月 27 日行使票据的付款请求权

C. 丙持有一张见票即付的汇票，出票日期为 20×6 年 5 月 20 日，于 20×8 年 5 月 27 日行使票据的付款请求权

D. 丁持有一张支票，出票日期为 20×7 年 5 月 20 日，于 20×8 年 4 月 27 日行使票据的付款请求权

## 三、判断题

1. 甲以背书方式将票据赠与乙，乙可以取得优于甲的票据权利。（　）

2. 在公示催告期间，转让票据权利的行为无效。（　）

3. 商业汇票未按照规定期限提示承兑的，持票人丧失对其前手的追索权。（　）

扫码做题

## 四、思考题

本章一开始讲到了国家金融监督管理总局作出的行政处罚，结合你对本章知识的理解，谈谈我们应当如何规范票据市场？

# 第七章 破产法律制度

【案例导入】

成立于1988年的实达集团曾经辉煌一时，家用电脑销量一度排名全国第二。1996年，实达集团顶着“中国首家A股上市IT企业”的光环登陆资本市场。然而，2018年以来，受经营不善与内外环境压力等因素叠加影响，实达集团及其下属核心子公司均陷入债务危机。2020年6月，实达集团股票被证券交易所实施退市风险警示，冠上“*ST”标志，股价一路走低。银行不愿放贷，市场失去信心，企业高管流失，实达集团四面楚歌……

2021年3月，集团债权人申请对实达集团进行重整，成为福州首例上市公司重整案。

实达集团在人工智能、物联网技术、安防系统集成等国家鼓励发展的领域具有一定的技术储备和优势，配合上市公司的“壳资源”，有较高的重整价值。

根据上交所规则，2021年12月31日前实达集团净资产不能转正就必须退市。如果“壳”保不住，重整就失去了基础。而重整案件在受理前，须由上市公司所在地省级人民政府向中国证监会出具支持上市公司进行重整的函件，由受理法院逐级向最高人民法院请示并获得批准。这意味着“成功”重整的最后期限就是当年的12月31日，留给大家的时间不多了。

面对实达集团的重整申请，福州市中级人民法院（以下简称“福州中院”）迅速对企业现状进行分析，开始进行精密的“轴点布局”。为了尽最大可能保住这个本土上市企业品牌，福州中院大胆启动“预重整”机制，充分尊重债权人和债务人协商结果，指定预重整阶段临时管理人，旋即开展债权申报审查、对接意向重整投资人、重整受理报批等工作。

2021年11月26日，实达集团重生迎来最关键的节点——最高人民法院批准同意实达集团重整，福州中院当日裁定受理。经过30天的公告期，2021 年 12 月 27 日，实达集团第一次债权人会议通过福州地区破产审判辅助系统在线上召开。重整计划草案经债权人会议一次性表决通过，有财产担保债权组通过率高达 100%，普通债权组通过率高达 92.41%。当天，福州中院裁定批准重整计划并终止重整程序。

2021 年 12 月 31 日，福州中院裁定确认实达集团重整计划执行完毕。法官终于在最后时刻压哨跑赢了时间，也使实达集团这家老牌 IT 企业真正破茧成蝶、涅槃重生。

——最高人民法院《“*ST 实达”缘何起死回生?——福州中院高效推动老牌上市公司破产重整工作纪实》[①]

思考：近年来，人民法院切实将破产审判置于服务经济新常态和供给侧结构性改革大局中谋划和开展，从切实贯彻新发展理念、着力解决破产程序启动难问题、补齐企业破产的制度机制短板、深入推进破产审判组织建设、加快完善破产重整案件信息网五个方面发挥了破产审判的积极作用，在优化企业破产法治环境方面取得了明显进展。请同学们结合近年来人民法院处理的重要破产案件，思考一下，破产法在维护营商环境方面起到的积极作用。

## 情境一　破产法概述

我国现行的《中华人民共和国企业破产法》（简称《破产法》）是在 2006 年 8 月 27 日第十届全国人民代表大会常务委员会第二十三次会议通过，并于 2007 年 6 月 1 日起施行。正如《破产法》总则中第一条所述：“为规范企业破产程序，公平清理债权债务，保护债权人和债务人的合法权益，维护社会主义市场经济秩序，制定本法。”如果说《公司法》规定的是企业如何“生存”，《破产法》则规定了企业如何“获得重生”。因此，破产法律制度既是担负着将经济资源从失败的经营者或者低效率的经营者转向成功或者高效的经营者手中的任务，实现一种事后对市场资源的合理配置，也是对投资者（主要是债权投资者）的一种事前的引导作用，令其在投资之前充分考虑到投资的制度风险以更好地形成投资决策。

---

① 资料来源：最高人民法院，《“*ST 实达”缘何起死回生?——福州中院高效推动老牌上市公司破产重整工作纪实》。

提示：正如我们每一个自然人一样，企业“从生到死”的全部过程也应该得到法律的保护。法律不仅要保护一个企业的生存，也要保护一个企业能够顺利消亡后得到重生，只有这样，人们才愿意去投资，社会主义市场经济才能发展。

## 一、《破产法》的适用范围

《破产法》主体适用范围是所有的企业法人。同时，该法第一百三十五条规定：“其他法律规定企业法人以外的组织的清算，属于破产清算的，参照适用本法规定的程序。”目前，适用《破产法》的主体主要包括企业法人、合伙企业、农民专业合作社、个人独资企业等。

## 二、《破产法》的适用程序

《破产法》的适用程序主要有三种：和解、重整和破产清算。前两种的目的是让企业“重生”，最后一种的目的则是让企业“死亡”。三种程序的具体含义与特点见表 7-1。

表 7-1　和解、重整和破产清算的含义和特点

| 适用程序 | 含义 | 特点 |
|---|---|---|
| 重整 | 利害相关人通过积极挽救企业，防止其进入破产清算程序 | 一个外人，积极施救，避免破产清算 |
| 和解 | 债务人提出，债权人妥协，与企业达成协议，为企业创造重生的条件 | 没有外人，妥协和让步，避免破产清算 |
| 清算 | 破产管理人对财产进行清算、评估、处理和分配，最终注销企业 | 重整和解都走不通，只能清算，让企业消亡 |

# 情境二 破产的申请与受理

## 一、破产原因

根据《破产法》第二条的规定，企业法人不能清偿到期债务，并且资产不足以清偿全部债务或者明显缺乏清偿能力的，依照本法规定清理债务。企业法人有前款规定情形，或者有明显丧失清偿能力可能的，可以依照本法规定进行重整。根据《最高人民法院关于适用〈中华人民共和国企业破产法〉若干问题的规定（一）》，结合司法实践，企业破产的原因可以细分为三类，具体见表7-2。

表7-2 破产原因、特点及适用程序

| 破产原因 | 特点 | 适用程序 |
| --- | --- | --- |
| 不能清偿+资不抵债 | 客观不能清偿+资产不足以清偿全部债务 | 重整/和解/清算 |
| 不能清偿+明显缺乏清偿能力 | 客观不能清偿+明显缺乏清偿能力（①因资金严重不足或者财产不能变现等原因，无法清偿债务；②法定代表人下落不明且无其他人员负责管理财产，无法清偿债务；③经人民法院强制执行，无法清偿债务；④长期亏损且经营扭亏困难，无法清偿债务；⑤导致债务人丧失清偿能力的其他情形） | 重整/和解/清算 |
| 有明显丧失清偿能力可能性 | 出现危机，但还没有客观事实 | 重整 |

三选一

仅此一项

## 二、破产申请的提出

提出破产申请的当事人既可以是债务人，也可以是债权人，还可以是清算人、出资人。在我国，提出破产申请并不是破产程序开始的标志，破产程序开始以法院受理为准。

注意此时我们的说法仍然是“债务人”，只有当企业被法院宣告破产后，才能称之为“破产人”。

### （一）债务人申请

债务人申请破产的，必须满足“出现破产原因”的前提，比如前面所说的“不能清偿到期债务，并且资产不足以清偿全部债务或者明显缺乏清偿能力”,或者“有明显丧失清偿能力可能”。债务人可以提出重整、和解或者清算申请,对于和解程序,仅限债务人提起。

### (二)债权人申请

根据《破产法》的相关规定,债权人申请债务人破产,应当提交债务人不能清偿到期债务的有关证据。可见,《破产法》对于债权人提起申请的要求是相对宽松的,这主要是因为债权人毕竟是企业的外部人,可能并不知道企业真实的内部财务状况,因此其证据本身可能就是一些表面的、现实的情况,如果要求债权人提供企业内部财务状况,显然不合理。同理,《破产法》之所以对债务人提起申请提出更高的要求,原因正是在于债务人是企业的内部人士,理应对企业的财务状况有所了解,因此对债务人提出更高的要求既符合现实情况,也是为了避免债务人出现“假破产、真逃债”现象。

### (三)清算人申请

根据《破产法》第七条的规定,企业法人已解散但未清算或者未清算完毕,资产不足以清偿债务的,依法负有清算责任的人应当向人民法院申请破产清算。

### (四)出资人申请

根据《破产法》第七十条的规定,债权人申请对债务人进行破产清算的,在人民法院受理破产申请后、宣告债务人破产前,债务人或者出资额占债务人注册资本十分之一以上的出资人,可以向人民法院申请重整。

## 二、破产案件的受理

### (一)破产案件受理的一般规定

根据《破产法》第十条的规定,债权人提出破产申请的,人民法院应当自收到申请之日起五日内通知债务人。债务人对申请有异议的,应当自收到人民法院的通知之日起七日内向人民法院提出。人民法院应当自异议期满之日起十日内裁定是否受理。除前款规定的情形外,人民法院应当自收到破产申请之日起十五日内裁定是否受理。有特殊情况需要延长前两款规定的裁定受理期限的,经上一级人民法院批准,可以延长十五日。

根据《破产法》第十三条和第十四条的规定,人民法院裁定受理破产申请的，应当同时指定管理人。人民法院应当自裁定受理破产申请之日起二十五日内通知已知债权人，并予以公告。通知和公告应当载明下列事项：①申请人、被申请人的名称或者姓名；②人民法院受理破产申请的时间；③申报债权的期限、地点和注意事项；④管理人的名称或者姓名及其处理事务的地址；⑤债务人的债务人或者财产持有人应当向管理人清偿债务或者交付财产的要求；⑥第一次债权人会议召开的时间和地点；⑦人民法院认为应当通知和公告的其他事项。

为保证破产程序的顺利进行，根据《破产法》第十五条的规定，自人民法院受理破产申请的裁定送达债务人之日起至破产程序终结之日，债务人的有关人员承担下列义务：①妥善保管其占有和管理的财产、印章和账簿、文书等资料；②根据人民法院、管理人的要求进行工作，并如实回答询问；③列席债权人会议并如实回答债权人的询问；④未经人民法院许可，不得离开住所地；⑤不得新任其他企业的董事、监事、高级管理人员。前款所称有关人员，是指企业的法定代表人；经人民法院决定，可以包括企业的财务管理人员和其他经营管理人员。

### （二）破产案件受理后的清偿问题

根据《破产法》的第十六条和第十七条的规定，人民法院受理破产申请后，债务人对个别债权人的债务清偿无效。人民法院受理破产申请后，债务人的债务人或者财产持有人应当向管理人清偿债务或者交付财产。

想一想：为什么破产案件受理后，债务人对个别债权人的清偿无效？

扫码做题

### （三）待履行合同的处理

待履行合同，是指在破产受理前成立，但债务人和当事人均未履行完毕的合同。对于待履行合同，涉及管理人和相对人双方的权利和义务。这里面以图 7-1 来讲解待履行合同的处理规则。

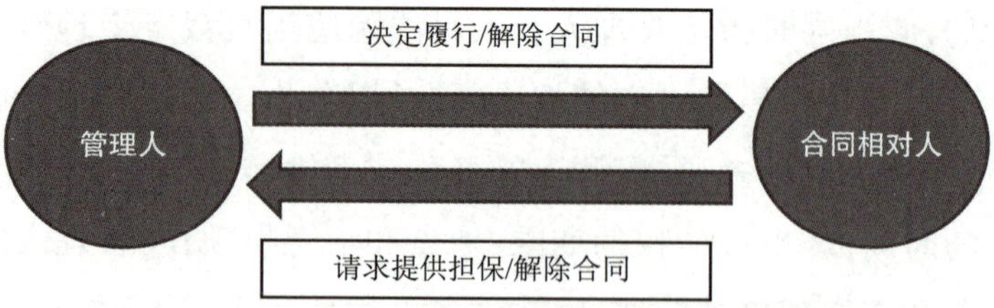


图 7-1　待履行合同的处理规则

根据《破产法》第十八条的规定，人民法院受理破产申请后，管理人对破产申请受理前成立而债务人和对方当事人均未履行完毕的合同有权决定解除或者继续履行，并通知对方当事人。管理人自破产申请受理之日起二个月内未通知对方当事人，或者自收到对方当事人催告之日起三十日内未答复的，视为解除合同。管理人决定继续履行合同的，对方当事人应当履行；但是，对方当事人有权要求管理人提供担保。管理人不提供担保的，视为解除合同。

(四)债务人的财产和未完结诉讼处理

根据《破产法》第十九条和第二十条的规定，人民法院受理破产申请后，有关债务人财产的保全措施应当解除，执行程序应当中止。人民法院受理破产申请后，已经开始而尚未终结的有关债务人的民事诉讼或者仲裁应当中止；在管理人接管债务人的财产后，该诉讼或者仲裁继续进行。

## 情境三　管理人制度

破产管理人，是一种专门机构，其设定目的就是实现破产程序。因此，管理人必须是独立的，与债权人和债务人均不存在利害关系，并具有相应的专业能力。一般来说，担任管理人的通常是律师、注册会计师等具有专门知识与较高社会诚信的专业人士。根据《破产法》第二十二条的规定，管理人由人民法院指定。

### 一、管理人的资格

根据《破产法》第二十四条的规定，管理人可以由有关部门、机构的人员组成的清算组或者依法设立的律师事务所、会计师事务所、破产清算事务所等社会中介机构担任。人民法院根据债务人的实际情况，可以在征询有关社会中介机构的意见后,指定该机构具备相关专业知识并取得执业资格的人员担任管理人。有下列情形之一的,不得担任管理人:①因故意犯罪受过刑事处罚;②曾被吊销相关专业执业证书;③与本案有利害关系;④人民法院认为不宜担任管理人的其他情形。个人担任管理人的,应当参加执业责任保险。

### 二、管理人的职责

根据《破产法》第二十五条的规定,管理人履行下列职责:①接管债务人的财产、印章和账簿、文书等资料;②调查债务人财产状况,制作财产状况报告;③决定债务人的内部管理事务;④决定债务人的日常开支和其他必要开支;⑤在第一次债权人会议召开之前,决定继续或者停止债务人的营业;⑥管理和处分债务人的财产;⑦代表债务人参加诉讼、仲裁或者其他法律程序;⑧提议召开债权人会议;⑨人民法院认为管理人应当履行的其他职责。

管理人应当勤勉尽责,忠实执行职务。管理人经人民法院许可,可以聘用必要的工作人员。管理人的报酬由人民法院确定。债权人会议对管理人的报酬有异议的,有权向人民法院提出。管理人没有正当理由不得辞去职务。管理人辞去职务应当经人民法院许可。

## 情境四　债务人财产

### 一、债务人财产的一般规定

根据《破产法》第三十条的规定,破产申请受理时属于债务人的全部财产,以及破产申请受理后至破产程序终结前债务人取得的财产,为债务人财产。人民法院受理破产案件后,管理人的一项重要工作就是清理债务人财产,追收财产。债务人的出资人尚未完全履行出资义务的,管理人应当要求该出资人缴纳所认缴的出资,而不受出资期限的限制。债务人的董事、监事和高级管理人员利用职权从企业获取的非正常收入和侵占的企业财产,管理人应当追回。管理人可以通过清偿债务或者提供为债权人接受的担保,取回质物、留置物。在质物或者留置物的价值低于被担保的债权额时,以该质物或者留置物当时的市场价值为限。

微课18:债务人财产

破产法的立法目的之一是维护债务的公平清偿,撤销权即是维护这一公平清偿的关键环节。

## 二、撤销权

撤销权是指管理人对债务人在破产案件受理前的法定期间内进行的欺诈讨债或损害公平清偿的行为,有申请人民法院撤销,并追回财产的权利。

根据《破产法》第三十一条的规定,人民法院受理破产申请前一年内,涉及债务人财产的下列行为,管理人有权请求人民法院予以撤销:①无偿转让财产的;②以明显不合理的价格进行交易的;③对没有财产担保的债务提供财产担保的;④对未到期的债务提前清偿的;⑤放弃债权的。另外,根据《破产法》第三十二条的规定,人民法院受理破产申请前六个月内,债务人有本法第二条第一款规定的情形,仍对个别债权人进行清偿的,管理人有权请求人民法院予以撤销。但是,个别清偿使债务人财产受益的除外。这就是说,债务人发生了破产原因,本应该及时申请破产,但其非但不申请破产,还继续对个别债务进行清偿,这就极可能造成清偿不公平的现象。

## 三、取回权

取回权是指管理人从接管的财产中取回不属于债务人财产的请求权。取回权不同于前文提到的收回权:收回权说的是财产本身是债务人的,管理人要及时收回;取回权说的是财产本身不是债务人的,其真正的主人可以主张取回。

### (一)合法占有,但所有权不属于债务人的财产

根据《破产法》第三十八条的规定,人民法院受理破产申请后,债务人占有的不属于债务人的财产,该财产的权利人可以通过管理人取回。但是,本法另有规定的除外。此类合法占有但不属于债务人的财产包括债务人基于仓储、保管、承揽、代销、借用、寄存、租赁等合同或者其他法律关系而占有的。《破产法》对相关当事人行使取回权的时间也做了规定,应当在破产财产变价方案或者和解协议、重整计划草案提交债权人会议表决权前向管理人提出。

### (二)所有权保留买卖中尚未取得所有权的财产

根据《最高人民法院关于适用〈中华人民共和国企业破产法〉若干问题的规定(二)》第三十四条的规定,买卖合同双方当事人在合同中约

定标的物所有权保留，在标的物所有权未依法转移给买受人前，一方当事人破产的，该买卖合同属于双方均未履行完毕的合同，管理人有权依据企业破产法第十八条的规定决定解除或者继续履行合同。在所有权保留买卖中，由于债务人尚未取得所有权，因此该财产并不属于债务人财产，对方当事人可以主张取回，但应当在规定的期限内。

### （三）出卖人取回权

根据《破产法》第三十九条的规定，人民法院受理破产申请时，出卖人已将买卖标的物向作为买受人的债务人发运，债务人尚未收到且未付清全部价款的，出卖人可以取回在运途中的标的物。但是，管理人可以支付全部价款，请求出卖人交付标的物。此类取回权针对的是“在途物”，由出卖人主张，如果标的物已经运到之后，买受人才破产，出卖人此时并不能主张取回，但可以基于债务人所欠价款申报债权。

关注法律在此赋予出卖人的救济方式。

## 四、抵销权

《破产法》中的抵销权，是指债权人在破产申请受理前对债务人即破产人负有债务的，无论是否已到清偿期限、标的是否相同，均可在破产财产最终分配确定前向管理人主张相互抵销的权利。

根据企业《破产法》第四十条的规定，债权人在破产申请受理前对债务人负有债务的，可以向管理人主张抵销。但是，有下列情形之一的，不得抵销：①债务人的债务人在破产申请受理后取得他人对债务人的债权的；②债权人已知债务人有不能清偿到期债务或者破产申请的事实，对债务人负担债务的；但是，债权人因为法律规定或者有破产申请一年前所发生的原因而负担债务的除外；③债务人的债务人已知债务人有不能清偿到期债务或者破产申请的事实，对债务人取得债权的；但是，债务人的债务人因为法律规定或者有破产申请一年前所发生的原因而取得债权的除外。

行使抵销权后，未抵销的债权将列入破产债权，参加破产分配。

## 五、破产费用与共益债务

破产费用是在破产程序中为全体债权人共同利益，因程序进行而支付的各项费用的总称。根据《破产法》第四十一条的规定，人民法院受理破产申请后发生的下列费用，为破产费用：①破产案件的诉讼费用;②管理、变价和分配债务人财产的费用;③管理人执行职务的费用、报酬和聘用工作人员的费用。

共益债务是在破产程序中发生的应由债务人财产负担的债务的总称。根据《破产法》第四十二条的规定,人民法院受理破产申请后发生的下列债务,为共益债务:①因管理人或者债务人请求对方当事人履行双方均未履行完毕的合同所产生的债务;②债务人财产受无因管理所产生的债务;③因债务人不当得利所产生的债务;④为债务人继续营业而应支付的劳动报酬和社会保险费用以及由此产生的其他债务;⑤管理人或者相关人员执行职务致人损害所产生的债务;⑥债务人财产致人损害所产生的债务。

破产费用和共益债务由债务人财产随时清偿。债务人财产不足以清偿所有破产费用和共益债务的,先行清偿破产费用。债务人财产不足以清偿所有破产费用或者共益债务的,按照比例清偿。债务人财产不足以清偿破产费用的,管理人应当提请人民法院终结破产程序。人民法院应当自收到请求之日起 15 日内裁定终结破产程序,并予以公告。

## 情境五　破产债权

破产债权是在破产程序启动前成立的,经依法申报确认,并得由破产财产中获得清偿的可强制执行的财产请求权。根据《破产法》第四十五条的规定,人民法院受理破产申请后,应当确定债权人申报债权的期限。债权申报期限自人民法院发布受理破产申请公告之日起计算,最短不得少于三十日,最长不得超过三个月。

### 一、债权申报的一般规定

根据《破产法》第四十八条的规定,债权人应当在人民法院确定的债权申报期限内向管理人申报债权。债务人所欠职工的工资和医疗、伤残补助、抚恤费用,所欠的应当划入职工个人账户的基本养老保险、基本医疗保险费用,以及法律、行政法规规定应当支付给职工的补偿金,不必申报,由管理人调查后列出清单并予以公示。职工对清单记载有异议的,可以要求管理人更正;管理人不予更正的,职工可以向人民法院提起诉讼。

根据《破产法》第四十六条和第四十七的规定,未到期的债权,在破产申请受理时视为到期。附利息的债权自破产申请受理时起停止计息。附条件、附期限的债权和诉讼、仲裁未决的债权，债权人可以申报。根据《破产法》第四十九和第五十条的规定，债权人申报债权时，应当书面说明债权的数额和有无财产担保，并提交有关证据。申报的债权是连带债权的，应当说明。连带债权人可以由其中一人代表全体连带债权人申报债权，也可以共同申报债权。

思考：如果债权人未在申报期限内申报债权，怎么办？

扫码做题

## 二、债权申报的特殊规定

根据《破产法》第五十一条的规定，债务人的保证人或者其他连带债务人已经代替债务人清偿债务的，以其对债务人的求偿权申报债权。债务人的保证人或者其他连带债务人尚未代替债务人清偿债务的，以其对债务人的将来求偿权申报债权。但是，债权人已经向管理人申报全部债权的除外。

之所以允许保证人或者连带债务人预先申报债权，是为避免在债务未到期时，债权人不参加破产，而到期后债权人找保证人或者连带债务人要求清偿，而保证人或连带债务人在履行责任后，破产分配程序有可能已经终结，因此就无法行使其代位求偿权。因此，我们允许保证人或者连带债务人预先申报债权。

## 三、破产债权的确认

根据《破产法》第五十七条的规定，管理人收到债权申报材料后，应当登记造册，对申报的债权进行审查，并编制债权表。债权表和债权申报材料由管理人保存，供利害关系人查阅。管理人依法编制的债权登记表，应当提交第一次债权人会议核查，经核查后，管理人、债务人、其他债权人等对债权无异议的，列入债权确认表中。如果管理人、债务人等利害关系人对债权表记载的债权有异议的，可以向受理破产申请的人民法院提起诉讼。

## 情境六　债权人会议

区别于管理人,债权人会议不是一个独立的民事权利主体,而只是一个有自治性质的团体机构。它的设立,主要是为了保障债权人的共同利益,实现债权人在破产程序中的参与权,表达债权人的意志。

根据《破产法》第五十九条和第六十条的规定,依法申报债权的债权人为债权人会议的成员,有权参加债权人会议,享有表决权。债权尚未确定的债权人,除人民法院能够为其行使表决权而临时确定债权额的外,不得行使表决权。债权人会议设主席一人,由人民法院从有表决权的债权人中指定。债权人会议主席主持债权人会议。

### 一、债权人会议的召集

根据《破产法》第六十二条的规定,第一次债权人会议由人民法院召集,自债权申报期限届满之日起十五日内召开。以后的债权人会议,在人民法院认为必要时,或者管理人、债权人委员会、占债权总额四分之一以上的债权人向债权人会议主席提议时召开。

### 二、债权人会议的职权

根据《破产法》第六十一条的规定,债权人会议行使下列职权:①核查债权;②申请人民法院更换管理人,审查管理人的费用和报酬;③监督管理人;④选任和更换债权人委员会成员;⑤决定继续或者停止债务人的营业;⑥通过重整计划;⑦通过和解协议;⑧通过债务人财产的管理方案;⑨通过破产财产的变价方案;⑩通过破产财产的分配方案;⑪ 人民法院认为应当由债权人会议行使的其他职权。债权人会议应当对所议事项的决议作成会议记录。

根据《破产法》第六十四条的规定,债权人会议的决议,由出席会议的有表决权的债权人过半数通过,并且其所代表的债权额占无财产担保债权总额的二分之一以上。但是,本法另有规定的除外。债权人认为债权人会议的决议违反法律规定,损害其利益的,可以自债权人会议作出决议之日起十五日内,请求人民法院裁定撤销该决议,责令债权人会议依法重新作出决议。债权人会议的决议,对于全体债权人均有约束力。

### 三、债权人委员会

根据《破产法》第六十七条的规定，债权人会议可以决定设立债权人委员会。债权人委员会由债权人会议选任的债权人代表和一名债务人的职工代表或者工会代表组成。债权人委员会成员不得超过九人。债权人委员会成员应当经人民法院书面决定认可。

根据《破产法》第六十八条的规定，债权人委员会行使下列职权：①监督债务人财产的管理和处分；②监督破产财产分配；③提议召开债权人会议；④债权人会议委托的其他职权。债权人委员会执行职务时，有权要求管理人、债务人的有关人员对其职权范围内的事务作出说明或者提供有关文件。管理人、债务人的有关人员违反本法规定拒绝接受监督的，债权人委员会有权就监督事项请求人民法院作出决定；人民法院应当在五日内作出决定。

## 情境七　重整程序

重整程序集中体现了《破产法》的挽救功能，也就是说，重整程序旨在创造一个能让企业继续生存的制度环境。由于重整程序复杂、费用高昂、耗时长，实践中主要适用于大中型企业，小型企业则往往使用更为简单的和解程序。

**知识加油站**

为什么要引进重整程序？

虽然传统的破产清算制度可以保障债务的公平清偿，维护债权人和债务人的正当权益，但是往往也会丧失很多社会价值：企业各种有形、无形资产要在规定的期限内变卖，这就意味着很难以适当价格进行变现，这对社会财富与生产力来说都是一种损坏。另外，企业的破产倒闭还会造成职工失业、上下游企业的连锁破产、这对社会稳定与和谐也有一定的危害作用。因此，《破产法》引进重整程序，意在体现国家公力通过司法程序对社会经济活动进行接入，保障社会整体利益和实质公平。

## 一、重整申请和重整期间

债务人或者债权人可以依照《破产法》直接向人民法院申请对债务人进行重整。债权人申请对债务人进行破产清算的，在人民法院受理破产申请后、宣告债务人破产前，债务人或者出资额占债务人注册资本十分之一以上的出资人，可以向人民法院申请重整。

自人民法院裁定债务人重整之日起至重整程序终止，为重整期间。该重整期间不包括重整计划得到批准后的执行期间。在重整期间，经债务人申请，人民法院批准，债务人可以在管理人的监督下自行管理财产和营业事务。管理人负责管理财产和营业事务的，可以聘任债务人的经营管理人员负责营业事务。

在重整期间，对债务人的特定财产享有的担保权暂停行使。但是，担保物有损坏或者价值明显减少的可能，足以危害担保权人权利的，担保权人可以向人民法院请求恢复行使担保权。在重整期间，债务人或者管理人为继续营业而借款的，可以为该借款设定担保。债务人合法占有的他人财产，该财产的权利人在重整期间要求取回的，应当符合事先约定的条件。在重整期间，债务人的出资人不得请求投资收益分配。在重整期间，债务人的董事、监事、高级管理人员不得向第三人转让其持有的债务人的股权。但是，经人民法院同意的除外。

根据《破产法》第七十八条的规定，在重整期间，有下列情形之一的，经管理人或者利害关系人请求，人民法院应当裁定终止重整程序，并宣告债务人破产：①债务人的经营状况和财产状况继续恶化，缺乏挽救的可能性；②债务人有欺诈、恶意减少债务人财产或者其他显著不利于债权人的行为；③由于债务人的行为致使管理人无法执行职务。

## 二、重整计划的制订与批准

根据《破产法》第七十九条的规定，债务人或者管理人应当自人民法院裁定债务人重整之日起六个月内，同时向人民法院和债权人会议提交重整计划草案。前款规定的期限届满，经债务人或者管理人请求，有正当理由的，人民法院可以裁定延期三个月。债务人或者管理人未按期提出重整计划草案的，人民法院应当裁定终止重整程序，并宣告债务人破产。

根据《破产法》第八十一条的规定，重整计划草案应当包括下列内容:①债务人的经营方案;②债权分类;③债权调整方案;④债权受偿方案;⑤重整计划的执行期限;⑥重整计划执行的监督期限;⑦有利于债务人重整的其他方案。

根据《破产法》第八十二条的规定,下列各类债权的债权人参加讨论重整计划草案的债权人会议,依照下列债权分类,分组对重整计划草案进行表决:①对债务人的特定财产享有担保权的债权;②债务人所欠职工的工资和医疗、伤残补助、抚恤费用,所欠的应当划入职工个人账户的基本养老保险、基本医疗保险费用,以及法律、行政法规规定应当支付给职工的补偿金;③债务人所欠税款;④普通债权。人民法院在必要时可以决定在普通债权组中设小额债权组对重整计划草案进行表决。

**知识加油站**

OFO小黄车的前世今生

OFO小黄车相信很多同学都使用过,在创立之初,OFO小黄车曾经以亮丽的颜色和"为大家解决最后一公里"的营销模式受到了很多年轻人的追捧,一时成为年轻人的新时尚。然而在不到3年的时间里,OFO的估值涨到40亿美元,再暴跌到2.5亿美元,过山车式的发展轨迹令人唏嘘。OFO的债务除了来自较大的供应商之外,还有超过1 500万用户申请押金退款,即使最低押金为99元,OFO的债务也接近15亿元。这部分用户往往没有抵押和担保,因此只能按照普通债权清偿。

思考:相对于债权额较大的供应商,如何保证这1 500万用户的债权也得到清偿?为什么法律要专门设置小额债权组?

根据《破产法》第八十四条的规定,人民法院应当自收到重整计划草案之日起三十日内召开债权人会议,对重整计划草案进行表决。出席会议的同一表决组的债权人过半数同意重整计划草案,并且其所代表的债权额占该组债权总额的三分之二以上的,即为该组通过重整计划草案。

各组均通过才是通过。

根据《破产法》第八十六条的规定,各表决组均通过重整计划草案时,重整计划即为通过。自重整计划通过之日起十日内,债务人或者管理人应当向人民法院提出批准重整计划的申请。人民法院经审查认为符合本法规定的,应当自收到申请之日起三十日内裁定批准,终止重整程序,并予以公告。根据《破产法》第八十八条的规定,重整计划草案未获得通过且未依照本法第八十七条的规定获得批准,或者已通过的重整计划未获得批准的,人民法院应当裁定终止重整程序,并宣告债务人破产。

### 三、重整计划的执行、监督与终止

重整计划由债务人负责执行。根据《破产法》第九十条和第九十一条的规定,自人民法院裁定批准重整计划之日起,在重整计划规定的监督期内,由管理人监督重整计划的执行。在监督期内,债务人应当向管理人报告重整计划执行情况和债务人财务状况。监督期届满时,管理人应当向人民法院提交监督报告。自监督报告提交之日起,管理人的监督职责终止。管理人向人民法院提交的监督报告,重整计划的利害关系人有权查阅。经管理人申请,人民法院可以裁定延长重整计划执行的监督期限。

根据《破产法》第九十二条的规定,经人民法院裁定批准的重整计划,对债务人和全体债权人均有约束力。债权人未依照本法规定申报债权的,在重整计划执行期间不得行使权利;在重整计划执行完毕后,可以按照重整计划规定的同类债权的清偿条件行使权利。债权人对债务人的保证人和其他连带债务人所享有的权利,不受重整计划的影响。

根据《破产法》第九十三条的规定,债务人不能执行或者不执行重整计划的,人民法院经管理人或者利害关系人请求,应当裁定终止重整计划的执行,并宣告债务人破产。人民法院裁定终止重整计划执行的,债权人在重整计划中作出的债权调整的承诺失去效力。债权人因执行重整计划所受的清偿仍然有效,债权未受清偿的部分作为破产债权。根据《破产法》第九十四条的规定,按照重整计划减免的债务,自重整计划执行完毕时起,债务人不再承担清偿责任。

# 情境八　和解与清算程序

## 一、和解

### （一）和解程序

根据《破产法》第九十五条的规定，债务人可以依照本法规定，直接向人民法院申请和解；也可以在人民法院受理破产申请后、宣告债务人破产前，向人民法院申请和解。债务人申请和解，应当提出和解协议草案。

根据《破产法》第九十六条的规定，人民法院经审查认为和解申请符合本法规定的，应当裁定和解，予以公告，并召集债权人会议讨论和解协议草案。对债务人的特定财产享有担保权的权利人，自人民法院裁定和解之日起可以行使权利。

根据《破产法》第九十七条的规定，债权人会议通过和解协议的决议，由出席会议的有表决权的债权人过半数同意，并且其所代表的债权额占无财产担保债权总额的三分之二以上。

根据《破产法》第九十八条和第九十九条的规定，债权人会议通过和解协议的，由人民法院裁定认可，终止和解程序，并予以公告。管理人应当向债务人移交财产和营业事务，并向人民法院提交执行职务的报告。和解协议草案经债权人会议表决未获得通过，或者已经债权人会议通过的和解协议未获得人民法院认可的，人民法院应当裁定终止和解程序，并宣告债务人破产。

### （二）和解效力

经人民法院裁定认可的和解协议，对债务人和全体和解债权人均有约束力。和解债权人对债务人的保证人和其他连带债务人所享有的权利，不受和解协议的影响。

### （三）和解协议的终止

因债务人的欺诈或者其他违法行为而成立的和解协议，人民法院应当裁定无效，并宣告债务人破产。

根据《破产法》第一百零四条的规定，债务人不能执行或者不执行和解协议的，人民法院经和解债权人请求，应当裁定终止和解协议的执行，并宣告债务人破产。人民法院裁定终止和解协议执行的，和解债权人在和解协议中作出的债权调整的承诺失去效力。和解债权人因执行和解协议所受的清偿仍然有效，和解债权未受清偿的部分作为破产债权。前款规定的债权人，只有在其他债权人同自己所受的清偿达到同一比例时，才能继续接受分配。

人民法院受理破产申请后，债务人与全体债权人就债权债务的处理自行达成协议的，可以请求人民法院裁定认可，并终结破产程序。按照和解协议减免的债务，自和解协议执行完毕时起，债务人不再承担清偿责任。

微课 19：破产清算

## 二、清算

### （一）破产宣告

标志着企业将不可逆转地进入清算。

根据《破产法》第一百零七条的规定，人民法院依照本法规定宣告债务人破产的，应当自裁定作出之日起五日内送达债务人和管理人，自裁定作出之日起十日内通知已知债权人，并予以公告。债务人被宣告破产后，债务人称为破产人，债务人财产称为破产财产，人民法院受理破产申请时对债务人享有的债权称为破产债权。

### （二）别除权

建设工程价款优先于别除权清偿。

对破产人的特定财产享有担保权的权利人，对该特定财产享有优先受偿的权利，就是我们说的“别除权”。享有别除权的债权人行使优先受偿权利未能完全受偿的，其未受偿的债权作为普通债权；放弃优先受偿权利的，其债权作为普通债权。

### （三）破产清偿顺序

注意清偿顺序！

根据《破产法》第一百一十三条的规定，破产财产在优先清偿破产费用和共益债务后，依照下列顺序清偿：①破产人所欠职工的工资和医疗、伤残补助、抚恤费用，所欠的应当划入职工个人账户的基本养老保险、基本医疗保险费用，以及法律、行政法规规定应当支付给职工的补偿金；②破产人欠缴的除前项规定以外的社会保险费用和破产人所欠税款；③普通破产债权。破产财产不足以清偿同一顺序的清偿要求的，按照比例分配。破产企业的董事、监事和高级管理人员的工资按照该企业职工的平均工资计算。

# 本章知识结构图

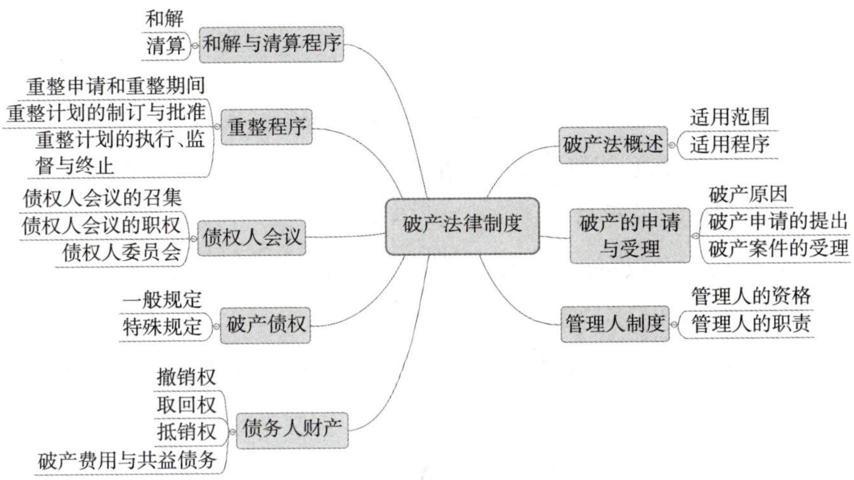


# 课后练习题

## 一、单选题

扫码做题

1. 根据企业破产法律制度的规定，债务人或者管理人应当自人民法院裁定债务人重整之日起(　　)内，同时向人民法院和债权人会议提交重整计划草案。

A. 1 个月　　B. 3 个月

C. 6 个月　　D. 2 年

2. 人民法院受理破产申请前一年内，涉及债务人的财产的行为，管理人有权请求人民法院予以撤销，这些行为不包括(　　)。

A. 有偿转让财产

B. 以明显不合理的价格进行交易

C. 放弃债权

D. 对没有财产担保的债务提供财产担保

3. 下列不属于破产费用的是(　　)。

A. 破产案件的诉讼费用

B. 管理、变价和分配债务人财产的费用

C. 管理人执行职务的费用、报酬和聘用工作人员的费用

D. 债务人财产受无因管理所产生的债务

4. 根据《中华人民共和国破产法》的规定，下列事项中，不属于债权人会议职权的有(　　)。

A. 通过和解协议

B. 通过重整计划

C. 对破产企业未履行的合同，决定解除或继续履行

D. 选任和更换债权人委员会成员

5. 关于债权人委员会，下列说法不正确的是(　　)。

A. 债权人会议可以决定设立债权人委员会

B. 债权人会议应当设立债权人委员会

C. 债权人委员会由债权人会议选任的债权人代表和一名债务人的职工代表或者工会代表组成

D. 债权人委员会成员应当经人民法院书面决定认可

6. 下列有关重整制度的表述，说法不正确的是(　　)。

A. 在重整期间，对债务人的特定财产享有的担保权暂停行使

B. 担保物有损坏或者价值明显减少的可能，足以危害担保权人权利的，担保权人可以向人民法院请求恢复行使担保权

C. 在重整期间，债务人或者管理人为继续营业而借款的，可以为该借款设定担保

D. 在重整期间，债务人的出资人可以请求投资收益分配

## 二、多选题

扫码做题

1. 根据《中华人民共和国破产法》的规定，向债务人所在地人民法院提出破产清算申请的当事人有(　　)。

A. 债务人

B. 债权人

C. 债务人企业职工

D. 对债务人负有清算责任的人

2. 根据《中华人民共和国破产法》的规定，对破产企业尚未履行的合同，管理人可以选择的处理方式有(　　)。

A. 予以解除　　B. 中止合同履行

C. 宣告无效　　D. 继续履行

3. 根据企业破产法律制度的规定，在第一次债权人会议召开之前，

管理人实施下列行为时,应当经人民法院许可的是(　　)。

A. 管理人决定继续或者停止债务人的营业

B. 全部库存或者营业的转让

C. 设定财产担保的事项

D. 履行债务人和对方当事人均未履行完毕的合同

4. 管理人应当追回下列人员利用职权从企业获取的非正常收入和侵占的企业财产,包括债务人的(　　)。

A. 董事　　B. 监事　　C. 经理　　D. 副经理

5. 根据企业破产法律制度的规定,下列各项中,应当召开债权人会议的情形有(　　)。

A. 人民法院认为必要时

B. 管理人提议召开时

C. 债权人委员会提议召开时

D. 占债权总额 1/4 以上的债权人向债权人会议主席提议时

6. 关于和解的申请,下列说法正确的是(　　)。

A. 债务人不能直接向法院申请和解

B. 债务人可以直接向法院申请和解

C. 债务人可以在人民法院受理破产申请后、宣告债务人破产前向法院申请和解

D. 债务人在人民法院受理破产申请后不能向法院申请和解

## 三、案例分析题

扫码做题

A 公司因长期拖欠到期债务无力偿还,被债权人申请破产。

A 公司目前的基本情况如下:A 公司登记注册地与公司主要办事机构所在地均为甲市,生产基地则在乙市;A 公司的债权人之一 B 建材公司因经济纠纷于两个月以前起诉 A 公司;A 公司欠建设银行贷款 1 000 万元,其中的 800 万元贷款是用 A 公司的土地使用权作为抵押的;A 公司曾为 C 公司向工商银行一笔 500 万元的贷款作连带责任保证人,现 C 公司借款已到期,C 公司对该笔贷款并未偿还。

A 公司在被债权人申请破产后,向人民法院申请和解,并提出和解协议。该和解协议在债权人会议讨论时,出席会议的有表决权的债权人有 2/3 表示同意,并且表示同意的债权人所代表的债权额占无财产担

保债权总额的 3/4。但是,人民法院经审理,裁定对该和解协议不予认可,宣告 A 公司破产。

问题:根据企业破产法律制度的相关规定,结合以上情况回答下列问题。

(1)A 公司破产的案件应由哪个法院管辖?说明理由。

(2)A 公司与 B 建材公司之间未审结的经济纠纷应该如何处理?说明理由。

(3)工商银行能否参加破产程序,申报债权?说明理由。

(4)A 公司是否可以在人民法院受理破产后申请和解?说明理由。债权人会议是否通过了和解协议?说明理由。人民法院是否可以裁定终止和解程序?说明理由。

(5)建设银行的 1 000 万元贷款应该如何处理?说明理由。

## 四、课后拓展

课后请同学们观看《绝境求生》纪录片,并结合本章学习的知识,从法律的角度思考下,中核钛白的重整都经历了哪些法律程序?

# 第八章　竞争法律制度

【案例导入】

为培育和弘扬公平竞争文化，营造公平竞争的市场环境，市场监管总局（国家反垄断局）近日发布《中国反垄断执法年度报告（2023）》（以下简称《报告》）。此次发布的中英文版《报告》主要包括特辑、全年工作综述、监管执法成效、法治建设、公平竞争政策实施、竞争宣传倡导、国际交流合作、地方工作和大事记等。

《报告》指出，2023年，市场监管总局（国家反垄断局）坚决贯彻落实党中央、国务院决策部署，聚焦经济建设这一中心工作和高质量发展这一首要任务，着力加强反垄断监管执法，全年共查处垄断协议、滥用市场支配地位案件27件，罚没金额21.63亿元；查处滥用行政权力排除、限制竞争案件39件；审结经营者集中案件797件；牢牢抓住加快建设全国统一大市场这个重点，着力强化竞争政策基础地位，高效推进制度机制建设，大力弘扬公平竞争文化，深化拓展国际交流合作，不断提升公平竞争治理效能，为优化公平竞争市场环境、促进产业优化升级、推动经济回升向好作出了积极贡献。①

思考：垄断是市场经济的大敌，平台经济的规范健康持续发展，尤其离不开公平竞争的环境。滥用市场支配地位的垄断行为，排除、限制了相关市场竞争，侵害了平台内商家的合法权益，阻碍了平台经济创新发展和生产要素自由流动，损害了消费者权益。在维护社会主义市场经济的公平竞争上，我们国家都出台了哪些相关法律？

## 情境一　反垄断法

社会主义市场经济的发展离不开法律的保障。为了更好地维护社会主义市场经济的运行，合理规范市场参与者的行为，我国于2007年8月30日第十届全国人民代表大会常务委员会第二十九次会议通过了《中华人民共和国反垄断法》（以下简称《反垄断法》），并根据2022年6

① 资料来源：市场监管总局（国家反垄断局），《中国反垄断执法年度报告（2023）》。

月24日第十三届全国人民代表大会常务委员会第三十五次会议《关于修改〈中华人民共和国反垄断法〉的决定》进行修正，意在预防和制止垄断行为，保护市场公平竞争，鼓励创新，提高经济运行效率，维护消费者利益和社会公共利益，促进社会主义市场经济健康发展。

《反垄断法》规定的垄断行为包括：①经营者达成垄断协议；②经营者滥用市场支配地位；③具有或者可能具有排除、限制竞争效果的经营者集中；④滥用行政权力排除、限制竞争。

### （一）经营者达成垄断协议

垄断协议，是指排除、限制竞争的协议、决定或者其他协同行为。垄断协议又可以分为“横向垄断协议”和“纵向垄断协议”两类。

**1. 横向垄断协议**

横向垄断协议是指同一产业并且彼此存在竞争关系的企业之间，为了避免或减少竞争风险，相互达成的排除或者限制市场竞争的协议。简而言之，是指处于同一经营阶段的同业竞争者之间的垄断协议。

一般来说，具有竞争关系的经营者达成下列垄断协议，构成横向垄断协议：

（1）固定或者变更商品价格；

（2）限制商品的生产数量或者销售数量；

（3）分割销售市场或者原材料采购市场；

（4）限制购买新技术、新设备或者限制开发新技术、新产品；

（5）联合抵制交易；

（6）国务院反垄断执法机构认定的其他垄断协议。

**2. 纵向垄断协议**

纵向垄断协议是指在同一产业中，但处于不同经济阶段且有买卖关系的企业间所订立的旨在排除和限制其他竞争者的经营活动的协议。《反垄断法》禁止纵向价格垄断协议。

一般来说，经营者与交易相对人达成下列垄断协议，构成纵向垄断协议：

（1）固定向第三人转售商品的价格；

（2）限定向第三人转售商品的最低价格；

（3）国务院反垄断执法机构认定的其他垄断协议。

3. **构成垄断协议的行政法律责任**

根据《反垄断法》第五十六条的规定，经营者违反本法规定，达成并实施垄断协议的，由反垄断执法机构责令停止违法行为，没收违法所得，并处上一年度销售额百分之一以上百分之十以下的罚款；尚未实施所达成的垄断协议的，可以处五十万元以下的罚款。经营者主动向反垄断执法机构报告达成垄断协议的有关情况并提供重要证据的，反垄断执法机构可以酌情减轻或者免除对该经营者的处罚。

根据《反垄断法》第五十三条的规定，对反垄断执法机构调查的涉嫌垄断行为，被调查的经营者承诺在反垄断执法机构认可的期限内采取具体措施消除该行为后果的，反垄断执法机构可以决定中止调查。中止调查的决定应当载明被调查的经营者承诺的具体内容。反垄断执法机构决定中止调查的，应当对经营者履行承诺的情况进行监督。经营者履行承诺的，反垄断执法机构可以决定终止调查。

### （二）经营者滥用市场支配地位

滥用市场支配地位，是指经营者在相关市场内具有能够控制商品价格、数量或者其他交易条件，或者能够阻碍、影响其他经营者进入相关市场能力的市场地位。

**知识加油站**

客观地说，市场支配地位本身并不必然被《反垄断法》禁止或制裁。只有当具有市场支配地位的企业利用其市场支配地位危害竞争，损害公共利益和私人利益时，《反垄断法》才会对其进行惩罚和制裁。本章案例导入中所说的，正是这种情况。

根据《反垄断法》第二十二条的规定，禁止具有市场支配地位的经营者从事下列滥用市场支配地位的行为：

（1）以不公平的高价销售商品或者以不公平的低价购买商品；

（2）没有正当理由，以低于成本的价格销售商品；

（3）没有正当理由，拒绝与交易相对人进行交易；

（4）没有正当理由，限定交易相对人只能与其进行交易或者只能与其指定的经营者进行交易；

（5）没有正当理由搭售商品，或者在交易时附加其他不合理的交易条件；

（6）没有正当理由，对条件相同的交易相对人在交易价格等交易条件上实行差别待遇；

（7）国务院反垄断执法机构认定的其他滥用市场支配地位的行为。

根据《反垄断法》第五十七条的规定，经营者违反本法规定，滥用市场支配地位的，由反垄断执法机构责令停止违法行为，没收违法所得，并处上一年度销售额百分之一以上百分之十以下的罚款。

**知识加油站**

市场监管总局对知网滥用市场支配地位案作出行政处罚决定[①]

市场监管总局于2022年5月对知网在中国境内中文学术文献网络数据库服务市场滥用市场支配地位行为立案调查。2022年12月，市场监管总局对本案作出行政处罚决定。

经查，当事人滥用在中国境内中文学术文献网络数据库服务市场的支配地位，通过签订并实施独家合作协议，要求学术期刊出版单位、高校只能向当事人提供学术文献数据，并以不公平的高价销售中文学术文献网络数据库服务，排除、限制了相关市场竞争，侵害了用户的合法权益，破坏了良好的学术生态，影响了中文学术文献网络数据库服务市场规范健康创新发展，违反《反垄断法》第二十二条第一款第（一）项、第（四）项禁止的“以不公平的高价销售商品”和“没有正当理由，限定交易相对人只能与其进行交易”的规定，构成滥用市场支配地位行为。

当事人实施不公平高价和限定交易的滥用市场支配地位行为，排除、限制竞争的主观意图和实际危害明显，情节较为严重、持续时间较长，社会反映强烈。根据《反垄断法》第五十七条、第五十九条的规定和《中华人民共和国行政处罚法》第五条、第三十二条的规定，综合考虑当事人违法行为的性质、程度、持续时间和消

① 资料来源：市场监管总局，《国家市场监督管理总局行政处罚决定书》（国市监处罚〔2022〕87号）。

除违法行为后果的情况，同时考虑当事人能够按照要求深入自查并积极整改等因素，本机关对当事人作出如下处理决定。

（一）责令停止违法行为。

（二）对当事人处以2021年度中国境内销售额17.52亿元5%的罚款，计8 760万元（大写：捌仟柒佰陆拾万元）。

### （三）具有或者可能具有排除、限制竞争效果的经营者集中

根据《反垄断法》第二十五条的规定，经营者集中是指下列情形：①经营者合并；②经营者通过取得股权或者资产的方式取得对其他经营者的控制权；③经营者通过合同等方式取得对其他经营者的控制权或者能够对其他经营者施加决定性影响。

根据《反垄断法》第二十六条的规定，经营者集中达到国务院规定的申报标准的，经营者应当事先向国务院反垄断执法机构申报，未申报的不得实施集中。

根据《反垄断法》第二十七条的规定，经营者集中有下列情形之一的，可以不向国务院反垄断执法机构申报：

（1）参与集中的一个经营者拥有其他每个经营者百分之五十以上有表决权的股份或者资产的；

（2）参与集中的每个经营者百分之五十以上有表决权的股份或者资产被同一个未参与集中的经营者拥有的。

根据《反垄断法》第三十三条的规定，审查经营者集中，应当考虑下列因素：①参与集中的经营者在相关市场的市场份额及其对市场的控制力；②相关市场的市场集中度；③经营者集中对市场进入、技术进步的影响；④经营者集中对消费者和其他有关经营者的影响；⑤经营者集中对国民经济发展的影响；⑥国务院反垄断执法机构认为应当考虑的影响市场竞争的其他因素。

根据《反垄断法》第三十四条、第三十五条的规定，经营者集中具有或者可能具有排除、限制竞争效果的，国务院反垄断执法机构应当作出禁止经营者集中的决定。但是，经营者能够证明该集中对竞争产生的有利影响明显大于不利影响，或者符合社会公共利益的，国务院反垄断

执法机构可以作出对经营者集中不予禁止的决定。对不予禁止的经营者集中,国务院反垄断执法机构可以决定附加减少集中对竞争产生不利影响的限制性条件。

根据《反垄断法》第五十八条的规定,经营者违反本法规定实施集中,且具有或者可能具有排除、限制竞争效果的,由国务院反垄断执法机构责令停止实施集中、限期处分股份或者资产、限期转让营业以及采取其他必要措施恢复到集中前的状态,处上一年度销售额百分之十以下的罚款;不具有排除、限制竞争效果的,处五百万元以下的罚款。

(四)滥用行政权力排除、限制竞争行为

行政机关和法律、法规授权的具有管理公共事务职能的组织不得滥用行政权力,限定或者变相限定单位或者个人经营、购买、使用其指定的经营者提供的商品。

根据《反垄断法》第四十一条的规定,行政机关和法律、法规授权的具有管理公共事务职能的组织不得滥用行政权力,实施下列行为,妨碍商品在地区之间的自由流通:①对外地商品设定歧视性收费项目、实行歧视性收费标准,或者规定歧视性价格;②对外地商品规定与本地同类商品不同的技术要求、检验标准,或者对外地商品采取重复检验、重复认证等歧视性技术措施,限制外地商品进入本地市场;③采取专门针对外地商品的行政许可,限制外地商品进入本地市场;④设置关卡或者采取其他手段,阻碍外地商品进入或者本地商品运出;⑤妨碍商品在地区之间自由流通的其他行为。

## 情境二　反不正当竞争法

想一想,这些基本原则和社会主义核心价值观中的哪些部分有重合?

《中华人民共和国反不正当竞争法》(以下简称《反不正当竞争法》)是于1993年9月2日第八届全国人民代表大会常务委员会第三次会议通过,2017年11月4日第十二届全国人民代表大会常务委员会第三十次会议修订,2019年4月23日第十三届全国人民代表大会常务委员会第十次会议《关于修改〈中华人民共和国建筑法〉等八部法律的决定》进一步修正形成的。

《反不正当竞争法》的颁布,旨在促进社会主义市场经济健康发展,鼓励和保护公平竞争,制止不正当竞争行为,保护经营者和消费者的合法权益。《反不正当竞争法》中规定，经营者在生产经营活动中，应当遵循自愿、平等、公平、诚信的原则，遵守法律和商业道德。

《反不正当竞争法》中规定了几种类型的不正当竞争行为，包括混淆行为、虚假宣传、侵犯商业秘密、网络不正当竞争等行为。

## 一、混淆行为

根据《反不正当竞争法》第六条的规定，经营者不得实施下列混淆行为，引人误认为是他人商品或者与他人存在特定联系：①擅自使用与他人有一定影响的商品名称、包装、装潢等相同或者近似的标识；②擅自使用他人有一定影响的企业名称（包括简称、字号等）、社会组织名称（包括简称等）、姓名（包括笔名、艺名、译名等）；③擅自使用他人有一定影响的域名主体部分、网站名称、网页等；④其他足以引人误认为是他人商品或者与他人存在特定联系的混淆行为。

微课 20：不正当竞争行为

根据《反不正当竞争法》第十八条的规定，经营者违反本法第六条规定实施混淆行为的，由监督检查部门责令停止违法行为，没收违法商品。违法经营额五万元以上的，可以并处违法经营额五倍以下的罚款；没有违法经营额或者违法经营额不足五万元的，可以并处二十五万元以下的罚款。情节严重的，吊销营业执照。经营者登记的企业名称违反本法第六条规定的，应当及时办理名称变更登记；名称变更前，由原企业登记机关以统一社会信用代码代替其名称。

比如“康帅傅”方便面

## 二、虚假宣传

根据《反不正当竞争法》第八条的规定，经营者不得对其商品的性能、功能、质量、销售状况、用户评价、曾获荣誉等作虚假或者引人误解的商业宣传，欺骗、误导消费者。经营者不得通过组织虚假交易等方式，帮助其他经营者进行虚假或者引人误解的商业宣传。

根据《反不正当竞争法》第二十条的规定，经营者违反本法第八条规定对其商品作虚假或者引人误解的商业宣传，或者通过组织虚假交易等方式帮助其他经营者进行虚假或者引人误解的商业宣传的，由监督检查部门责令停止违法行为，处二十万元以上一百万元以下的罚款；情节严重的，处一百万元以上二百万元以下的罚款，可以吊销营业执照。经营者违反本法第八条规定，属于发布虚假广告的，依照《中华人民共和国广告法》的规定处罚。

### 三、侵犯商业秘密

根据《反不正当竞争法》第九条的规定，经营者不得实施下列侵犯商业秘密的行为：①以盗窃、贿赂、欺诈、胁迫、电子侵入或者其他不正当手段获取权利人的商业秘密；②披露、使用或者允许他人使用以前项手段获取的权利人的商业秘密；③违反保密义务或者违反权利人有关保守商业秘密的要求，披露、使用或者允许他人使用其所掌握的商业秘密；④教唆、引诱、帮助他人违反保密义务或者违反权利人有关保守商业秘密的要求，获取、披露、使用或者允许他人使用权利人的商业秘密。

根据《反不正当竞争法》第二十一条的规定，经营者以及其他自然人、法人和非法人组织违反本法第九条规定侵犯商业秘密的，由监督检查部门责令停止违法行为，没收违法所得，处十万元以上一百万元以下的罚款；情节严重的，处五十万元以上五百万元以下的罚款。

### 四、网络不正当竞争

根据《反不正当竞争法》第十二条的规定，经营者不得利用技术手段，通过影响用户选择或者其他方式，实施下列妨碍、破坏其他经营者合法提供的网络产品或者服务正常运行的行为：①未经其他经营者同意，在其合法提供的网络产品或者服务中，插入链接、强制进行目标跳转；②误导、欺骗、强迫用户修改、关闭、卸载其他经营者合法提供的网络产品或者服务；③恶意对其他经营者合法提供的网络产品或者服务实施不兼容；④其他妨碍、破坏其他经营者合法提供的网络产品或者服务正常运行的行为。

根据《反不正当竞争法》第二十四条的规定，经营者违反本法第十二条规定妨碍、破坏其他经营者合法提供的网络产品或者服务正常运行的，由监督检查部门责令停止违法行为，处十万元以上五十万元以下的罚款；情节严重的，处五十万元以上三百万元以下的罚款。

微课 21:不正当竞争行为的法律责任

**知识加油站**

“代练帮 APP”不正当竞争纠纷案

——网络游戏商业代练不正当竞争行为的认定①

2023 年 9 月 14 日，最高人民法院发布 2023 年人民法院反垄断和反不正当竞争典型案例。在“代练帮 APP”不正当竞争纠纷案中，人民法院认定绕开未成年人防沉迷机制及破坏游戏运营机制的商业代练行为构成《反不正当竞争法》第二条规定的不正当竞争行为查案的裁判。对互联网产业的公平竞争秩序、游戏产业的健康发展和社会公共利益的保护具有积极意义。

本案的基本案情：腾讯科技（成都）有限公司（简称“腾讯成都公司”）是《王者荣耀》游戏著作权人，授权深圳市腾讯计算机系统有限公司（简称“深圳腾讯公司”）独家运营该游戏。该游戏向用户提供免费下载，用户协议要求实名制登记，并不得将账号提供给他人做代练代打等商业性使用。游戏配有“防沉迷”措施，未成年人仅能在国家新闻出版署规定的时间段内登录游戏。佛山市南海区北笙网络科技有限责任公司（简称“北笙公司”）运营的“代练帮 APP”以“发单返现金”、设立专区的形式引诱包括未成年人在内的用户通过其平台进行商业化的游戏代练交易并从中获得收益。接单者可以非真实身份登录涉案游戏，未成年人亦可接单获得他人的游戏账号绕开“防沉迷”机制进入游戏并赚取费用。“代练帮 APP”通过“安全保证金”等方式保障交易，从中抽取一定比例作为平台收益。腾讯成都公司、深圳腾讯公司以北笙公司的前述行为构成不正当竞争为由提起本案诉讼。

上海市浦东新区人民法院一审认为，《王者荣耀》游戏内设“ELO 等级分系统”的公平匹配机制，根据游戏行为数据分析评价的竞技水平，吸引并积累用户，最终获得游戏收益，这一竞争优势应受法律保护。涉案游戏落实国家关于未成年人游戏防沉迷的

① 资料来源：最高人民法院，《最高法发布 2023 年人民法院反垄断和反不正当竞争典型案例》。

要求，基于此获得的良好商誉亦应受法律保护。北笙公司通过“代练帮 APP”组织商业化的代练服务，致使涉案游戏的实名制及未成年人防沉迷机制落空，妨碍网络游戏运营秩序，不利于网络生态治理和未成年人权益保护，损害社会公共利益。同时绕开了《王者荣耀》游戏的实名制和未成年人防沉迷机制，导致相关公众质疑企业的合规运营和社会责任承担。此外，被诉行为导致其他实名游戏用户无法匹配到水平相当的对手及队友，无法获得公平竞技的游戏体验，增加未成年人玩家沉迷游戏的风险，影响未成年人身心健康。北笙公司的被诉行为构成不正当竞争。上海市浦东新区人民法院一审判令北笙公司赔偿经济损失及合理开支共 98.5 万元。一审判决后，双方均未上诉。

本案是制止以网络游戏商业代练方式实施不正当竞争行为的典型案例。随着网络游戏产业的快速发展，商业代练行为引发的法律和社会问题备受关注。本案中，人民法院适用《反不正当竞争法》的原则性条款，以被诉行为的损害后果和不正当性为判断依据，认定绕开未成年人防沉迷机制及破坏游戏运营机制的商业代练行为构成不正当竞争。本案裁判有利于维护互联网产业的公平竞争秩序、游戏产业的健康发展和社会公共利益，也体现了保护通过公平、诚信、守法经营形成的竞争优势的司法导向。

## 本章知识结构图

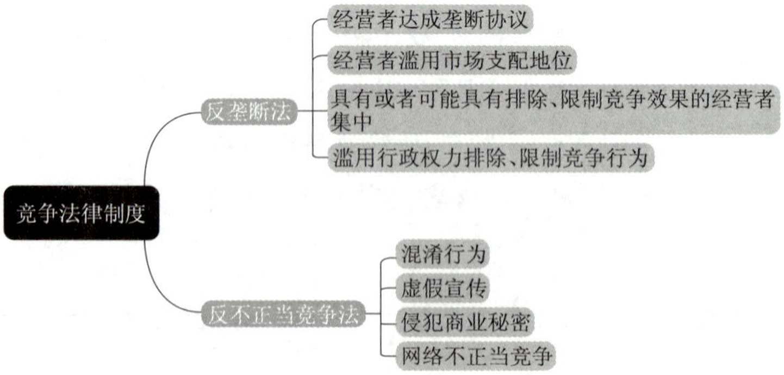

# 课后练习题

扫码做题

## 一、单项选择题

1. 某县“大队长酒楼”自创品牌后声名渐隆，妇孺皆知。同县的“牛记酒楼”经暗访发现，“大队长酒楼”经营特色是，服务员统一着 20 世纪 60 年代服装，播放该年代歌曲，店堂装修、菜名等也具有时代印记。“牛记酒楼”遂改名为“老社长酒楼”，服装、歌曲、装修、菜名等一应照搬。根据《中华人民共和国反不正当竞争法》的规定，“牛记酒楼”的行为属于(　　)。

A. 正当的竞争行为　　B. 侵犯商业秘密行为

C. 混淆行为　　D. 虚假宣传行为

2. 对于国务院反垄断反不正当竞争委员会的机构定位和工作职责，下列选项正确的是(　　)。

A. 是承担反垄断执法职责的法定机构

B. 应当履行协调反垄断行政执法工作的职责

C. 可以授权国务院相关部门负责反垄断执法工作

D. 可以授权省、自治区、直辖市人民政府的相应机构负责反垄断执法工作

3. 我国的反垄断法实施机制的模式是(　　)。

A. 直接诉讼模式

B. 行政执法模式

C. 行政执法为主，民事诉讼为补充的模式

D. 行政诉讼模式

4. 下列属于《中华人民共和国反垄断法》中规定的可被豁免的垄断协议类型是(　　)。

A. 限制开发新技术、新产品的垄断协议

B. 限制商品的生产数量的垄断协议

C. 为提高中小经营者经营效率，增强中小经营者竞争力的垄断协议

D. 固定商品价格的协议

5. 下列选项中，不属于可被《中华人民共和国反垄断法》豁免的垄

断协议是(　　)。

A. 企业间就新产品开发达成的合作协议

B. 中小企业之间在研发领域达成的合作协议

C. 经营者之间分工合作以提高生产效率的协议

D. 农业生产者在农产品储存经营活动中的联合协议

扫码做题

## 二、多选题

1. 根据规定，下列属于非价格垄断行为中宽恕制度规则中的“重要证据”的有(　　)。

A. 达成协议的内容和方式

B. 参与垄断协议的经营者

C. 垄断协议的具体实施情况

D. 垄断协议涉及的产品范围

2. 从需求角度界定相关领域市场，一般考虑的因素包括(　　)。

A. 需求者因商品价格或其他竞争因素变化，转向或考虑转向其他地域购买商品的证据

B. 商品的运输成本、运输特征

C. 多数需求者选择商品的实际区域和主要经营者商品的销售分布

D. 地方性法规因素

3. 下列选项中，属于根据《反价格垄断规定》，认定“不公平的高价”和“不公平的低价”，应当考虑的因素有(　　)。

A. 销售商品的提价幅度是否明显高于成本增长幅度，或者购买商品的降价幅度是否明显高于交易相对人成本降低幅度

B. 销售价格或者购买价格是否明显高于或者低于其他经营者销售或者购买同种商品的价格

C. 在成本基本稳定的情况下，是否超过正常幅度提高销售价格或者降低购买价格

D. 能够显著降低成本、提高效率，并且能够使消费者分享由此产生的利益的

4. 下列选项中，属于在对经营者集中进行审查并作出相应决定过程中，国务院反垄断法执法机构主要考虑的因素有(　　)。

A. 经营者集中对国民经济发展的影响

B. 经营者集中对消费者和其他有关经营者的影响

C. 相关市场的市场集中度

D. 经营者集中对市场进入、技术进步的影响

5. 下列各项中，属于根据当今世界反垄断法的通例，我国《中华人民共和国反垄断法》对以“经营者”为行为主体的下列垄断行为予以限制的情形有(　　)。

A. 经营者达成垄断协议

B. 知识产权的正当行使

C. 经营者滥用市场支配地位

D. 具有或者可能具有排除、限制竞争效果的经营者集中

# 第九章　消费者法律制度

**【案例导入】**

2022 年 3 月 15 日是国际消费者权益日，最高人民法院发布了 10 个消费者权益保护典型案例，旨在积极营造有利于消费升级的法治环境，便于人民群众安心消费、放心消费。

此次发布的案例涉及医疗美容消费、大学生贷款订立摄影合同、婚礼影像资料丢失、预付费消费退款、住房消费、网络消费格式条款的提示说明和解释、网店客服行为后果、二手商品转让、经营者承诺、消费者个人信息保护等问题。[①]

思考：近年来人民法院主动适应消费者权益保护的新形势新要求，依法妥善审理大量涉消费者权益保护纠纷案件。最高人民法院通过制定司法解释和司法政策、发布典型案例等方式加大消费者权益司法保护力度。在数字经济、互联网产业飞速发展的大背景下，线上交易中企业基本采用格式条款的方式与消费者建立契约关系。作为大学生的你，在线上交易过程中是否遇到过权益受损的情形？你又是如何解决的呢？

## 情境一　消费者权益保护法概述

### 一、消费者及消费者权益

#### （一）消费者的含义

消费者是为了满足生活消费需要而购买、使用商品或者接受服务的自然人。消费者具有如下几个法律特征：

（1）消费者是购买、使用商品或接受服务的个人，不包括各种法人、非法人企业、合伙组织、个体工商户或其他社会组织；

（2）消费者的消费性质是生活消费，包括商品的消费、服务的消费；

（3）消费者的消费对象是商品和服务；

① 资料来源：最高人民法院，《最高人民法院发布消费者权益保护典型案例》。

（4）消费的方式包括购买、使用和接受。

### （二）消费者权益

消费者权益是指消费者在消费过程中依法所享有的权利及该权利受到保护时给消费者带来的应有利益。

## 二、消费者权益保护法的含义、适用范围和基本原则

### （一）消费者权益保护法的含义

消费者权益保护法是指调整在保护消费者权益过程中发生的社会关系法律规范的总称。它是经济法的重要部门法，在经济法市场规制法中占有重要地位。现行《中华人民共和国消费者权益保护法》（以下简称《消费者权益保护法》）自 2014 年 3 月 15 日起施行。

### （二）《消费者权益保护法》的三个适用范围

根据《消费者权益保护法》第二条、第三条、第六十二条的规定，该法的适用范围可以从以下三个方面来理解。

（1）消费者为生活需要购买、使用商品或者接受服务，其权益受本法保护。

（2）经营者为消费者提供其生产、销售的商品或者服务，应当遵守本法。

（3）农民购买、使用直接用于农业生产的生产资料，参照本法执行。这是《消费者权益保护法》的特殊适用范围。

虽然这里所说的消费是指生活消费，不包括生产消费，但是第六十二条的规定说明了一部分因生产消费而产生的社会关系也被纳入《消费者权益保护法》的调整范围，但它限定了一定范围，即主体必须是农民，而且必须是购买、使用直接用于农业生产的生产资料，如种子、农机产品、化肥、农膜等，才适用《消费者权益保护法》。

### （三）《消费者权益保护法》的基本原则

我国《消费者权益保护法》的主要原则如下：

（1）经营者应当依法提供商品或服务的原则；

（2）自愿、平等、公平、诚实信用的原则；

（3）国家保护消费者的合法利益不受侵犯的原则；

（4）全社会共同保护消费者合法权益的原则。

微课 22:消费者的权利

## 情境二　消费者的权利

消费者权利是由《消费者权益保护法》所确认的,消费者在购买使用商品和接受服务时,以及在以后的一定时期内依法享有的权利。消费者权利是《消费者权益保护法》的核心。

### (一)安全保障权

根据《消费者权益保护法》第七条的规定,消费者在购买、使用商品和接受服务时享有人身、财产安全不受损害的权利。

安全保障权是消费者最基本的权利,指消费者在购买、使用商品或者接受服务时所享有的人身和财产安全不受侵害的权利。这也是消费者最重要的权利。安全保障权包括人身安全权和财产安全权两方面的内容。人身安全权包括以下内容。

(1)消费者的生命安全权,即消费者的生命不受危害的权利。例如,因食品有毒而致消费者死亡,即侵犯了消费者的生命安全权。

(2)消费者的健康安全权,即消费者的身体健康不受损害的权利。例如,因电器爆炸致消费者残疾就属于侵犯消费者的健康安全权。

财产安全权,即消费者的财产不受损失的权利,财产损失有时表现为财产在外观上发生损毁,有时则表现为价值的减少。

在现实生活中,侵害消费者人身安全权的现象非常普遍,主要表现在以下几个方面。

(1)在食品中添加有毒、有害物质。例如,在普通白酒中加敌敌畏冒充“茅台”酒,用福尔马林泡毛肚、海鲜等。

(2)制造、销售假药、劣药。

(3)出售过期、变质的食品、药品。

(4)日常用品及机电产品缺乏安全保障。例如,电风扇、电热毯、电热杯等漏电致人伤亡。

(5)化妆品有毒有害。

(6)营业场所不安全。例如,营业场所缺乏必要的安全保障设施、旅馆管理不善、经常发生旅客财物丢失等。

(7)服务方式不安全。例如,理发师使用工具不当或者不消毒致使顾客受伤或者感染疾病、浴室热水烫伤顾客等。

保护消费者人身、财产的安全是《消费者权益保护法》的重要任务。

除《消费者权益保护法》对消费者的安全权做了一般的规定以外，有关食品卫生、药品管理、产品质量管理等法律还对具体某一方面的消费者安全问题做了具体规定。只有严格遵守这些规定，才能使消费者的安全权得到切实的保障。安全权保障直接涉及消费者的生命与健康利益，因此是消费者所享有的最基本、最重要的权利，如果这一权利都得不到保障，则消费者的其他权利便无从谈起。

（二）知悉真情权

根据《消费者权益保护法》第八条的规定，消费者享有知悉其购买、使用的商品或者接受的服务的真实情况的权利。消费者有权根据商品或者服务的不同情况，要求经营者提供商品的价格、产地、生产者、用途、性能、规格、等级、主要成分、生产日期、有效期限、检验合格证明、使用方法说明书、售后服务，或者服务的内容、规格、费用等有关情况。

在实际生活中，侵犯消费者知情权的情况也相当普遍。通常表现为：对消费者的合理提问不予回答；对商品或服务做虚假夸大的宣传；只说优点不说缺点；故意隐瞒商品或服务的瑕疵、危险性、副作用；对应当在商品或者包装上披露的信息未做披露，等等。这些都是严重侵犯消费者知悉真情权的行为，必须坚决予以禁止。

（三）自主选择权

根据《消费者权益保护法》第九条的规定，消费者享有自主选择商品或者服务的权利。消费者有权自主选择提供商品或者服务的经营者，自主选择商品品种或者服务方式，自主决定购买或者不购买任何一种商品、接受或者不接受任何一项服务。消费者在自主选择商品或者服务时，有权进行比较、鉴别和挑选。

（四）公平交易权

根据《消费者权益保护法》第十条的规定，消费者享有公平交易的权利。消费者在购买商品或者接受服务时，有权获得质量保障、价格合理、计量正确等公平交易条件，有权拒绝经营者的强制交易行为。

该权利包括以下四个方面。

（1）消费者有权要求商品和服务符合国家规定的质量标准。经营者不得生产、销售有可能危及人身、财产安全的产品，不得在销售的产品中掺杂掺假，以假充真，以次充好，以不合格产品冒充合格产品。

（2）消费者有权要求商品和服务定价合理。商品或者服务可以根据其质量不同而制定不同的价格，但价格合理要求商品或者服务的价格应与其质量大体相符，保持一致。价格合理包括各类商品的价格应当合理，各类服务的收费标准应当合理。在制定商品价格和收费标准时，必须按照国家规定的权限和程序以及法律、法规的相关规定执行，应做到质价相符，优质高价，劣质低价，货有所值。

（3）消费者有权要求商品计量正确。计量正确包括两层含义。一是计量器具的使用要符合法律、法规的规定，也就是说，使用何种计量器具，应当按照有关计量法规的规定执行。不合格的计量器具的使用，必定造成对消费者权益的侵犯。二是计量正确、数量充足。这要求经营者在提供商品或者服务时，计量应当准确无误，不能克扣、短斤少两。计量不足，如消费者形容的"黑心秤""八两秤"，实质上是以隐蔽的手段抬高商品的价格，它比公开抬高商品价格具有更大的危害性。

（4）消费者有权拒绝经营者的强制交易行为。市场交易必须在自愿的基础上发生。强制交易行为是违背消费者意愿的交易行为。在自愿交易的条件下，如果经营者提出的交易条件不公平，消费者还可以通过拒绝与其交易而使自己免遭损害。

### （五）要求赔偿权

根据《消费者权益保护法》第十一条的规定，消费者因购买、使用商品或者接受服务受到人身、财产损害的，享有依法获得赔偿的权利。

赔偿权是弥补消费者所受损害的必不可少的救济性权利。通过获得赔偿权的行使，可以使消费者得到适当的补偿。同时，消费者的获得赔偿权又是约束经营者，对经营者的行为进行监督的一种有效手段。

### （六）结社权

根据《消费者权益保护法》第十二条的规定，消费者享有依法成立维护自身合法权益的社会组织的权利。

成立消费者社会组织是公民行使宪法权利的具体体现。

### （七）获得有关商品知识权

根据《消费者权益保护法》第十三条的规定，消费者享有获得有关消费和消费者权益保护方面的知识的权利。

### （八）受尊重权

根据《消费者权益保护法》第十四条的规定，消费者在购买、使用商品和接受服务时，享有人格尊严、民族风俗习惯得到尊重的权利，享有个人信息依法得到保护的权利。

这也是宪法中有关公民人格尊严、人身自由不受侵犯、隐私权在消费领域中的具体体现。维护尊严权要求经营者在向消费者提供商品和服务时，不得侵犯消费者的姓名、荣誉、名誉、肖像；不得对消费者进行殴打、辱骂、强行搜身、非法拘禁甚至非法剥夺他人生命；在消费活动中，经营者要切实尊重少数民族的特殊风俗习惯，不得在商品包装、商标及广告宣传中使用有损少数民族的文字、语言和图形等；不得强迫少数民族的消费者接受该民族禁忌的商品或服务；不得将通过经营活动获取到的消费者身份信息、电话号码、家庭住址、电子邮箱等个人信息泄露给他人，甚至出卖谋利等。尊重消费者的人格尊严和民族风俗，是社会文明进步的表现，也是尊重和保障人权的重要内容。

### （九）监督权

根据《消费者权益保护法》第十五条的规定，消费者享有对商品和服务以及保护消费者权益工作进行监督的权利。消费者有权检举、控告侵害消费者权益的行为和国家机关及其工作人员在保护消费者权益工作中的违法失职行为，有权对保护消费者权益工作提出批评、建议。

# 情境三　经营者的义务

微课 23：经营者的义务

## 一、经营者概述

### （一）经营者的含义

经营者是为消费者提供生产、销售的商品或提供服务的人。

### （二）经营者的特征

（1）经营者包括生产者、销售者和服务者。

（2）经营者是与消费者相对应的另一方当事人。

（3）经营者提供商品和服务以营利为目的。

## 二、经营者的义务

经营者的义务是经营者在经营活动中应当履行的法律上的责任。

经营者的义务主要有以下方面。

### （一）安全保障义务

安全保障义务是指经营者应当保证其提供的商品或服务符合保障人身、财产安全的要求。安全保障义务具体包括以下几个方面。

（1）经营者提供的商品或服务必须符合安全要求，即符合国家标准、行业标准和社会普遍公认的安全标准，必须具有可靠的安全保障。

（2）对可能危及人身、财产安全的商品和服务应明确说明和警示，并说明或标明正确使用商品或接受服务的方法以及防止危害发生的方法。

（3）经营者发现其提供的商品或者服务存在缺陷，有危及人身、财产安全危险的，应当立即向有关行政部门报告和告知消费者，并采取停止销售、警示、召回、无害化处理、销毁、停止生产或者服务等措施。采取召回措施的，经营者应当承担消费者因商品被召回支出的必要费用。总之，经营者提供的商品或服务必须是安全的、可靠的，绝不能提供危及消费者人身、财产安全的商品和服务。

（4）宾馆、商场、餐馆、银行、机场、车站、港口、影剧院等经营场所的经营者，应当对消费者尽到安全保障义务。

### （二）听取意见、接受监督的义务

根据《消费者权益保护法》第十七条的规定，经营者应当听取消费者对其提供的商品或者服务的意见，接受消费者的监督。

这是与消费者的监督权相对应的经营者的义务。消费者有监督权，那么经营者就有接受监督的义务。经营者接受消费者监督的义务主要有以下内容。

（1）经营者应当允许消费者对其商品或者服务提出不同看法和意见。对于消费者的意见，不论是针对经营活动中哪方面的问题，不论在什么时间、地点和场合提出，也不论是直接向经营者提出还是间接地通过杂志、广播、电视提出的，经营者都应虚心地接受，不得因为它会贬低其商品或服务而不允许消费者表达自己的意见，更不能因消费者对其商品或服务不满而对消费者进行人身攻击、辱骂、殴打。

(2)经营者应当为消费者反映要求提供便利的渠道,以便消费者的要求能够顺利达到经营者的决策阶层,对经营者的行为产生影响。如设立消费者投诉机构,配备专门人员处理消费者投诉,设立消费者投诉箱,收集消费者意见,等等。

(3)经营者应当正确对待消费者的意见和建议,在对消费者要求进行鉴别的基础上,区别情况认真地进行处理。经营者对其工作人员态度恶劣、损害消费者利益的行为,应坚决予以制止;对产品、服务质量等方面的合理意见也应认真听取,并采取措施提高产品、服务质量。

(4)对经营者违法实施的损害消费者权益的行为,消费者可以及时予以制止,经营者应当立即停止违法行为,主动对消费者承担责任,并积极配合有关国家机关对此进行处理。听取意见、接受监督既是经营者不断提高商品和服务质量的必不可少的措施,也可以提高商业信誉、增加利润,同时,又有利于提高和改善消费者的地位。

### (三)提供真实、全面信息的义务

根据《消费者权益保护法》第二十条的规定,经营者向消费者提供有关商品或者服务的质量、性能、用途、有效期限等信息,应当真实、全面,不得作虚假或者引人误解的宣传。经营者对消费者就其提供的商品或者服务的质量和使用方法等问题提出的询问,应当作出真实、明确的答复。

### (四)标明真实名称和标记的义务

根据《消费者权益保护法》第二十一条的规定,经营者应当标明其真实名称和标记。租赁他人柜台或者场地的经营者,应当标明其真实名称和标记。

经营者的名称和标记,其主要功能是区别商品和服务的来源。如果名称和标记不真实,就会使消费者误认,无法正确选择喜欢或信任的经营者。在发生纠纷时,则无法准确地确定求偿主体。尤其是对于租赁柜台或场地的行为,承租方有义务标明自己的真实名称和标记,目的在于区分承租方和出租方,一旦发生责任问题,便于确定责任的承担者。

### (五)出具发票的义务

根据《消费者权益保护法》第二十二条的规定,经营者提供商品或者服务，应当按照国家有关规定或者商业惯例向消费者出具发票等购货凭证或者服务单据；消费者索要发票等购货凭证或者服务单据的，经营者必须出具。

购货凭证和服务单据是经营者向消费者提供商品或服务的书面凭据，是他们之间存在合同关系的证据，也是消费者向经营者索赔的证据。因此，经营者向消费者出具相应的凭证和单据，既能起到对经营者监督的作用，又有利于消费者权益的保护。

### （六）质量担保、瑕疵举证的责任

根据《消费者权益保护法》第二十三条的规定，经营者应当保证在正常使用商品或者接受服务的情况下其提供的商品或者服务应当具有的质量、性能、用途和有效期限；但消费者在购买该商品或者接受该服务前已经知道其存在瑕疵，且存在该瑕疵不违反法律强制性规定的除外。经营者以广告、产品说明、实物样品或者其他方式表明商品或者服务的质量状况的，应当保证其提供的商品或者服务的实际质量与表明的质量状况相符。经营者提供的机动车、计算机、电视机、电冰箱、空调器、洗衣机等耐用商品或者装饰装修等服务，消费者自接受商品或者服务之日起六个月内发现瑕疵，发生争议的，由经营者承担有关瑕疵的举证责任。

### （七）履行退货、更换、修理的义务

根据《消费者权益保护法》第二十四条的规定，经营者提供的商品或者服务不符合质量要求的，消费者可以依照国家规定、当事人约定退货，或者要求经营者履行更换、修理等义务。没有国家规定和当事人约定的，消费者可以自收到商品之日起七日内退货；七日后符合法定解除合同条件的，消费者可以及时退货，不符合法定解除合同条件的，可以要求经营者履行更换、修理等义务。依照前款规定进行退货、更换、修理的，经营者应当承担运输等必要费用。

### （八）格式条款的限制

根据《消费者权益保护法》第二十六条的规定，经营者在经营活动中使用格式条款的，应当以显著方式提请消费者注意商品或者服务的数量和质量、价款或者费用、履行期限和方式、安全注意事项和风险警示、售后服务、民事责任等与消费者有重大利害关系的内容，并按照消

费者的要求予以说明。经营者不得以格式条款、通知、声明、店堂告示等方式，作出排除或者限制消费者权利、减轻或者免除经营者责任、加重消费者责任等对消费者不公平、不合理的规定，不得利用格式条款并借助技术手段强制交易。格式条款、通知、声明、店堂告示等含有前款所列内容的，其内容无效。

（九）不得侵犯消费者人身自由的义务

根据《消费者权益保护法》第二十七条的规定，经营者不得对消费者进行侮辱、诽谤，不得搜查消费者的身体及其携带的物品，不得侵犯消费者的人身自由。

（十）无理由退货义务

根据《消费者权益保护法》第二十五条的规定，经营者采用网络、电视、电话、邮购等方式销售商品，消费者有权自收到商品之日起七日内退货，且无需说明理由，但下列商品除外：①消费者定作的；②鲜活易腐的；③在线下载或者消费者拆封的音像制品、计算机软件等数字化商品；④交付的报纸、期刊。除前款所列商品外，其他根据商品性质并经消费者在购买时确认不宜退货的商品，不适用无理由退货。消费者退货的商品应当完好。经营者应当自收到退回商品之日起七日内返还消费者支付的商品价款。退回商品的运费由消费者承担；经营者和消费者另有约定的，按照约定。

（十一）合法收集、使用消费者个人信息的义务

根据《消费者权益保护法》第二十九条的规定，经营者收集、使用消费者个人信息，应当遵循合法、正当、必要的原则，明示收集、使用信息的目的、方式和范围，并经消费者同意。经营者收集、使用消费者个人信息，应当公开其收集、使用规则，不得违反法律、法规的规定和双方的约定收集、使用信息。经营者及其工作人员对收集的消费者个人信息必须严格保密，不得泄露、出售或者非法向他人提供。经营者应当采取技术措施和其他必要措施，确保信息安全，防止消费者个人信息泄露、丢失。在发生或者可能发生信息泄露、丢失的情况时，应当立即采取补救措施。

（十二）特定领域经营者的信息披露义务

根据《消费者权益保护法》第二十八条的规定，采用网络、电视、电

话、邮购等方式提供商品或者服务的经营者,以及提供证券、保险、银行等金融服务的经营者,应当向消费者提供经营地址、联系方式、商品或者服务的数量和质量、价款或者费用、履行期限和方式、安全注意事项和风险警示、售后服务、民事责任等信息。

## 情境四　消费者权益的法律保护

### 一、《消费者权益保护法》的作用和意义

意义是与其立法的目的和宗旨相一致的,主要表现在以下几个方面。

#### (一)保护消费者的合法权益

通过《消费者权益保护法》的颁布,明确了消费者的权利,确立和加强了保护消费者权益的法律基础,弥补了原有法律、法规在保障消费者权益方面调整作用不全的缺陷。我国现有法律、法规中有不少内容涉及保护消费者权益,如《中华人民共和国产品质量法》(以下简称《产品质量法》)、《中华人民共和国食品卫生法》(以下简称《食品卫生法》)等,但是对于因提供和接受服务而发生的消费者权益受损害的问题,只有在《消费者权益保护法》中做出了全面而明确的规定。

#### (二)维护社会经济秩序

《消费者权益保护法》通过规范经营者应对维护消费者权益承担何种义务,特别是着重规范经营者与消费者的交易行为,即必须遵循自愿、平等、公平、诚实信用的原则,从而也对社会经济秩序产生重要的维护作用。

#### (三)促进社会主义市场经济健康发展

保护消费者权益不是消费者个人之事,当代社会的生产和消费的关系密不可分,结构合理、健康发展的消费无疑会促进生产的均衡发展。没有消费,也就没有市场。保护消费者权益成为贯彻消费政策的重要内容,因此有利于社会主义市场经济的健康发展。

## 二、争议的解决和法律责任

### (一)争议的解决途径

根据《消费者权益保护法》第三十九条的规定，消费者和经营者发生消费者权益争议的，可以通过下列途径解决：①与经营者协商和解；②请求消费者协会或者依法成立的其他调解组织调解；[①] ③向有关行政部门投诉；[②] ④根据与经营者达成的仲裁协议提请仲裁机构仲裁；⑤向人民法院提起诉讼。

### (二)最终承担损害赔偿责任的主体的确定

(1)销售者的先行赔偿义务。根据《消费者权益保护法》第四十条第一款的规定，消费者在购买、使用商品时，其合法权益受到损害的，可以向销售者要求赔偿。销售者赔偿后，属于生产者的责任或者属于向销售者提供商品的其他销售者的责任的，销售者有权向生产者或者其他销售者追偿。

(2)生产者与销售者之间的连带责任。根据《消费者权益保护法》第四十条第二款的规定，消费者或者其他受害人因商品缺陷造成人身、财产损害的，可以向销售者要求赔偿，也可以向生产者要求赔偿。属于生产者责任的，销售者赔偿后，有权向生产者追偿。属于销售者责任的，生产者赔偿后，有权向销售者追偿。此时，销售者与生产者被看作一个整体，对消费者承担连带责任。

(3)根据《消费者权益保护法》第四十条第三款的规定，消费者在接受服务时，其合法权益受到损害的，可以向服务者要求赔偿。

(4)展销会举办者、柜台出租者的特殊责任。根据《消费者权益保护法》第四十三条的规定，消费者在展销会、租赁柜台购买商品或者接受服务，其合法权益受到损害的，可以向销售者或者服务者要求赔偿。展销会结束或者柜台租赁期满后，也可以向展销会的举办者、柜台的出租者要求赔偿。展销会的举办者、柜台的出租者赔偿后，有权向销售者或者服务者追偿。

(5)变更后企业仍应承担赔偿责任。根据《消费者权益保护法》第

① 对侵害众多消费者权益的行为，中国消费者协会以及省、自治区、直辖市设立的消费者协会，可以向人民法院起诉。

② 该部门应当在收到投诉之日起七个工作日内，予以处理并告知消费者。

四十一条的规定,消费者在购买、使用商品或者接受服务时,其合法权益受到损害,因原企业分立、合并的,可以向变更后承受其权利义务的企业要求赔偿。

(6)营业执照持有人与租借人的赔偿责任。根据《消费者权益保护法》第四十二条的规定,使用他人营业执照的违法经营者提供商品或者服务,损害消费者合法权益的,消费者可以向其要求赔偿,也可以向营业执照的持有人要求赔偿。

(7)虚假广告的广告主与广告经营者的责任。根据《消费者权益保护法》第四十五条的规定,消费者因经营者利用虚假广告或者其他虚假宣传方式提供商品或者服务,其合法权益受到损害的,可以向经营者要求赔偿。广告经营者、发布者发布虚假广告的,消费者可以请求行政主管部门予以惩处。广告经营者、发布者不能提供经营者的真实名称、地址和有效联系方式的,应当承担赔偿责任。广告经营者、发布者设计、制作、发布关系消费者生命健康商品或者服务的虚假广告,造成消费者损害的,应当与提供该商品或者服务的经营者承担连带责任。社会团体或者其他组织、个人在关系消费者生命健康商品或者服务的虚假广告或者其他虚假宣传中向消费者推荐商品或者服务,造成消费者损害的,应当与提供该商品或者服务的经营者承担连带责任。

(8)网络交易平台提供者的责任。根据《消费者权益保护法》第四十四条的规定,消费者通过网络交易平台购买商品或者接受服务,其合法权益受到损害的,可以向销售者或者服务者要求赔偿。网络交易平台提供者不能提供销售者或者服务者的真实名称、地址和有效联系方式的,消费者也可以向网络交易平台提供者要求赔偿;网络交易平台提供者作出更有利于消费者的承诺的,应当履行承诺。网络交易平台提供者赔偿后,有权向销售者或者服务者追偿。网络交易平台提供者明知或者应知销售者或者服务者利用其平台侵害消费者合法权益,未采取必要措施的,依法与该销售者或者服务者承担连带责任。

## 三、违反《消费者权益保护法》的法律责任

### (一)经营者侵害消费者权益的民事责任

#### 1. 质量不合格的民事责任

根据《消费者权益保护法》第四十八条的规定,经营者提供商品或

者服务有下列情形之一的，除本法另有规定外，应当依照其他有关法律、法规的规定，承担民事责任：①商品或者服务存在缺陷的；②不具备商品应当具备的使用性能而出售时未作说明的；③不符合在商品或者其包装上注明采用的商品标准的；④不符合商品说明、实物样品等方式表明的质量状况的；⑤生产国家明令淘汰的商品或者销售失效、变质的商品的；⑥销售的商品数量不足的；⑦服务的内容和费用违反约定的；⑧对消费者提出的修理、重作、更换、退货、补足商品数量、退还货款和服务费用或者赔偿损失的要求，故意拖延或者无理拒绝的；⑨法律、法规规定的其他损害消费者权益的情形。经营者对消费者未尽到安全保障义务，造成消费者损害的，应当承担侵权责任。

**2. 致人伤害及致人死亡的民事责任**

根据《消费者权益保护法》第四十九条的规定，经营者提供商品或者服务，造成消费者或者其他受害人人身伤害的，应当赔偿医疗费、护理费、交通费等为治疗和康复支出的合理费用，以及因误工减少的收入。造成残疾的，还应当赔偿残疾生活辅助具费和残疾赔偿金。造成死亡的，还应当赔偿丧葬费和死亡赔偿金。

**3. 侵犯消费者其他人身权的民事责任**

根据《消费者权益保护法》第五十条的规定，经营者侵害消费者的人格尊严、侵犯消费者人身自由或者侵害消费者个人信息依法得到保护的权利的，应当停止侵害、恢复名誉、消除影响、赔礼道歉，并赔偿损失。

**4. 造成财产损害的民事责任**

根据《消费者权益保护法》第五十二条的规定，经营者提供商品或者服务，造成消费者财产损害的，应当依照法律规定或者当事人约定承担修理、重作、更换、退货、补足商品数量、退还货款和服务费用或者赔偿损失等民事责任。

**5. 欺诈行为的民事责任**

根据《消费者权益保护法》第五十五条第一款的规定，经营者提供商品或者服务有欺诈行为的，应当按照消费者的要求增加赔偿其受到的损失，增加赔偿的金额为消费者购买商品的价款或者接受服务的费用的三倍；增加赔偿的金额不足五百元的，为五百元。法律另有规定的，依照其规定。

这里所说的欺诈行为是指经营者故意在提供的商品或者服务中，以虚假陈述或者其他不正当手段欺骗、误导消费者，致使消费者权益受到损害的行为。

根据《消费者权益保护法》第五十五条第二款的规定，经营者明知商品或者服务存在缺陷，仍然向消费者提供，造成消费者或者其他受害人死亡或者健康严重损害的，受害人有权要求经营者依照本法第四十九条、第五十一条等法律规定赔偿损失，并有权要求所受损失二倍以下的惩罚性赔偿。

在实践中一些典型的欺诈行为主要有：销售掺杂、掺假，以假充真，以次充好的商品；不以自己的真实名称和标记销售商品；以虚假的"清仓价""甩卖价""最低价""优惠价"或者其他欺骗性价格表示销售商品；利用广播、电视、电影、报刊等大众传播媒介对商品做虚假宣传；销售假冒商品和失效、变质商品；等等。

### （二）经营者侵害消费者权益的行政责任

#### 1. 经营者的行政责任

根据《消费者权益保护法》第五十六条的规定，有下列情形之一的，经营者应承担行政责任：①提供的商品或者服务不符合保障人身、财产安全要求的；②在商品中掺杂、掺假，以假充真，以次充好，或者以不合格商品冒充合格商品的；③生产国家明令淘汰的商品或者销售失效、变质的商品的；④伪造商品的产地，伪造或者冒用他人的厂名、厂址，篡改生产日期，伪造或者冒用认证标志等质量标志的；⑤销售的商品应当检验、检疫而未检验、检疫或者伪造检验、检疫结果的；⑥对商品或者服务作虚假或者引人误解的宣传的；⑦拒绝或者拖延有关行政部门责令对缺陷商品或者服务采取停止销售、警示、召回、无害化处理、销毁、停止生产或者服务等措施的；⑧对消费者提出的修理、重作、更换、退货、补足商品数量、退还货款和服务费用或者赔偿损失的要求，故意拖延或者无理拒绝的；⑨侵害消费者人格尊严、侵犯消费者人身自由或者侵害消费者个人信息依法得到保护的权利的；⑩法律、法规规定的对损害消费者权益应当予以处罚的其他情形。经营者有前款规定情形的，除依照法律、法规规定予以处罚外，处罚机关应当记入信用档案，向社会公布。

### 2. 行政处罚机关和处罚方式

（1）处罚机关：根据《消费者权益保护法》的规定，对上述情形，若其他相关法律、法规对处罚机关和处罚方式有规定的，应依照其规定执行；法律、法规未做规定的，由市场监督管理部门进行处罚。

（2）处罚方式：对上述情形的处罚方式有责令改正、警告、没收违法所得、罚款；还可以对情节严重者责令停业整顿、吊销营业执照。

（3）行政复议：《消费者权益保护法》为防止行政机关滥用权力做出对经营者不公的处罚，又规定了经营者的行政复议权，即经营者对行政处罚不服的，可自收到处罚决定之日起十五日内向上一级机关申请复议，对复议决定仍不服的，可以向人民法院提出诉讼。

## （三）经营者侵害消费者权益的刑事责任

根据《消费者权益保护法》第五十七条的规定，经营者违反本法规定提供商品或者服务，侵害消费者合法权益，构成犯罪的，依法追究刑事责任。根据《消费者权益保护法》第五十八条的规定，经营者违反本法规定，应当承担民事赔偿责任和缴纳罚款、罚金，其财产不足以同时支付的，先承担民事赔偿责任。

**知识加油站**

“假一赔十”是否有效？

“假一赔十”是有效的！首先，经营者“假一赔十”承诺实质上是经营者与消费者签订的消费合同中一个约定条款，且其内容不违反法律的强制性规定和社会的公序良俗。其次，“假一赔十”承诺与《消费者权益保护法》的“假一赔三”规定并不冲突。《消费者权益保护法》规定惩罚性赔偿的目的是促使经营者诚信经营，是对经营者欺诈行为的最低惩罚，它并不排斥经营者自行允诺更高的惩罚标准。再次，“假一赔十”承诺在性质上不同于合同违约金。根据《民法典》第五百八十五条的规定，约定的违约金低于造成的损失的，人民法院或者仲裁机构可以根据当事人的请求予以增加；约定的违约金过分高于造成的损失的，人民法院或者仲裁机构可以根据当事人的请求予以适当减少。但此处的“假一赔十”条款并非违约条款，不适用前述规定。最后，“假一赔十”承诺本质上是经营者为自己特拟的一项特殊合同责任，其目的是刺激消费者购买其商品或服务。因此，经营者不能只利用“假一赔十”的承诺获得相应的经济利益，而在出现假货时，却不接受“十倍赔偿”的惩罚。

## 本章知识结构图

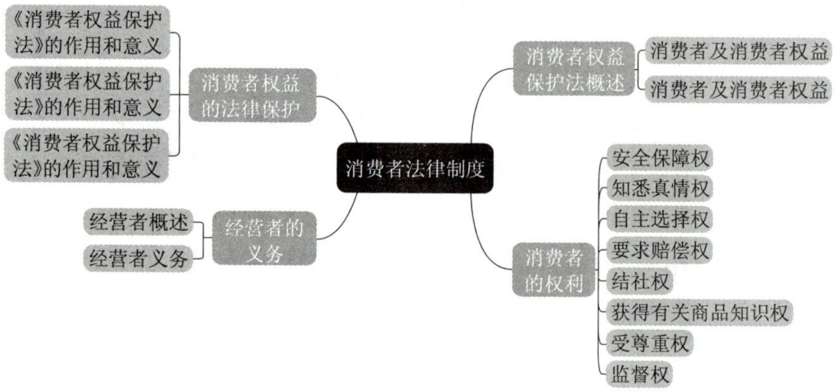


## 课后练习题

扫码做题

### 一、单项选择题

1.《中华人民共和国消费者权益保护法》调整的对象是(　　)。

A. 消费者为生产需要购买、使用商品或接受服务时所发生的法律关系

B. 各商家为经营需要而发生的购销关系

C. 消费者为生活消费需要购买、使用商品或者接受服务而发生的法律关系

D. 消费者为营利而进行的购销活动

2. 经营者提供商品或者服务有欺诈行为的，应当按照消费者的要求增加赔偿其受到的损失，增加赔偿的金额为消费者购买商品的价款

或接受服务的费用的(　　)倍。

A. 1　　B. 2　　C. 3　　D. 4

3. 甲厂生产一种易拉罐装碳酸饮料。消费者丙从乙商场购买这种饮料后，在开启时被罐内强烈气流炸伤眼部，下列答案中最正确的是(　　)。

A. 丙只能向乙索赔

B. 丙只能向甲索赔

C. 丙只能向消费者协会投诉，请其确定向谁索赔

D. 丙可向甲、乙中的一个索赔

4. 消费者王某在购买商品后，发现商品存在瑕疵时，下列说法正确的是(　　)。

A. 王某只能向该商品生产者主张赔偿

B. 王某可以向该商品的销售者主张赔偿

C. 王某既可以向销售者要求赔偿，也可以向生产者要求赔偿

D. 若销售者有证据表明该瑕疵是在销售过程中其他销售者所致，有权拒绝赔偿

5. 关于《中华人民共和国消费者权益保护法》的适用范围，下列说法正确的是(　　)。

A. 农民的消费活动不适用《中华人民共和国消费者权益保护法》

B. 农民的生活消费活动适用《中华人民共和国消费者权益保护法》，但购买、使用直接用于农业生产的生产资料时不适用该法

C. 人类的所有消费活动均适用《中华人民共和国消费者权益保护法》

D. 农民购买、使用直接用于农业生产的生产资料，参照《中华人民共和国消费者权益保护法》执行

6. 消费者对商品进行比较、鉴别和挑选的权利属于(　　)。

A. 自主选择权　　B. 公平交易权

C. 知悉权　　D. 求偿权

## 二、多项选择题

1. 消费者和经营者发生消费者权益争议的，可以通过(　　)解决。

A. 与经营者协商和解

扫码做题

B. 请求消费者协会调解

C. 根据与经营者达成的仲裁协议提请仲裁机构仲裁

D. 向有关行政部门申诉

2. 下列说法中正确的是(　　)。

A. 经营者提供商品或者服务有欺诈行为的,应当按照消费者的要求增加赔偿其受到的损失,增加赔偿金额为消费者购买商品的价款或者接受服务的费用的 2 倍

B. 经营者对行政处罚决定不服的,可以自收到处罚决定之日起 30 日内向人民法院提起诉讼

C. 对包修、包换、包退的大件商品,消费者要求经营者修理、更换、退货的,经营者应当承担运输等合理费用

D. 拒绝、阻碍有关行政部门工作人员依法执行职务,未使用暴力、威胁方法的,由公安机关依照《中华人民共和国治安管理处罚法》的规定处罚

3. 经营者侵害消费者的人格尊严或者侵犯消费者人身自由的,应当负(　　)责任。

A. 停止侵害　　B. 恢复名誉　　C. 消除影响　　D. 赔礼道歉

4. 生产者在(　　)情况下不对消费者负责赔偿。

A. 消费者从销售者处购买的化妆品不具有包装上标明的使用效果

B. 某人从生产者处盗窃其开发中的高压锅样品,在使用时被炸伤

C. 因销售者贮存不当致使药品变质而使某患者服药后过敏

D. 消费者使用产品后发生不适,但现在科学技术无法证明产品与不适之间的关系

## 三、判断题

扫码做题

1. 没有列入三包规定的产品,可不按照经营者的承诺和法律法规的规定实行三包。(　　)

2. 依法经有关行政部门认定为不合格的商品,消费者要求退货的,经营者应当负责退货。(　　)

3. 对某产品实行三包时,厂家自己规定的保修标准高于国家规定的,应该执行高标准。(　　)

4. 当事人对自己提出的主张,有责任提供证据。(　　)

5. 质量鉴定的证据，应以法定的质量检测机构出具的正式检测结论为准。（　　）

6. 产品缺陷责任且致人损害的，无论经营者是否与消费者事先达成合意同意放弃权利，一旦损害发生，消费者均有权利要求对方承担赔偿责任。（　　）

## 四、案例分析

扫码做题

1. 4 月 1 日，甲在某家具城展销厅看中了一套由乙公司生产的高档组合柜，价款 1 万元。于是双方签订了订货合同，甲预交了 2 000 元定金。在按规定时间交货时，甲发现货品与样品不符，并且存在质量问题。交货人员表示可以上门修理。于是甲交付了 6 000 元，余下的 2 000 元待家具修好后付清。4 月 15 日，家具不但没修好，而且出现了更加严重的质量问题。在多次与销售人员王某交涉无效的情况下，甲找到家具展销会主办单位丙公司反映情况，要求协助解决，并提出退货要求，丙公司许诺一个月内解决。十几天后，甲被告知乙公司已搬出家具城，丙公司无法履行退货承诺。于是甲来到消费者协会寻求支持。经查，王某不是乙公司业务人员，而且所售家具只有一件是乙公司产品。在消费者协会的支持下，甲起诉到法院，要求丙公司赔偿自己的损失。

问题：

（1）甲要求丙公司赔偿自己的损失是否合理，为什么？

（2）家具城展销厅是否应该承担甲的损失？

2. 5 月 10 日，甲从商场买回一台 A 牌洗衣机（属“三包”商品），在 5 月 15 日使用时，发现洗衣机突然不转，遂到商场要求退货，商场售货员乙声称，商场明文规定凡是在本商场购买的任何家用电器如有问题只能维修不能退换。但修理三次后，洗衣机仍不能正常使用，为此，甲多次找到商场有关部门投诉，但无结果。双方因此发生争执。

问题：

（1）该商场售货员乙的说法是否正确，为什么？

（2）消费者甲该如何处理？

# 第十章　财税法律制度

**【案例导入】**

税收数据是反映经济发展形势的一张“晴雨表”。透过国家税务总局2024年1月18日发布的十组税收大数据可以看出，2023年我国经济高质量发展扎实推进。在当日国新办举行的税收服务高质量发展新闻发布会上，国家税务总局新闻发言人黄运介绍了十组税收大数据。

数据一：企业创新投入持续加力，申报研发费用加计扣除金额同比增长13.6%。企业所得税预缴申报数据显示，2023年前三季度，全国企业申报享受研发费用加计扣除金额1.85万亿元，其中制造业企业受益最广，享受加计扣除政策金额占比为58.9%。

数据二：创新产业加快成长，高技术产业销售收入同比增长9.8%。增值税发票数据显示，2023年，高技术产业销售收入保持较快增长，占全国企业销售收入比重较2022年提高0.5个百分点，且逐年提升，反映近年来创新产业产出成效显著。

数据三：高端制造创新突破，装备制造业占制造业比重提高至44.8%。增值税发票数据显示，2023年，装备制造业销售收入同比增长6.4%，较制造业平均增速高2.9个百分点，占制造业比重较2022年提高1.2个百分点。其中电动载人汽车、锂离子蓄电池、太阳能电池“新三样”产品相关行业销售收入合计同比增长22.4%。

数据四：数实融合加快推进，数字经济核心产业销售收入占全部销售收入比重达12.1%。增值税发票数据显示，2023年，数字经济核心产业销售收入同比增长8.7%，较2022年提高2.1个百分点；全国企业采购数字技术同比增长10.1%，较2022年提高3.2个百分点，反映数实融合加快推动数字产业化、产业数字化进程。

数据五：统一大市场建设进程加快，省际贸易额占全国贸易总额比重提高至42.7%。增值税发票数据显示，2023年，衡量国内各省之间贸易联系紧密度的省际贸易额同比增长5.9%，占全国总贸易金额比重较2022年提高0.5个百分点，而且呈逐年提升的态势，反映经济内循环更加顺畅。

数据六：三大动力源地区带动作用增强，销售收入占全国比重提高至54.1%。增值税发票数据显示，2023年，京津冀、长三角、珠三角三大动力源地区经济总体呈现较快发展态势，销售收入合计同比增长5.4%，占全国销售收入比重较2022年提高0.3个百分点。

数据七：产业绿色转型持续推进，高耗能制造业占制造业比重降至30.7%。增值税发票数据显示，2023年，工业企业绿色化投入增长较快，购进环保治理服务同比增长17.7%。同时，高耗能制造业占制造业比重较2022年下降1.5个百分点。

数据八：外资企业利润再投资稳定增长，享受递延纳税的再投资金额达1 412亿元。企业所得税申报数据显示，2023年，外资企业境外投资者享受递延纳税的再投资金额同比增长0.8%。自2018年实行外商利润再投资暂不缴纳预提所得税优惠政策以来，外商累计享受递延纳税的再投资金额已达6 603亿元。

数据九：消费活力不断释放，商品和服务消费增长均在10%左右。增值税发票数据显示，2023年，商品消费和服务消费销售收入同比分别增长11.4%和9%。其中，服装、化妆品零售同比分别增长18.3%和14.5%；游乐园、住宿服务、餐饮服务增长较快，增速分别为69.5%、26.3%和19.6%。

数据十：社会保障更加有力，社会保险费收入突破8万亿元。税务部门数据显示，2023年，社会保险费收入达8.2万亿元，缴费服务人数超过13亿，有效助力具有鲜明中国特色、世界上规模最大的社会保障体系建设。

——新华社，《十组税收大数据折射高质量发展扎实推进》[①]

思考：税收，一方面为了获取财政收入，另一方面为了调节收入差距。法治，一方面为了社会公平正义，另一方面为了维护社会有序运转。税收征管如果不到位，容易形成偷漏税，导致税收收入调节功能弱化。法治如果落实不好，不仅会导致社会不公，而且会侵蚀社会的机体健康。为什么说依法纳税是每个公民的义务？如果没有税收，我们的生活会受到哪些影响？

① 资料来源：新华社，《十组税收大数据折射高质量发展扎实推进》。

# 情境一　税法概述

## 一、税收基本概念和特征

### (一)税收含义

税收又称“赋税”“租税”“捐税”等,是国家为了实现其职能,凭借政治权力,按照法律规定,强制地、无偿地参与社会剩余产品分配,以取得财政收入的一种规范形式。

### (二)税收特征

国家筹集财政收入的方式除税收外,还有发行公债和收取各种规费等,但税收自产生以来,一直是国家取得财政收入的主要形式。与其他财政收入形式相比,税收具有强制性、无偿性和固定性的特征,习惯上称为税收的“三性”。

微课24:我国税收的基本特征

依法纳税是每一个公民的义务。

思考:生活中税收给你提供了哪些公共服务?

**1. 强制性**

任何社会制度下的税收,都是国家凭借政治权力,通过税法进行的强制征收。在税法规定的范围内,任何单位和个人都必须依法纳税,否则就要受到法律的制裁。征税是为了满足社会公共需要,对经济单位和个人而言,由于征税会减少自己的既得利益,必定会抵制征税。这样国家就必须运用政治权力来进行实际的干涉和约束以保障征税权利,所以说税收具有强制性。

**2. 无偿性**

税收的无偿性是指国家征税不需要对具体纳税人付出任何报酬,也不再直接偿还给纳税人。但就国家与全体纳税人的利益关系而言,税收是有偿还性的,因为国家利用税收为社会提供了正常秩序、公共安全、公共设施等各种服务,纳税人整体则又享受了这种服务,从这个意义上说税收对全体纳税人而言是有偿还性的,其具有“取之于民,用之于民”的性质。

**3. 固定性**

税收的固定性是指国家通过法律形式预先规定了纳税人、征税对象和征税标准等,征纳双方都必须遵守,不能随意变动。但是,税收的固定性也并非一成不变,随着社会经济的发展和政治条件的变化,税收的纳税人、征税对象和征收比例都是会不断改变的,但税收制度的改革和调整必须通过一定的法律程序，以法律法令的形式进行，因而在一定时间内保持相对稳定。

税收的“三性”相互联系，不可分离，是不同社会制度下税收所共有的，它是税收本质的具体体现，这使其与利润等分配形式有明显的区别，因此税收的“三性”是区别税与非税的根本标志。

### （三）税收法律关系

税收法律关系与其他法律关系一样，也是由主体、客体和内容三个要素构成。这三个要素之间互相联系，形成同一的整体。

**1. 税收法律关系主体**

税收法律关系主体是指税收法律关系中享有权利和承担义务的当事人，即税收法律关系的参加者，分为征税主体和纳税主体。

（1）征税主体是指税收法律关系中享有征税权利的一方当事人，即税务行政执法机关，包括各级税务机关、海关等。

（2）纳税主体即税收法律关系中负有纳税义务的一方当事人，包括法人、自然人和其他组织。对这种权利主体的确定，我国采取属地兼属人原则，即在华的外国企业、组织、外籍人、无国籍人等，凡在中国境内有所得来源的，都是我国税收法律关系的纳税主体。

**2. 税收法律关系客体**

税收法律关系客体是指税收法律关系主体双方的权利和义务所共同指向、影响和作用的客观对象。

**3. 税收法律关系内容**

税收法律关系内容是指税收法律关系主体所享受的权利和应承担的义务，这是税收法律关系中最实质的内容，也是税法的灵魂。

### （四）税制构成要素

税制构成要素是指税收实体法的组成要素，包括总则、纳税人、征税对象、税目、税率、纳税环节、纳税期限、纳税地点、减税免税、罚则、附则等项目。这里只对基本要素进行介绍。

**1. 纳税人**

纳税人是指税法规定直接负有纳税义务的单位和个人，也称纳税主体，它规定了税款的法律承担者。纳税人可以是自然人，也可以是法人。自然人和法人若有税法规定的应税财产、收入和特定行为，就对国家负有纳税义务。应注意纳税人与负税人、扣缴义务人的区别。

负税人是指税收负担的最终承担者。纳税人与负税人可能一致，也可能不一致。当某一税种的税负可以转嫁时，该税种的纳税人与负税人不一致，该税种为间接税。如果某一税种的纳税人和负税人一致，则说明该税种是不能转嫁的，该税种为直接税。

**2. 征税对象**

征税对象又称课税对象，是征税的目的物，即对什么东西征税，它是一种税区别于另一种税的主要标志。征税对象体现不同税种征税的基本界限，决定着不同税种名称的由来以及各税种在性质上的差别。比如，流转税的征税对象是商品流通过程中的流转额，所得税的征税对象则是所得额。

计税依据是征税对象的数量化，也是应纳税额计算的基础。从价计征的税收，以计税金额为计税依据；从量计征的税收，以征税对象的数量、容积、体积为计税依据；复合计征的税收，同时以计税金额和计税数量为计税依据。

**3. 税目**

注意计税依据与税目之间的区别。

税目是征税对象的具体化，反映各税种具体的征税项目，体现每个税种的征税广度。并非所有的税种都规定税目，对那些征税对象简单明确的税种，如增值税、房产税等，就不必另行规定税目。对大多数税种，由于征税对象比较复杂，而且对税种内部不同征税对象又需要采取不同的税率档次进行调节，这样就需要对税种的征税对象作进一步划分，作出具体的界限规定，这个规定的界限范围就是税目。比如，消费税按应税消费品种类划分为十四个税目。

**4. 税率**

税率是应纳税额与计税依据之间的法定比例，是计算应纳税额的尺度，体现了征税的深度。每种税的税率高低，反映国家在一定时期的有关经济政策，直接关系国家财政收入的多少和纳税人税收负担的大小。因此税率是体现税收政策的中心环节，是构成税制的基本要素。

按照税率的表现形式，税率可以分为以绝对量形式表示的税率和以百分比形式表示的税率，我国目前主要采用比例税率、定额税率、累进税率。

（1）比例税率是指对同一征税对象，不论金额大小都按同一比例纳税，税额与征税对象之间的比例是固定的。比如，增值税的基本税率为13%，企业所得税的基本税率为25%。比例税率的优点是：对同一征税对象的不同纳税人的税收负担相同，有利于在大体相同的条件下开展竞争，而且计算方便，也便于税收稽征管理。主要缺点：不分纳税人的环境、条件差异及收入等，都按同一税率征税，这与纳税人的实际负担能力不完全相符，具有一定的局限性。

（2）定额税率是对单位征税对象规定固定的税额，是税率的一种特殊形式，一般适用于从量计征的税种。比如，消费税中黄酒的税率为240元/吨，印花税中权利许可证照的税率为5元/件。定额税率的特点是税率与征税对象的价值量脱离了联系，不受征税对象价值量的影响。

（3）累进税率是按征税对象的多少划分若干级距，并从低到高分别制定各等级税率，征税对象数额越大税率越高。这种税率形式既可适应纳税人的负担能力，又便于充分发挥调节纳税人收入水平的作用，较比例税率更符合税收的公平要求，一般适用于对所得和财产的征税。

按照累进依据和累进方式不同，累进税率可分为全额累进、超额累进、超率累进等类型。

（1）全额累进税率是对征税对象的全部数额，均按与之相适应等级的累进税率计算纳税，当征税对象提高到一个新的级距时，对其全额都提高到一级新的与之相适应的税率计算纳税。它的计算方法简单，但存在累进分界点上税负呈跳跃式递增、税负不尽合理的弊端。

（2）超额累进税率是把征税对象按数额大小划分为若干等级，从低到高对每个等级分别规定相应的税率，一定数额的征税对象可以同时适用几个等级的税率，每超过一级，超过部分按提高一级的税率计税，分别计算各等级税额，各等级应纳税额之和，就是纳税人的应纳税额。它的累进程度比较缓和，在计算上比较复杂。比如，目前我国个人所得税中工资薪金所得的税率采用的就是超额累进税率。

（3）超率累进税率是以征税对象的某种比率为累进依据，按超额累进方式计算应纳税额的税率。它与超额累进税率在原理上相同，不过税率累进的依据不是绝对数，而是销售利润率、增值率等相对数。比如，目前我国土地增值税采用的四级超率累进税率就是以增值率作为税率累进依据的。

5. **纳税环节**

纳税环节是指对处于不断运动中的纳税对象选定的应当缴纳税款的环节。每个税种都有其特定的纳税环节,有的纳税环节单一,有的需要在不同环节分别纳税。凡只在一个环节纳税的称为“一次课征制”,比如,我国的资源税只在开采环节征税;凡在两个环节征税的称为“两次课征制”;凡在两个以上环节征税的称为“多次课征制”,比如,我国的增值税在商品流通的每一个环节都要纳税。

6. **纳税期限**

纳税期限是指纳税人在发生纳税义务后,应向税务机关申报纳税并解缴税款的起止时间。超过期限未交税的属于欠税,应依法加收滞纳金。各税种由于自身的特点不同,有着不同的纳税期限,一般分为按期纳税和按次纳税两种形式。比如,我国增值税规定的纳税期限分别为 1 日、3 日、5 日、10 日、15 日、1 个月或者 1 个季度,以 1 个月或者 1 个季度为一个纳税期的,自期满之日起 15 日内申报纳税;以 5 日、10 日或者 15 日为一个纳税期的,自期满之日起 5 日内预缴税款,于次月 1 日起 15 日内申报纳税并结清上月应纳税款;不能按照固定期限纳税的,可以按次纳税。

7. **纳税地点**

纳税地点是指按照税法规定向征税机关申报纳税的具体地点。它说明纳税人应向哪里的征税机关申报纳税以及哪里的征税机关有权进行税收管辖的问题。我国税法上规定的纳税地点主要是机构所在地、经济活动发生地、财产所在地、报关地等。

8. **税收减免**

税收减免是减税和免税的合称,是对某些纳税人或征税对象的鼓励或照顾措施。减税是对应纳税额少征一部分税款,而免税则是对应纳税额全部免征税款。减免税体现了税收在原则性基础上的灵活性,是构成税收优惠的主要内容,具体可分为税基式减免、税率式减免和税额式减免三种形式。

(1)税基式减免是通过直接缩小计税依据的方式来实现的减税免税。税基式减免涉及的概念包括起征点、免征额、项目扣除以及跨期结转等。

①起征点是计税依据达到税法规定数额开始征税的起点,对计税

依据数额未达到起征点的不征税，达到起征点的按全部数额征税。

②免征额是在计税依据总额中免予征税的数额，它是按照一定标准从计税依据总额中预先减除的数额。比如，个人所得税工资薪金所得的免征额为 5 000 元。项目扣除则是指在计税依据中扣除一定项目的数额，以其余额作为依据计算税额。跨期结转是指将以前纳税年度的经营亏损从本纳税年度经营利润中扣除。

注意起征点和免征额的区别。

（2）税率式减免即通过直接降低税率的方式实现的减税免税。比如，国家需要重点扶持的高新技术企业适用的税率为 15%。

（3）税额式减免即通过直接减少应纳税额的方式实现的减税免税，包括全部免征、减半征收等。

**9. 税收加征**

税收加征形式包括地方附加、加成征收、加倍征收等。

（1）地方附加简称“附加”，是地方政府按照规定的比例随同正税一起征收的列入地方预算外收入的一种款项。税收附加是对税种的附加，以正税税额为依据，按规定的附加率计算附加额。

（2）加成是指按法定税率计算出应纳税额后，再以应纳税额为依据加征一定成数的税额。加征一成相当于应纳税额的 10%，加征成数一般规定在 1 成至 10 成之间。

（3）加倍是指按法定税率计算出应纳税额后，再以应纳税额为依据加征一定倍数的税额。加征 10 成即为加征 1 倍。

无论是附加、加成还是加倍，都增加了纳税人的负担，但其目的不同，实行地方附加是为了给地方政府筹措一定的机动财力，用于发展地方建设事业。实行加成和加倍则是为了调节和限制某些纳税人获取过多的收入或者是对纳税人违章行为进行处罚措施。

**10. 违章处理**

违章处理是对纳税人发生违反税法行为采取的惩罚措施，它是税收强制性的体现。纳税人必须依法及时足额地缴纳税款，凡有拖欠税款、逾期不交、偷税漏税等违反税法的行为，都应受到制裁。违章处理的措施主要有加收滞纳金、处以罚款、税收保全措施、税收强制执行措施等。

## 二、税收分类

### （一）按征税对象分类

按征税对象分类是税收最基本和最主要的分类方法，可将税收分为流转税、所得税、财产税、行为税、资源税。

（1）流转税类是指以商品或劳务的流转额为征税对象征收的一类税。这是我国现行税制中最大的一类税收，涉及商品的生产和流通各个环节，主要有增值税、消费税、关税。

（2）所得税类是指以所得额为征税对象征收的一类税。所得额是指全部收入减除为取得收入所耗费的各项成本费用后的余额。我国现行税制中属于所得税类的主要有企业所得税、个人所得税。

（3）财产税类是指以纳税人所拥有或使用的财产为征税对象征收的一类税，主要有房产税、车船税、车辆购置税。

（4）行为税类是指以纳税人的某些特定行为为征税对象征收的一类税，主要有城市维护建设税、印花税、城镇土地使用税、契税、耕地占用税。

（5）资源税类是指对开发、利用和占有国有自然资源的单位和个人征收的一种税，主要有资源税、土地增值税。

### （二）按税收与价格的关系分类

按税收与价格的关系划分，税收可分为价内税和价外税。

（1）价内税是指税款包含在应税商品价格（计税依据）内，商品价格由"成本+利润+税金"构成的一类税，比如，我国现行的消费税、关税等。

（2）价外税是指税款不包含在应税商品价格（计税依据）之内，商品价格仅由成本和利润构成，价税分离的一类税，比如，我国现行的增值税就是一种典型的价外税。

### （三）按计税依据分类

按计税依据不同，税收可分为从价税和从量税。

（1）从价税是指以征税对象的价值、价格与金额为标准，按一定比例征收的一类税，从价税实行比例税率和累进税率，比如，我国现行的增值税、企业所得税、个人所得税等税种都属于从价税。

（2）从量税是指以征税对象的一定数量单位（重量、件数、容积、面积、长度等）为标准，按固定税额计征的一类税，比如，我国现行的资源税、车船税、城镇土地使用税等都属于从量税。

### （四）按税负能否转嫁分类

按税负能否转嫁，税收可以分为直接税和间接税。

（1）直接税是指纳税人本身承担税负，不发生税负转嫁关系的一类税。直接税的纳税人即负税人，比如所得税、财产税等。

（2）间接税是指纳税人本身不是负税人，可将税负转嫁给他人的一类税。间接税的纳税人与负税人不一致，比如增值税、消费税、关税等流转税。

### （五）按税收管理与使用权限分类

按税收管理与使用权限的不同，税收可以分为中央税、地方税、中央地方共享税。

（1）中央税是指管理权限归中央，税收收入归中央支配和使用的税种。

（2）地方税是指管理权限归地方，税收收入归地方支配和使用的税种。

中央和地方共享税则是指主要管理权限归中央，税收收入由中央政府和地方政府共同享有，按一定比例分成的税种。

**知识加油站**

财政部税务总局 科技部 教育部关于继续实施科技企业孵化器、大学科技园和众创空间有关税收政策的公告

为继续鼓励创业创新，现将科技企业孵化器、大学科技园、众创空间有关税收政策公告如下。

一、对国家级、省级科技企业孵化器、大学科技园和国家备案众创空间自用以及无偿或通过出租等方式提供给在孵对象使用的房产、土地，免征房产税和城镇土地使用税；对其向在孵对象提供孵化服务取得的收入，免征增值税。

本公告所称孵化服务是指为在孵对象提供的经纪代理、经营租赁、研发和技术、信息技术、鉴证咨询服务。

二、国家级、省级科技企业孵化器、大学科技园和国家备案众创空间应当单独核算孵化服务收入。

三、国家级科技企业孵化器、大学科技园和国家备案众创空间认定和管理办法由国务院科技、教育部门另行发布；省级科技企业孵化器、大学科技园认定和管理办法由省级科技、教育部门另行发布。

本公告所称在孵对象是指符合前款认定和管理办法规定的孵化企业、创业团队和个人。

四、国家级、省级科技企业孵化器、大学科技园和国家备案众创空间应按规定申报享受免税政策，并将房产土地权属资料、房产原值资料、房产土地租赁合同、孵化协议等留存备查，税务部门依法加强后续管理。

2018 年 12 月 31 日以前认定的国家级科技企业孵化器、大学科技园，以及 2019 年 1 月 1 日至 2023 年 12 月 31 日认定的国家级、省级科技企业孵化器、大学科技园和国家备案众创空间，自 2024 年 1 月 1 日起继续享受本公告规定的税收优惠政策。2024 年 1 月 1 日以后认定的国家级、省级科技企业孵化器、大学科技园和国家备案众创空间，自认定之日次月起享受本公告规定的税收优惠政策。被取消资格的，自取消资格之日次月起停止享受本公告规定的税收优惠政策。

五、科技、教育和税务部门应建立信息共享机制，及时共享国家级、省级科技企业孵化器、大学科技园和国家备案众创空间相关信息，加强协调配合，保障优惠政策落实到位。

六、本公告执行期限为 2024 年 1 月 1 日至 2027 年 12 月 31 日。

——财政部 税务总局 科技部 教育部《关于继续实施科技企业孵化器、大学科技园和众创空间有关税收政策的公告》[①]

① 资料来源：财政部 税务总局 科技部 教育部公告 2023 年第 42 号，《关于继续实施科技企业孵化器、大学科技园和众创空间有关税收政策的公告》。

# 情境二　流转税

微课 25:几大税种简介

## 一、增值税

### (一)增值税的基本概念与类型

**1. 增值税的基本概念**

增值税是对在我国境内销售货物或者提供加工、修理修配劳务,以及进口货物的单位和个人,就其取得的增值额为征税对象征收的一种税。

从计税原理而言,增值税是对商品生产和流通各环节的新增价值或商品附加值进行征税,所以谓之“增值税”。然而,在税收征管实际中,由于新增价值或商品附加值在商品流转过程中是一个难以准确计算的数据。因此,实行增值税的国家或地区一般都采用间接计算办法,即从事货物销售以及提供应税劳务的纳税人,要根据货物或应税劳务的销售额,按照规定的税率计算税款,然后从中扣除外购商品或劳务的已纳税款,其余额即为纳税人应缴纳的增值税税款。这种计算办法同样体现了对新增价值征税的原则。

**2. 增值税的类型**

增值税分为生产型增值税、收入型增值税、消费型增值税。

(1)生产型增值税,是指对购进固定资产价款,不允许作任何扣除,其折旧作为增值额的一部分。其税基,即计算应纳税额的基数,相当于国民生产总值,故称为生产型增值税。

(2)收入型增值税,是指对购进固定资产价款,只允许扣除当期应计入产品成本的折旧部分。其税基相当于国民收入,故称为收入型增值税。

(3)消费型增值税,是指对当期购进用于生产应税产品的固定资产价款,允许从当期增值额中一次全部扣除。这等于只对消费品价值征税,相当于国民经济整体中的消费资料,故称为消费型增值税。

2009 年 1 月 1 日我国增值税已全部转型为消费型。

**知识加油站**

2022年，中国加大对增值税小规模纳税人支持力度，自2022年4月1日至2022年12月31日，对小规模纳税人适用3%征收率的应税销售收入，免征增值税；对适用3%预征率的预缴增值税项目，暂停预缴增值税。

近年来，中国持续加大对小微企业的税收支持力度。国家税务总局货物和劳务税司副司长刘运毛介绍，2021年，将增值税起征点提高至月销售额15万元（人民币，下同）。2020年疫情发生以来至今年3月底，实施3%征收率减按1%征收政策。此前月销售额在15万元以上，超过起征点不能享受免税政策的小规模纳税人，今年也可以享受免税，税负降到零，为纳税人节约了宝贵的资金，帮助企业渡难关，纾困力度大。

国家税务总局2022年3月31日公布的数据显示，今年推出的小规模纳税人免征增值税政策受益对象多。目前全国共有小规模纳税人超过6 000万户，今年新的小规模纳税人阶段性免征增值税政策出台后，叠加现有的起征点等增值税优惠措施，几乎覆盖所有小规模纳税人。

国家税务总局介绍，在前期工作的基础上，税务机关对开票、申报系统进行了优化升级，增加纳税人享受免税政策的提示功能，帮助纳税人便捷享受政策，最大限度避免错填、漏享。

小规模纳税人免征增值税政策的同时，2022年1月1日至2024年12月31日，各省（自治区、直辖市）可对增值税小规模纳税人、小型微利企业和个体工商户在50%的税额幅度内减征资源税、城市维护建设税、房产税、城镇土地使用税、印花税（不含证券交易印花税）、耕地占用税和教育费附加、地方教育附加，即“六税两费”减免政策。

国家税务总局财产和行为税司副司长刘宜在3月31日举行的“税务讲堂”上介绍，“六税两费”减免政策适用范围由增值税小规模纳税人扩大至全部小型微利企业和个体工商户。本次减免优惠继续实行自行申报享受方式，纳税人不需额外提交资料。

——《中国6 000多万户小规模纳税人免征增值税》[①]

**3. 增值税的特点**

1）不重复征税

增值税实行税款抵扣制度，在计算企业应纳税额时，要扣除商品在以前生产环节已负担的税款，也就是只对属于本企业创造的尚未征过税的那部分销售额征税，这避免了重复征税。

2）环环征税、税基广泛

从商品的生产开始，一直延伸到商品的批发和零售等经济活动的各个环节，在每一个生产流通环节都要征收增值税，使增值税能够拥有较其他间接税更广泛的纳税人。

增值税体现了多个环节征税的特点。

3）税负公平

根据增值税的计税原理，流转额中的非增值因素在计税时被扣除。因此，对同一商品而言，无论流转环节的多少，只要增值额相同，税负就相等，体现了公平税负，有利于平等竞争。

4）价外计征

增值税实行价税分离，在计税时作为计税依据的销售额中不包含增值税税额，这样有利于形成均衡的生产价格，并有利于税负转嫁的实现。这是增值税与传统的以全部流转额为计税依据的一个重要区别。

（二）增值税的纳税义务人

凡是在我国境内销售货物或者提供加工、修理修配劳务，以及进口货物的单位和个人，都是增值税的纳税义务人。

为了配合增值税专用发票的管理，按照经营规模大小和会计核算是否健全，增值税的纳税人可以划分为一般纳税人和小规模纳税人。对一般纳税人实行凭票扣税的计税方法（也称为抵扣制）；对小规模纳

① 资料来源：中国新闻网，《中国6 000多万户小规模纳税人免征增值税》。

税人实行按销售额和征收率简易计税和征收管理办法。

**1. 小规模纳税人**

小规模纳税人是指年应征增值税销售额（以下简称年应税销售额）在规定标准以下，并且会计核算不健全，不能按规定报送有关税务资料的增值税纳税人。年应税销售额，是指纳税人在连续不超过12个月的经营期内累计应征增值税销售额，包括免税销售额。会计核算不健全，是指不能正确核算增值税的销项税额、进项税额和应纳税额。

**2. 一般纳税人**

一般纳税人是指年应税销售额超过小规模纳税人标准，并且会计核算健全，能够提供准确税务资料的企业和企业性单位。

### （三）增值税的征税范围

我国现行增值税的征税范围是在我国境内销售货物或者提供加工、修理修配劳务，以及进口货物。

（1）在境内销售货物。销售货物，是指有偿转让货物的所有权。货物是指有形动产，包括电力、热力、气体在内，不包括无形资产和不动产。

（2）在境内提供加工、修理修配劳务。提供加工、修理修配是指有偿提供。加工是指受托加工货物，即委托方提供原料及主要材料，受托方按照委托方的要求制造货物并收取加工费的业务。修理修配是指受托对损伤和丧失功能的货物进行修复，使其恢复原状和功能的业务。单位或个体工商户聘用的员工为本单位或雇主提供加工、修理修配劳务的，不包括在内。

（3）进口货物。凡报关进口的应税货物，无论进口后是自用还是销售，均应在进口环节征收增值税（享受免税政策的货物除外）。

### （四）增值税的税率和征收率

为了适应市场经济发展的要求，增值税税率的设计遵循了中性和简便的原则。现行增值税设计了基本税率、低税率和零税率三档税率，以及按简易办法计税的征收率。

**1. 税率**

（1）适用13%税率。一般纳税人销售货物、劳务、有形动产租赁服务或者进口货物，除低税率和零税率适用范围外，税率为13%。

（2）适用9%税率。纳税人销售交通运输、邮政、基础电信、建筑、不动产租赁服务、销售不动产，转让土地使用权，销售或者进口下列货物税率为9%：

①粮食等农产品、食用植物油、食用盐；

②自来水、暖气、冷气、热水、煤气、石油液化气、天然气、二甲醚、沼气、居民用煤炭制品；

③图书、报纸、杂志、音像制品、电子出版物；

④饲料、化肥、农药、农机、农膜；

⑤国务院规定的其他货物的税率界定。

（3）适用6%税率。销售人销售服务、无形资产，除适用13%、9%和零税率另有规定外，税率为6%。下列情况也按6%的税率征收增值税：

①纳税人通过省级土地行政主管部门设立的交易平台转让补充耕地指标，按照“销售无形资产”缴纳增值税，税率为6%；

②采取填埋、焚烧等方式进行专业化处理后未产生货物的，受托方属于提供“现代服务”中的“专业技术服务”，其收取的处理费用适用6%的增值税税率；

③采取填埋、焚烧等方式进行专业化处理后产生货物，且货物归属受托方的，受托方属于提供“专业技术服务”，其收取的处理费用适用6%的增值税税率。受托方将产生的货物用于销售时，适用货物的增值税税率。

（4）适用出口货物零税率。纳税人出口货物，税率为零。但是国务院另有规定的除外。

（5）适用跨境销售服务、无形资产零税率。境内单位和个人跨境销售国务院规定范围内的服务、无形资产，税率为零。根据“营改增通知”的相关规定，服务、无形资产的零税率政策如下。

①国际运输服务。国际运输服务，是指：在境内载运旅客或者货物出境；在境外载运旅客或者货物入境；在境外载运旅客或者货物。

②航天运输服务。

③向境外单位提供的完全在境外消费的下列服务：研发服务；合同能源管理服务；设计服务；广播影视节目（作品）的制作和发行服务；软件服务；电路设计及测试服务；信息系统服务；业务流程管理服务；离岸服务外包业务。离岸服务外包业务，包括信息技术外包服务、技术性业

务流程外包服务、技术性知识流程外包服务，其所涉及的具体业务活动，按照《销售服务、无形资产、不动产注释》相对应的业务活动执行；转让技术。

④财政部和国家税务总局规定的其他服务。

**2. 其他零税率政策**

（1）按照国家有关规定应取得相关资质的国际运输服务项目，纳税人取得相关资质的，适用增值税零税率政策，未取得的，适用增值税免税政策。

（2）境内的单位或个人提供程租服务，如果租赁的交通工具用于国际运输服务和港澳台运输服务，由出租方按规定申请适用增值税零税率。

（3）境内的单位和个人向境内单位或个人提供期租、湿租服务，如果承租方利用租赁的交通工具向其他单位或个人提供国际运输服务和港澳台运输服务，由承租方适用增值税零税率。境内的单位或个人向境外单位或个人提供期租、湿租服务，由出租方适用增值税零税率。

（4）境内单位和个人以无运输工具承运方式提供的国际运输服务，由境内实际承运人适用增值税零税率；无运输工具承运业务的经营者适用增值税免税政策。

（5）境内单位和个人发生的与香港、澳门、台湾有关的应税行为，除另有规定外，参照上述规定执行。

**3. 征收率**

增值税征收率适用于两种情况：一是小规模纳税人，二是一般纳税人发生应税销售行为按规定可以选择简易计税方法计税的。征收率一般为5%，也有使用3%的情况。

## 二、消费税

### （一）消费税的基本概念和特点

**1. 消费税的基本概念**

消费税是对我国境内从事生产、委托加工和进口应税消费品的单位和个人，就其销售额或销售数量，在特定环节征收的一种税。简单地说，消费税是对特定的消费品和消费行为征收的一种税。

消费税是世界各国广泛实行的税种。我国的消费税是1994年税制改革中新设置的税种。它是由原产品税脱胎出来的，与实行普遍征收的增值税配套，是国家对某些产品进行特殊调节而设立的税种。

**2. 消费税的特点**

一般来说，消费税的征税对象主要是与居民消费相关的最终消费品和消费行为。与其他税种比较，消费税具有如下几个特点。

1）征税范围具有选择性

各国目前征收的消费税实际上都属于对特定消费品或消费行为征收的税种。尽管各国的征税范围宽窄不一，但都是在人们普遍消费的大量消费品或消费行为中有选择地确定若干个征税项目，在税法中列举征税。为适应我国目前产业结构、消费水平和消费结构以及节能、环保等方面的要求，从 2006 年 4 月 1 日起，消费税的征收范围进行了增减调整，调整后的消费税税目共计 14 个。

2）征税环节具有单一性

消费税是在生产、委托加工和进口或消费的某一环节一次征收，而不是在消费品生产、委托加工和进口或消费的每一个环节多次征收，即通常所说的一次课征制。

消费税体现了单一环节征税的特点。

3）征税方法具有多样性

消费税的计税方法比较灵活，为适应不同应税消费品的情况，在征收方法上有所不同，有些产品采取从价定率的方式征收；有些产品则采取从量定额的方式征收；还有些产品在实行从价定率征收的同时，还对其从量定额征收。

4）税收调节具有特殊性

消费税属于国家运用税收杠杆对某些消费品或消费行为进行特殊调节的税种。这一特殊性表现在两个方面：一是不同征税项目税负差异较大，对需要限制或控制消费的消费品规定较高的税率，体现特殊的调节目的；二是消费税往往同有关税种配合实行加重或双重调节，通常采取增值税与消费税双重调节的办法，在征收增值税的同时，再征收一道消费税，形成一种特殊的对消费品进行双层次调节的税收调节体系。

5）税收负担具有转嫁性

消费税是一种价内税，不论在哪一个环节征收，消费品价格中所含的消费税税款最终都要转嫁到消费者身上，由消费者负担，税负具有转嫁性。

### （二）消费税纳税义务人和征税范围

**1. 纳税义务人**

根据《中华人民共和国消费税暂行条例》（以下简称《消费税暂行条例》）的规定，消费税的纳税义务人为：在中华人民共和国境内生产、委托加工和进口应税消费品的单位和个人，以及国务院确定的销售应税消费品的其他单位和个人。“中华人民共和国境内”是指生产、委托加工和进口应税消费品的起运地或所在地在境内。“单位”是指国有企业（包括国有企业、集体企业、私营企业、股份制企业、外商投资企业、外国企业和其他企业）以及行政单位、事业单位、军事单位、社会团体及其他单位。“个人”是指个体经营者及其他个人。

委托加工的应税消费品由受托方提货时代收代缴（受托方为个体经营者除外）；自产自用的应税消费品，由自产自用单位和个人在移送使用时缴纳消费税。

**2. 征税范围**

根据《消费税暂行条例》的规定，消费税的征税范围为：在中华人民共和国境内生产、委托加工和进口本条例规定的消费品的单位和个人，以及国务院确定的销售本条例规定的消费品的其他单位和个人。

确定消费税征税范围的原则是：立足于我国的经济发展水平、国家的消费税政策和产业政策，充分考虑人民的生活水平、消费水平和消费结构状况，注重保证国家财政收入的稳定增长，并适当借鉴国外征收消费税的成功经验和国际通行做法。具体分为五类：

（1）过度消费会对人身健康、社会秩序、生态环境等方面造成危害的特殊消费品，如烟、酒、鞭炮、焰火等；

（2）非生活必需品，如化妆品、贵重首饰、珠宝玉石等；

（3）高能耗及高档消费品，如小汽车、游艇等；

（4）使用和消耗不可再生和替代的稀缺资源的消费品，如成品油、实木地板等；

（5）税基广、消费普遍、征收后不影响居民基本生活并能增加财政收入的消费品，如汽车轮胎等。

消费税的征税范围并不是一成不变的，随着我国经济的发展，今后还可以根据国家的政策和经济情况及消费税结构的变化适当调整。

### （三）消费税的税目

消费税的征税范围包括烟、酒、鞭炮、焰火、化妆品、成品油、贵重首饰及珠宝玉石、高尔夫球及球具、高档手表、游艇、木制一次性筷子、实木地板、摩托车、小汽车、电池、涂料等税目，有的税目还进一步划分若干子目。

### （四）消费税的税率

消费税实行比例税率、定额税率（即单位税额）两种形式。一般情况下，对一种消费品只选择一种税率形式，但为了更有效地保全消费税税基，对某些应税消费品如卷烟、白酒，则采用了定额税率和比例税率双重征收形式。

## 三、关税

### （一）关税的基本概念

关税是海关对进出境货物、物品征收的一种税。所谓“境”指关境，又称“海关境域”或“关税领域”，是《中华人民共和国海关法》全面实施的领域。关税包括进口税、出口税和过境税三种。

### （二）进出口税则

进出口税则是一国政府根据国家关税政策和经济政策，通过一定的立法程序制定、公布、实施的进出口货物和物品应税的关税税率表。进出口税则以税率表为主体，通常还包括实施税则的法令、使用税则的有关说明和附录等。

### （三）全部产地生产标准

全部产地生产标准是指进口货物“完全在一个国家内生产或制造”，生产或制造国即为该货物的原产国。

### （四）实质性加工标准

实质性加工标准是适用于确定有两个或两个以上国家参与生产的产品的原产国的标准，其基本含义是：经过几个国家加工、制造的进口货物，以最后一个对货物进行经济上可以视为实质性加工的国家作为有关货物的原产国。“实质性加工”是指产品加工后，在进出口税则中四位数税号一级的税则归类已经有了改变，或者加工增值部分所占新产品总值的比例已超过30%及以上的。

### (五)关税完税价格

经海关审查并确定作为课税标准,据以计征关税的货物价格称为完税价格。海关确定货物的完税价格的过程称为海关估价。海关估价有三个基本构成要素,即价格准则、价格审核和价格确定。海关估价可以分为进口货物估价、出口货物估价和进出境物品估价。

#### 1. 征税对象

关税征收的对象是准许进出境的货物和物品。货物是指贸易性的进出口商品;物品是指入境旅客随身携带的行李物品、个人邮递物品、各种运输工具上的服务人员携带进口的自用物品、馈赠物品以及以其他方式进境的个人物品。

#### 2. 纳税义务人

进口货物的收货人、出口货物的发货人、进出境物品的所有人,是关税的纳税义务人。进出口货物的收、发货人是依法取得对外贸易经营权,并进口或者出口货物的法人或者是其他社会团体。进出境物品的所有人包括该物品的所有人和推定为所有人的人。一般情况下,对于携带进境的物品,推定其携带人为所有人;对分离运输的行李,推定相应的进出境旅客为所有人;对以邮递方式进境的物品,推定其收件人为所有人;以邮递或其他运输方式出境的物品,推定其寄件人或托运人为所有人。

### (六)进口关税税率

#### 1. 种类

进口关税分为最惠国税率、协定税率、特惠税率、普通税率、关税配额税率共五种税率,一定时期内可实行暂定税率。

(1)最惠国税率,适用原产于与我国共同适用最惠国待遇条款的世界贸易组织成员的进口货物;或原产于与我国签订有相互给予最惠国待遇条款的双边贸易协定的国家或地区的进口货物。

(2)协定税率,适用原产于我国参加的含有关税优惠条款的区域性贸易协定的有关缔约方的进口货物。

(3)特惠税率,适用原产于与我国签订有特殊优惠关税协定的国家或地区的进口货物。

(4)普通税率,适用原产于上述国家或地区以外的国家或地区的进口货物。

适用最惠国税率的进口货物有暂定税率的,应当适用暂定税率;适用协定税率、特惠税率的进口货物有暂定税率的,应当从低适用税率;适用普通税率的进口货物,不适用暂定税率。

2. 计征办法

进口商品多数实行从价税,对部分产品实行从量税、复合税、滑准税。

(1)从量税是以进口商品的重量、长度、容量、面积等计量单位为计税依据。

(2)复合税是对某种进口商品同时使用从价和从量计征的一种计征关税的方法。

(3)滑准税是一种关税税率随进口商品价格由高到低反而由低到高设置计征关税的方法。

### (七)出口关税税率

国家仅对少数资源性产品及易于竞相杀价、盲目出口、需要规范出口秩序的半成品征收出口关税。

### (八)特别关税

特别关税包括报复性关税、反倾销税与反补贴税、保障性关税。

(1)报复性关税,是指为报复他国对本国出口货物的关税歧视,而对相关国家的进口货物征收的一种进口附加税。

(2)反倾销税与反补贴税,是指进口国海关对外国的倾销商品,在征收关税的同时附加征收的一种特别关税,其目的在于抵销他国补贴。

(3)保障性关税,是指当某类商品进口量剧增,对我国相关产业带来巨大威胁或损害时,按照 WTO 有关规则,可以启动一般保障措施,即在与实质利益的国家或地区进行磋商后,在一定时期内提高该项商品的进口关税或采取数量限制措施,以保护国内相关产业不受损害。

### (九)税率的运用

《中华人民共和国进出口关税条例》规定,进出口货物应当按照税则规定的归类原则归入合适的税号,并按照适用的税率征税。

(1)进出口货物,应当按照纳税义务人申报进口或者出口之日实施的税率征税。

（2）进口货物到达前，经海关核准先行申报的，应当按照装载此项货物的运输工具申报进境之日实施的税率征税。

（3）进出口货物的补税和退税，除税法规定的特别情况外，适用该进出口货物原申报进口或者出口之日所实施的税率。

（十）税收优惠

关税减免是对某些纳税人和征税对象给予鼓励和照顾的一种特殊调节手段。关税减免分为法定减免、特定减免和临时减免。

（十一）关税的申报

进口货物应自运输工具申报进境之日起 14 日内，由收货人或其代理人向海关申报；出口货物应自货物运抵海关监管区后装货的 24 小时以前向海关申报。

进出口货物收发货人或其代理人向海关办理进出口手续时，填写进口货物报关单或出口货物报关单，同时提供批准货物进出口的许可证和有关的货运商业票据，海关据此审查货物进出口的合法性，确定关税的征收或减免，编制海关统计。

## 情境三　所得税

### 一、企业所得税

（一）概念与特征

企业所得税是以企业取得的企业生产经营所得和其他所得为征税对象所征收的一种税。它是规范和处理国家与企业分配关系的重要形式。企业所得税具有以下显著特点。

**1. 征税范围广**

在中国境内的企业和其他取得收入的组织都是企业所得税的纳税人，其征税对象包括生产经营所得和其他所得。因此，企业所得税具有征收上的广泛性。

**2. 税负公平**

企业所得税对企业和其他组织不分所有制，不分地区、行业和层次，实行统一的比例税率，而且企业所得税的负担与纳税人所得多少直接关联，即“所得多的多征、所得少的少征、无所得的不征”。因此，企业所得税是能较好体现公平税负和税收中性的一个良性税种。

**3. 税基约束力强**

企业所得税的税基是应纳税所得额，即纳税人每个纳税年度的收入总额减去准予扣除项目金额之后的余额，计算时涉及纳税人财务会计核算的各个方面，与企业会计核算关系密切。为了保护税基，国家明确了收入总额、扣除项目金额的具体内容以及资产的具体税务处理办法，使应税所得额的计算相对独立于企业的会计核算，体现了税法的强制性与统一性。

**4. 纳税人与负税人一致**

企业所得税属于企业的终端税种，纳税人缴纳的所得税一般不易转嫁，而由纳税人自己负担，有会计利润总额的基础上，扣除企业所得税后的余额为企业生产经营的净利润。

（二）应税所得额

应税所得额也称应纳税所得额，是指纳税人每一纳税年度的收入总额减除不征税收入、免税收入、各项扣除以及允许弥补的以前年度亏损后的余额，是计算应纳所得税额的依据。应税所得额的计算以权责发生制为原则，属于当期的收入和费用，不论款项是否收付，均作为当期的收入和费用；不属于当期的收入和费用，即使款项已经在当期收付，均不作为当期的收入和费用。

（三）应纳所得税额

应纳所得税额是企业的应纳税所得额乘以适用税率减除税收优惠规定的减免和抵免税额后的余额。应纳税额的多少，取决于应纳税所得额和适用税率两个因素。

（四）汇算清缴

汇算清缴，是指纳税人自纳税年度终了之日起 5 个月内或实际经营终止之日起 60 日内，依照税收法律、法规、规章及其他有关企业所得税的规定，自行计算本纳税年度应纳税所得额和应纳所得税额，根据月度或季度预缴企业所得税的数额，确定该纳税年度应补或者应退税额，并填写企业所得税年度纳税申报表，向主管税务机关办理企业所得税年度纳税申报、提供税务机关要求提供的有关资料、结清全年企业所得税税款的行为。

### （五）企业所得税的纳税人

企业所得税的纳税人为在中华人民共和国境内，企业和其他取得收入的组织（以下统称企业）。除个人独资企业、合伙企业不征收企业所得税外，其他企业均为企业所得税的纳税人，分为居民企业和非居民企业。

**1. 居民企业**

居民企业是指依照中国法律、法规在中国境内成立，或者实际管理机构、总机构在中国境内的企业。实际管理机构，是指对企业的生产经营、人员、账务、财产等实施实质性全面管理和控制的机构。例如，在我国注册成立的沃尔玛（中国）公司、通用汽车（中国）公司，就是我国的居民企业；在英国、百慕大群岛等国家和地区注册的公司，但实际管理机构在我国境内的，也是我国的居民企业。

**2. 非居民企业**

非居民企业是指按照中国税法规定不符合居民企业标准的企业，即依照外国（地区）法律、法规成立且实际管理机构不在中国境内，但在中国境内设立机构、场所的，或者在中国境内未设立机构、场所，但有来源于中国境内所得的企业。例如，在我国设立的代表处及其他分支机构等外国企业。

对中国境内未设立机构、场所的非居民企业或者虽设立机构、场所但取得的所得与其所设机构、场所没有实际联系的中国境内所得应缴纳的所得税，实行源泉扣缴，以支付人为扣缴义务人，税款由扣缴义务人在每次支付或者到期应支付时，从支付或者到期应支付的款项中扣缴；对非居民企业在中国境内取得工程作业和劳务所得应缴纳的所得税，税务机关可以指定工程价款或者劳务费的支付人为扣缴义务人；扣缴义务人未依法扣缴或者无法履行扣缴义务的，由纳税人在所得发生地缴纳。纳税人未依法缴纳的，税务机关可以从该纳税人在中国境内其他收入项目的支付人应付的款项中，追缴该纳税人的应纳税款。

### （六）企业所得税的征税对象

企业所得税的征税对象为在中国境内企业的生产经营所得和其他所得。

所谓生产经营所得是指企业从事物质生产、商品流通、交通运输、劳动服务以及其他营利事业取得的境内外所得。其他所得包括企业有偿转让各类财产取得的财产转让所得；纳税人购买各种有价证券取得的利息及因外单位欠款取得的利息所得；纳税人出租固定资产、包装物等取得的租赁所得；纳税人因提供转让专利权、非专利技术、商标权、著作权等取得的特许权使用费所得；纳税人对外投资入股取得的股息、红利所得以及固定资产盘盈、因债权人原因确实无法支付的应付款项、物资及现金溢余等取得的其他所得。

### （七）企业所得税的税率

我国企业所得税实行的是比例税率，基本税率为25%，适用于居民企业和在中国境内设有机构、场所且所得与机构、场所有关联的非居民企业。现行企业所得税基本税率设定为25%，既考虑了我国财政承受能力，又考虑了企业负担水平。低税率为20%，适用于在中国境内未设立机构、场所的，或者虽设立机构、场所但取得的所得与其所设机构、场所没有实际联系的非居民企业，但实际征税时使用10%的税率。

## 二、个人所得税

### （一）个人所得税的历史沿革

个人所得税是以个人（自然人）取得的各项应税所得为征税对象所征收的一种税。

我国于1980年9月10日通过了《中华人民共和国个人所得税法》。这是新中国成立以后制定的第一部个人所得税法。之后，全国人民代表大会常务委员会分别于1993年10月31日、1999年8月30日、2005年10月27日、2007年6月29日、2007年12月29日对《个人所得税法》进行了五次修正。2011年6月30日十一届全国人民代表大会常务委员会第二十一次会议，对《个人所得税法》进行了第六次修订，将工资薪金所得每月减除额从2 000元提高到3 500元，同时将九级超额累进税率修改为七级超额累进税率，第一级税率由5%降低为3%，从2011年9月1日起执行。2018年8月31日第十三届全国人民代表大会常务委员会第五次会议对《个人所得税法》进行了第七次修正。其中，工资薪金、劳务报酬、稿酬和特许权使用费等四项劳动性所得首次实行综合征税；起征点由每月 3 500 元提高至每月 5 000 元；首次增加子女教育支出、继续教育支出、大病医疗支出、住房贷款利息和住房租金等专项附加扣除；进一步优化调整税率结构，扩大较低档税率级距。

### （二）个人所得税的特点

我国目前个人所得税具有如下特点：

（1）实行分类征收；

（2）累进税率与比例税率并用；

（3）采取源泉扣税和申报纳税两种征税方法。

### （三）应税所得额和费用扣除标准

所得额也称应纳税所得额，个人所得税的应税所得额是个人的各项所得减除费用扣除标准后的部分。

费用扣除标准是指税法规定的准予在课税对象中扣除的免予征税的标准数额。在个人所得税法中，免于征税的部分是指“为取得收入所必需的费用”和“为了维持生计所必需的费用”。凡是规定有费用扣除标准的，对费用扣除标准以内部分不征税，仅就超过费用扣除标准的部分征税。

**1. 超额累进税率**

超额累进税率是与“全额累进税率”相对应，是指对不同等级征税对象的数额每超过一个级距的部分，按照与之相适应的税率分别计算税额。其特点是同一个征税对象同时适用几个等级的税率，每超过一级，超过部分则按提高一级的税率征收，这样分别计算税额，各等级应纳税额之和就是纳税人的应纳税额。它的累进程度比较缓和，纳税人的税负比全额累进税率要轻一些。避免了全额累进税率在课税对象级距的分界点附近出现税收增加额超过课税对象增加额的不合理现象，但超额累进税率在计算上比较复杂。

**2. 应纳税额**

个人所得税的应纳税额是个人的各项所得，扣减费用扣除标准后的余额（即应税所得额），乘以适用税率后的金额。应纳税额的多少，取决于应纳税所得额和适用税率两个因素。

### （四）个人所得税的纳税人和扣缴义务人

所得税的纳税人按照住所和居住时间两个标准划分为居民纳税人

和非居民纳税人。

居民纳税人，是指在中国境内有住所，或者无住所而一个纳税年度内在中国境内居住累计满一百八十三天的个人，为居民个人。居民个人从中国境内和境外取得的所得，依照《个人所得税法》规定缴纳个人所得税。居民纳税义务人负有无限纳税义务，应就其来源于中国境内和境外的应纳税所得额缴纳个人所得税。非居民纳税义务人，是指在中国境内无住所又不居住，或者无住所而一个纳税年度内在中国境内居住累计不满一百八十三天的个人，为非居民个人。非居民个人从中国境内取得的所得，应就其来源于中国境内的所得，向中国缴纳个人所得税。

### （五）个人所得税的征税对象

个人所得税的征税对象包括：

（1）工资、薪金所得；

（2）劳务报酬所得；

（3）稿酬所得；

（4）特许权使用费所得；

（5）经营所得；

（6）利息、股息、红利所得；

（7）财产租赁所得；

（8）财产转让所得；

（9）偶然所得。

居民个人取得前款第一项至第四项所得（以下称综合所得），按纳税年度合并计算个人所得税；非居民个人取得前款第一项至第四项所得，按月或者按次分项计算个人所得税。纳税人取得前款第五项至第九项所得，依照《个人所得税法》规定分别计算个人所得税。

### （六）个人所得税的税率

#### 1. 综合所得

综合所得适用百分之三至百分之四十五的超额累进税率，见表10-1。

表 10-1　综合所得税率、速算扣除

| 级数 | 全年应纳税所得额 | 税率 |
| --- | --- | --- |
| 1 | 不超过 36 000 元的 | 3% |
| 2 | 超过 36 000 元至 144 000 元的部分 | 10% |
| 3 | 超过 144 000 元至 300 000 元的部分 | 20% |
| 4 | 超过 300 000 元至 420 000 元的部分 | 25% |
| 5 | 超过 420 000 元至 660 000 元的部分 | 30% |
| 6 | 超过 660 000 元至 960 000 元的部分 | 35% |
| 7 | 超过 960 000 元的部分 | 45% |

表中所称全年应纳税所得额是指居民个人取得综合所得以每一纳税年度收入额减除费用六万元以及专项扣除、专项附加扣除和依法确定的其他扣除后的余额。非居民个人取得工资、薪金所得，劳务报酬所得，稿酬所得和特许权使用费所得，依照本表按月换算后计算应纳税额。

**知识加油站**

在近日出炉的 2023 年度减税降费“账单”中，有一项和个人关系密切，那就是提高个税专项附加扣除标准政策的新增减税。统计显示，这项减税的规模达 391.8 亿元，反映出去年实施的提高 3 项专项附加扣除标准产生颇为丰厚的红利。

专项附加扣除来自 2019 年开始实施的新个税法，诸多纳税人从中受益。令人关注的是，这项改革持续推进，在 2022 年新设 3 岁以下婴幼儿照护的扣除项目之后，2023 年 1 月 1 日起，又大幅提高了 3 岁以下婴幼儿照护、子女教育和赡养老人 3 项专项附加扣除标准。这一直接惠及“上有老下有小”群体的政策，进一步减轻了居民生育、抚养和赡养的负担，充分体现了减税的精准性、有效性。

实际上，2023 年实施的个人所得税减税政策不仅仅是“一老一小”扣除政策。比如，延续实施全年一次性奖金单独计税、换购住房个人所得税退税、年度汇算清缴补税金额不超过 400 元可免于办理个税综合所得汇算清缴等优惠政策。这些政策直接关系一系列民生事项，有效减轻居民税收负担，增强居民消费能力。此外，在征管层面，个税汇缴优先保障“上有老下有小”、看病负担较重的纳税人快速获得退税红利，惠及超 3 300 万人。

个人所得税是和广大居民关系最密切的税种。2023 年个税改革一系列措施传递出明确信号，也就是个税改革逐步推进、深化，持续惠及百姓民生。中央经济工作会议提出，“要谋划新一轮财税体制改革”。个人所得税在新一轮财税体制改革中，如何进一步优化、完善，值得期待。

从方向上看，改革主要聚焦在两个方面，即优化个人所得税综合所得征收范围、完善专项附加扣除项目和标准。2019 年开始实施的个税改革，初步构建了综合与分类相结合的个税模式，这在税制改革史上具有里程碑意义。其中，综合所得的收入额包括工资薪金、劳务报酬、稿酬、特许权使用费，进行合并计征。除此之外，纳税收入还包括经营所得、利息、股息、红利所得、财产租赁所得、财产转让所得、偶然所得以及其他所得，实行分类计征。下一步，合理扩大综合所得征收范围，有利于促进税制更为公平、合理和科学。

实施专项附加扣除以来，已先后增加过一次项目、提高过一次标准。通过适当增加专项附加扣除项目、提高扣除标准，可以进一步减轻百姓民生支出的负担，更好地体现税收量能负担原则，让改革发展成果更多更公平惠及全体人民，进一步改善和保障民生。因此，有必要根据经济社会发展、民生支出变化情况，适时调整专项附加扣除范围和标准，让人民群众有更多获得感。

除了制度优化完善，个税改革红利的发挥上也离不开居民的依法规范办税，其中办理年度个税综合所得汇算清缴是重要一环。每年 3 月 1 日至 6 月 30 日，纳税人需汇总上一年度工资薪金、劳务报酬、稿酬、特许权使用费等 4 项综合所得合并计税，向税务机关办理汇算并结清应退或应补税款。通过规范、准确地办理汇算清缴，最终完成全年个税缴纳，一部分个人的专项附加扣除等优惠也在这个环节实现。新个税法实施至今，已开展过4次汇算，保持平稳有序。同时，也出现少数人通过虚假、错误填报收入或扣除，以达到多退税款或少缴税款目的等情况。种种不规范甚至违法的做法，影响个税制度顺利实施，个人也会面临不利后果。

个税与百姓生活息息相关，更关系国家治理现代化。随着个税制度更加完善，改革红利将更多惠及中低收入群体，收入调节功能也会进一步发挥，个税在国家治理中的作用更加凸显。

——《推动个税改革更好惠及民生》①

**2. 经营所得**

个体工商户（个人独资企业、合伙企业）生产经营所得适用百分之五至百分之三十五的超额累进税率，见表10-2。

表10-2 经营所得税率、速算扣除

| 级数 | 全年应纳税所得额 | 税率 |
|---|---|---|
| 1 | 不超过30 000元的 | 5% |
| 2 | 超过30 000元至90 000元的部分 | 10% |
| 3 | 超过90 000元至300 000元的部分 | 20% |
| 4 | 超过300 000元至500 000元的部分 | 30% |
| 5 | 超过500 000元的部分 | 35% |

表中所称全年应纳税所得额是指依照《个人所得税法》第六条的规定，以每一纳税年度的收入总额减除成本、费用以及损失后的余额。

**3. 其他所得**

利息、股息、红利所得，财产租赁所得，财产转让所得和偶然所得，适用比例税率，税率为百分之二十。

① 资料来源：国家税务总局河南省税务局，《推动个税改革更好惠及民生》。

#### （七）个人所得税的税收优惠

**1. 免税项目**

根据《个人所得税法》第四条的规定，下列各项个人所得，免征个人所得税：①省级人民政府、国务院部委和中国人民解放军军以上单位，以及外国组织、国际组织颁发的科学、教育、技术、文化、卫生、体育、环境保护等方面的奖金；②国债和国家发行的金融债券利息；③按照国家统一规定发给的补贴、津贴；④福利费、抚恤金、救济金；⑤保险赔款；⑥军人的转业费、复员费、退役金；⑦按照国家统一规定发给干部、职工的安家费、退职费、基本养老金或者退休费、离休费、离休生活补助费；⑧依照有关法律规定应予免税的各国驻华使馆、领事馆的外交代表、领事官员和其他人员的所得；⑨中国政府参加的国际公约、签订的协议中规定免税的所得；⑩国务院规定的其他免税所得。

**2. 减税项目**

根据《个人所得税法》第五条的规定，有下列情形之一的，可以减征个人所得税，具体幅度和期限，由省、自治区、直辖市人民政府规定，并报同级人民代表大会常务委员会备案：①残疾、孤老人员和烈属的所得；②因自然灾害遭受重大损失的。国务院可以规定其他减税情形，报全国人民代表大会常务委员会备案。

## 情境四　其他税

### 一、房产税

#### （一）基本概念

房产税是以房产为征税对象，按照房产的计税价值或房产租金收入向房产所有人或经营管理人征收的一种税。

#### （二）房产税的纳税人

房产税的纳税人是指在我国城市、县城、建制镇和工矿区内拥有房屋产权的单位和个人，具体包括产权所有人、承典人、房产代管人或者使用人。

### （三）房产税的征税对象和征税范围

**1. 征税对象**

房产税以房产为征税对象。所谓房产，是指有屋面和围护结构（有墙或两边有柱），能够遮风避雨，可供人们在其中生产、学习、工作、娱乐、居住或贮藏物资的场所。房地产开发企业建造的商品房，在出售前，不征收房产税；但对出售前房地产开发企业已使用或出租、出借的商品房应按规定征收房产税。

从2006年1月1日起，具备房屋功能的地下建筑，包括与地上房屋相连的地下建筑（如房屋的地下室、地下停车场、商场的地下部分）以及完全建在地面以下的建筑、地下人防设施等，均应当依照有关规定征收房产税。

**2. 征税范围**

房产税的具体征税范围为：城市、县城、建制镇和工矿区。

（1）城市是指国务院批准设立的市。

（2）县城是指县人民政府所在的地区。

（3）建制镇是指经省、自治区、直辖市人民政府批准设立的建制镇。

（4）工矿区是指工商业比较发达、人口比较集中、符合国务院规定的建制镇标准但尚未设立建制镇的大中型工矿企业所在地。开征房产税的工矿区须经省、自治区、直辖市人民政府批准。

房产税的征税范围不包括农村，坐落在农村的房屋不征收房产税。独立于房屋之外的建筑物，如围墙、烟囱、水塔、菜窖、室外游泳池等不征房产税。

### （四）房产税的优惠政策

我国房产税的优惠政策包括以下方面。

（1）国家机关、人民团体、军队自用的房产免征房产税。但上述免税单位的出租房产以及非自身业务使用的生产、经营用房，不属于免税范围。

（2）由国家财政部门拨付事业经费的单位，如学校、医疗卫生单位、托儿所、幼儿园、敬老院、文化、体育、艺术这些实行全额或差额预算管理的事业单位所有的，本身业务范围内使用的房产免征房产税。

（3）宗教寺庙、公园、名胜古迹自用的房产免征房产税。

（4）个人所有非营业用的房产免征房产税。

（5）对行使国家行政管理职能的中国人民银行总行（含国家外汇管理局）所属分支机构自用的房产免征房产税。

（6）经财政部批准免税的其他房产，主要有如下几种。

①损坏不堪使用的房屋和危险房屋，经有关部门鉴定，在停止使用后，可免征房产税。

②纳税人因房屋大修导致连续停用半年以上的，在房屋大修期间免征房产税。

③在基建工地为基建工地服务的各种工棚、材料棚、休息棚和办公室、食堂、茶炉房、汽车房等临时性房屋，在施工期间，一律免征房产税。但工程结束后，施工企业将这种临时性房屋交还或估价给基建单位的，应从基建单位接收的次月起，照章纳税。

④从 1998 年 1 月 1 日起，对房管部门经租的居民住房，在房租调整改革之前收取的租金偏低的，可暂缓征收房产税。对房管部门经租的其他非营业用房，是否给予照顾，由各省、自治区、直辖市根据当地具体情况按税收管理体制的规定办理。

⑤对高校后勤实体免征房产税。

⑥对非营利性医疗机构、疾病控制机构和妇幼保健机构等卫生机构自用的房产，免征房产税。

⑦老年服务机构自用的房产，免征房产税。

⑧从 2001 年 1 月 1 日起，对按政府规定价格出租的公有住房和廉租住房，包括企业和自收自支事业单位向职工出租的单位自有住房，房管部门向居民出租的公有住房，落实私房政策中带户发还产权并以政府规定租金标准向居民出租的私有住房等，暂免征收房产税。

⑨向居民供热并向居民收取采暖费的供热企业暂免征收房产税。

### （五）房产税的申报

纳税义务发生时间为：

（1）纳税人将原有房产用于生产经营，自生产经营之月起纳税；

（2）纳税人自建新房用于生产经营，自建成之次月起纳税；

（3）纳税人委托施工企业建造房产，自办理验收手续之次月起纳税；

（4）纳税人购置新建商品房，自房屋交付使用之次月起纳税；

（5）纳税人购置存量房产，自办理产权转移、变更登记手续，房地产权属登记机关签发房屋产权证书之次月起纳税；

（6）纳税人出租、出借房产，自交付出租、出借房产之次月起纳税；

（7）房地产开发企业自用、出租、出借本企业建造的商品房，自房屋使用或交付之次月起纳税。

## 二、城镇土地使用税

### （一）基本概念

城镇土地使用税是对城市、县城、建制镇和工矿区范围内使用土地的单位和个人，按其实际占用的土地面积分等定额征收的一种税。

### （二）城镇土地使用税的纳税人

在城市、县城、建制镇和工矿区范围内使用土地的单位和个人，为城镇土地使用税的纳税人。所称单位，包括国有企业、集体企业、私营企业、股份制企业、外商投资企业、外国企业以及其他企业和事业单位、社会团体、国家机关、军队以及其他单位；所称个人，包括个体工商户以及其他个人。具体来说，通常包括以下几类：

（1）拥有土地使用权的单位和个人；

（2）拥有土地使用权的单位和个人不在土地所在地的，其土地的实际使用人和代管人为纳税人；

（3）土地使用权未确定或权属纠纷未解决的，其实际使用人为纳税人；

（4）土地使用权共有的，共有各方都是纳税人，由共有各方分别纳税。

### （三）城镇土地使用税的征税范围

城镇土地使用税的征税对象是土地。征税范围包括在城市、县城、建制镇和工矿区内的国家所有的土地和集体所有的土地，不包括农村土地。建立在城市、县城、建制镇和工矿区以外的工矿企业则不需缴纳城镇土地使用税。

自2009年1月1日起，公园、名胜古迹内的索道公司经营用地，应按规定缴纳城镇土地使用税。自2009年12月1日起，单独建造的地下建筑用地，按规定征收城镇土地使用税。

（四）城镇土地使用税的优惠政策

**1. 法定免缴土地使用税的优惠**

根据《中华人民共和国城镇土地使用税暂行条例》第六条的规定，下列土地免缴土地使用税：①国家机关、人民团体、军队自用的土地；②由国家财政部门拨付事业经费的单位自用的土地；③宗教寺庙、公园、名胜古迹自用的土地；④市政街道、广场、绿化地带等公共用地；⑤直接用于农、林、牧、渔业的生产用地；⑥经批准开山填海整治的土地和改造的废弃土地，从使用的月份起免缴土地使用税 5 年至 10 年；⑦由财政部另行规定免税的能源、交通、水利设施用地和其他用地。

**2. 省、自治区、直辖市地方税务局确定减免土地使用税的优惠**

（1）下列土地由省级地方税务局确定减免土地使用税：①个人所有的居住房屋及院落用地；②免税单位职工家属的宿舍用地；③集体和个人办的各类学校、医院、托儿所及幼儿园用地；④民政部门举办的安置残疾人占一定比例的福利工厂用地；⑤基建项目在建期间使用的土地以及城镇集贸市场用地；⑥各类危险品仓库、厂房所需的防火、防爆、防毒等安全防范用地等。

（2）纳税人缴纳土地使用税确有困难需要定期减免的，由省、自治区、直辖市税务机关审核后，报国家税务总局批准。

（五）城镇土地使用税的税率

城镇土地使用税采用定额税率，即采用有幅度的差别税额，按大、中、小城市和县城、建制镇、工矿区分别规定每平方米土地使用税年应纳税额。城镇土地使用税每平方米年税额标准具体规定如下：

（1）大城市 1.5~30 元；

（2）中等城市 1.2~24 元；

（3）小城市 0.9~18 元；

（4）县城、建制镇、工矿区 0.6~12 元。

各省、自治区、直辖市人民政府可根据市政建设情况和经济繁荣程度在规定税额幅度内，确定所辖地区的适用税额幅度。经济落后地区，土地使用税的适用标准可适当降低，但降低额不得超过上述规定最低税额的 30%。经济发达地区的适用税额标准可适当提高，但须报财政部批准。

## 三、车船税

### （一）基本概念

车船税是指对在中华人民共和国境内的车辆（包括乘用车、商用车、挂车、摩托车和其他车辆）、船舶（包括机动船舶和游艇）依法征收的一种税。

### （二）车船税的纳税人

车船税的纳税人是指在中华人民共和国境内，车辆、船舶（以下简称“车船”）的所有人或管理人。其中，所有人是指在我国境内拥有车船的单位和个人；管理人是指对车船具有管理使用权，但不具有所有权的单位和个人。上述所称的单位包括国有企业、集体企业、私营企业、股份制企业、外商投资企业、外国企业以及其他企业和事业单位、社会团体、国家机关、军队以及其他单位；所称的个人，包括个体工商户以及其他个人。

### （三）车船税的征税范围

车船税的征税范围为在我国境内使用的车船（除规定减免的车船外），分为车辆和船舶两大类。

（1）车辆为机动车，即依靠燃油、电力等能源作为动力运行的车辆，包括乘用车、商用客车、商用货车、挂车、摩托车、专项作业车和轮式专用机械车。

（2）船舶为机动船、非机动驳船和游艇，机动船指依靠燃料等能源作为动力运行的船舶，包括客船、货船、气垫船、拖船等；非机动驳船是指依靠其他力量运行的驳船。

在机场、港口以及其他企业内部场所行驶或者作业的车船，应当缴纳车船税。

### （四）车船税的优惠政策

**1. 法定减免**

（1）非机动车船（不包括非机动驳船）。非机动车是指以人力或者畜力驱动的车辆，以及符合国家有关标准的残疾人机动轮椅车、电动自行车等车辆；非机动船是指自身没有动力装置，依靠外力驱动的船舶。

（2）拖拉机。拖拉机是指在农业（农业机械）管理部门登记为拖拉机的车辆。

（3）捕捞、养殖渔船。捕捞、养殖渔船是指在渔业船舶管理部门登记为捕捞船或者养捞船或者养殖船的渔业船舶，不包括在渔业船舶管理部门登记为捕捞船或者养殖船以外类型的渔业船舶。

（4）军队、武警部队专用的车船。军队、武警专用的车船是指按照规定在军队、武警车船管理部门登记，并领取军用牌照、武警牌照的车船。

（5）警用车船。警用车船是指公安机关、国家安全机关、监狱、劳动教养管理机关和人民法院、人民检察院领取警用牌照的车辆和执行警务的专用船舶。

（6）依照我国有关法律规定应当予以免税的外国驻华使馆、领事馆和国际组织驻华机构及其有关人员的车船。

（7）对节约能源、使用新能源的车船可以减征或免征车船税。

（8）对受严重自然灾害影响纳税困难以及有其他特殊原因确需减、免税的，可以减征或免征车船税。

**2. 特定减免**

省、自治区、直辖市人民政府根据当地实际情况，可以对公共交通车船，农村居民拥有并主要在农村地区使用的摩托车、三轮汽车和低速载货汽车定期减征或免征车船税。

### （五）车船税的税目、税率

车船税实行幅度定额税率，即对各类车船分别规定税目和税额幅度，各省、自治区、直辖市人民政府在规定的税额幅度内，根据当地实际情况，确定具体的适用税额。

### （六）计算车船税应纳税额

**1. 计税依据的确定**

车船税的计税依据按车船种类和性能，分别确定辆、整备质量吨位、净吨位和艇身长度四种，具体规定如下：

（1）乘用车、商用客车、摩托车按辆计税；

（2）商用货车、挂车、专业作业车、轮式专用机械车按整备质量吨位计税；

(3)机动船舶按净吨位计税,拖船按照发动机功率每2马力折合净吨位1吨计税;

(4)游艇按艇身长度计税。

**2. 应纳税额的计算**

车船税的计算按照计税依据不同,其计算方法有以下几种:

(1)乘用车、商用客车、摩托车应纳税额为车辆数 × 适用单位税额;

(2)商用货车、专业作业车、轮式专用机械车应纳税额为整备质量吨位 × 适用单位税额;

(3)挂车应纳税额为整备质量吨位 × 适用单位税额 ×50%;

(4)机动船舶应纳税额为净吨位 × 适用单位税额;

(5)拖船、非机动驳船应纳税额为净吨位 × 适用单位税额 ×50%;

(6)游艇应纳税额为艇身长度 × 适用单位税额。

新购置的车船自购置使用当月起按月计算。

## 四、印花税

### (一)基本概念

印花税是对经济活动和经济交往中书立、使用、领受具有法律效力的凭证的单位和个人征收的一种税,是一种具有行为税性质的凭证税。凡发生书立、使用、领受应税凭证的行为,就必须依照印花税法有关规定履行纳税义务。我国现行印花税法规是国务院1988年8月颁布、同年10月1日起施行的《中华人民共和国印花税暂行条例》和财政部、国家税务总局颁发的《中华人民共和国印花税暂行条例施行细则》以及陆续发布的有关印花税的规定。

### (二)印花税的纳税人

印花税的纳税人是在中国境内书立、使用、领受印花税法所列举的凭证并应依法履行纳税义务的单位和个人。所称单位和个人,是指国内各类企业、事业、机关、团体、部队以及中外合资企业、合作企业、外资企业、外国公司和其他经济组织及其在华机构等单位和个人。

根据书立、使用、领受应税凭证的不同,印花税纳税人分别为立合同人、立据人、立账簿人、领受人和使用人五种。

**1. 立合同人**

立合同人是指合同当事人，即对凭证有直接权利义务关系的单位和个人，但不包括合同的担保人、证人、鉴定人。各类合同包括购销、加工承揽、建设工程承包、财产租赁、货物运输、仓储保管、借款、财产保险、技术合同或具有合同性质的凭证。

**2. 立据人**

立据人是指书立产权转移书据的单位和个人。

**3. 立账簿人**

立账簿人是指开立并使用营业账簿的单位和个人。如某企业因生产需要，设立了若干营业账簿，该企业即为印花税的纳税人。

**4. 领受人**

领受人是指领取并持有权利、许可证照的单位和个人。如领取房屋产权证的单位和个人，即为印花税的纳税人。

**5. 使用人**

使用人是指在国外书立、领受，但在国内使用应税凭证的单位和个人，其使用人为印花税的纳税人。

**6. 各类电子应税凭证的签订人**

各类电子应税凭证的签订人即以电子形式签订的各类应税凭证的当事人。

### （三）印花税的征税范围

印花税的征税范围包括五大类。

（1）合同或具有合同性质的凭证，包括购销合同、加工承揽合同、建设工程勘察设计合同、建筑安装工程承包合同、财产租赁合同、货物运输合同、仓储保管合同、借款合同、财产保险合同和技术合同 10 种。

（2）产权转移书据，包括财产所有权和版权、商标专用权、专利权、专有技术使用权等转移书据。对土地使用权出让合同、土地使用权转让合同、商品房销售合同按产权转移书据征收印花税。

（3）营业账簿，指单位或者个人记载生产经营活动的财务会计核算账簿。按其反映内容的不同，可分为记载资金的账簿和其他账簿。记载资金的账簿，指反映生产经营单位资本金数额增减变化的账簿；其他账簿，指除上述账簿以外的账簿，包括日记账簿和各明细分类账簿。

（4）权利许可证照，包括政府部门发给的房屋产权证、工商营业执照、商标注册证、专利证、土地使用证等。

（5）财政部确定的其他应税凭证。

### （四）印花税的优惠政策

印花税的优惠政策包括以下几项。

（1）对已缴纳印花税凭证的副本或者抄本免税，但以副本或者抄本视同正本使用的，则应另贴印花。

（2）对财产所有人将财产赠给政府、社会福利单位、学校所立的书据免税。这里所说的"社会福利单位"是指扶养孤老伤残的社会福利单位。

（3）对国家指定的收购部门与村民委员会、农民个人书立的农副产品收购合同免税。

（4）对无息、贴息贷款合同免税。

（5）对外国政府或者国际金融组织向我国政府及国家金融机构提供优惠贷款所书立的合同免税。

（6）对房地产管理部门与个人签订的用于生活居住的租赁合同免税。

（7）对农牧业保险合同免税。

（8）对特殊货运凭证免税。这类凭证有：①军事物资运输凭证，即附有军事运输命令或使用专用的军事物资运费结算凭证；②抢险救灾物资运输凭证，即附有县级以上（含县级）人民政府抢险救灾物资运输证明文件的运费结算凭证；③新建铁路的工程临管线运输凭证，即为新建铁路运输施工所需物料，使用工程临管线专用的运费结算凭证。

### （五）印花税的税目、税率

印花税共 13 个税目，采用比例税率和定额税率两种形式。比例税率分为 0.05‰、0.3‰、0.5‰、1‰ 四档，定额税率为每件 5 元。

（1）合同：加工承揽（0.5‰）、货物运输（0.5‰）、购销（0.3‰）、建设工程勘察设计（0.3‰）、建设工程承包（0.3‰）、技术（0.3‰）、财产租赁（1‰）、仓储保管（1‰）、财产保险（1‰）、借款（0.05‰）。

（2）产权转移书据（0.5‰）：财产所有权和著作权、商标专用权、专利权、专有技术使用权转移书据。

(3)营业账簿(5元)、记载资金的账簿(0.5‰)。

(4)权利许可证照(5元):房屋产权证、工商营业执照、商标注册证、专利证、土地使用证。

(5)以电子形式签订的各类应税凭证。

(6)发电厂与电网之间、电网与电网之间的购销电合同。

## 五、城市维护建设税

### (一)基本概念

城市维护建设税(以下简称"城建税")是国家对缴纳增值税、消费税和营业税(简称"三税")的单位和个人就其实际缴纳的"三税"税额为计税依据而征收的一种税。城建税属于特定目的税,是国家为加强城市公用事业和公共设施的维护和建设,扩大和稳定城市维护建设资金的来源而采取的一项税收措施,具有两大特征。

**1. 具有附加税性质**

城建税以纳税人实际缴纳的"三税"税额为计税依据,附加于"三税"税额,本身没有特定的、独立的征税对象。

**2. 具有特定目的**

城建税税款专门用于城市的公用事业和公共设施的维护和建设。

### (二)城建税的纳税人

城建税的纳税人,是指负有缴纳"三税"义务的单位和个人,包括国有企业、集体企业、私营企业、股份制企业、其他企业和行政单位、事业单位、军事单位、社会团体、其他单位,以及个体工商户及其他个人。自2010年12月1日起,外商投资企业、外国企业和外籍人员开始征收城建税。

### (三)城市维护建设税的优惠政策

城建税原则上不单独减免,但因城建税具有附加税性质,当主税发生减免时,城建税相应发生减免。具体来说有以下几种情况:

(1)城建税按减免后实际缴纳的"三税"税额计征,即随"三税"的减免而减免;

(2)对于因减免税而需进行"三税"退库的,城建税也同时退库;

(3)海关对进出口产品代征的增值税、消费税,不征收城建税;

（4）对“三税”实行先征后返、先征后退、即征即退办法的，除另有规定外，对随“三税”附征的城建税和教育费附加，一律不予退（返）还。

### （四）城市维护建设税的税率

城建税按纳税人所在地不同，设置三档差别比例税率，即：

（1）纳税人所在地为城市市区，税率为 7%；

（2）纳税人所在地为县城、建制镇的，税率为 5%；

（3）纳税人所在地不在市区、县城或镇的，税率为 1%。

另外，在确定适用税率时，要注意以下几种情况，区别对待：①由受托方代扣代缴、代收代缴“三税”的单位和个人，其代扣代缴、代收代缴的城建税按受托方所在地适用税率执行；②流动经营等无固定纳税地点的单位和个人，在经营地缴纳“三税”的，其城建税的缴纳按经营地适用税率执行；③县政府设在城市市区，其在市区设立的企业，按照市区规定税率计算纳税；④纳税人所在地为工矿区的，应根据工矿区所属行政区划适用的税率计算纳税。

## 情境五　税收征收管理法

微课 26：我国的税收征管法

为了加强税收征收管理，规范税收征收和缴纳行为，保障国家税收收入，保护纳税人的合法权益，促进经济和社会发展，我国制定了《中华人民共和国税收征收管理法》（以下简称《征管法》）。该法于 1992 年 9 月 4 日第七届全国人民代表大会常务委员会第二十七次会议通过；根据 1995 年 2 月 28 日第八届全国人民代表大会常务委员会第十二次会议《关于修改〈中华人民共和国税收征收管理法〉的决定》第一次修正；2001 年 4 月 28 日第九届全国人民代表大会常务委员会第二十一次会议修订；根据 2013 年 6 月 29 日第十二届全国人民代表大会常务委员会第三次会议《关于修改〈中华人民共和国文物保护法〉等十二部法律的决定》第二次修正。2021 年 3 月，中共中央办公厅、国务院办公厅印发《关于进一步深化税收征管改革的意见》，是中共中央、国务院关于“十四五”时期税收征管改革的重要制度安排和总体规划，既体现了中共中央、国务院对新发展阶段税收工作的高度重视和对推进税收治理现代化的科学指导，也为税务部门充分发挥税收在国家治理中的基础性、支柱性、保障性作用，更好地推动高质量发展、服务国家治理现代化提供了基本遵循。

**知识加油站**

《关于进一步深化税收征管改革的意见》内容摘要

《关于进一步深化税收征管改革的意见》的指导思想是以习近平新时代中国特色社会主义思想为指导，全面贯彻党的十九大和十九届二中、三中、四中、五中全会精神，围绕把握新发展阶段、贯彻新发展理念、构建新发展格局，深化税收征管制度改革，着力建设以服务纳税人缴费人为中心、以发票电子化改革为突破口、以税收大数据为驱动力的具有高集成功能、高安全性能、高应用效能的智慧税务，深入推进精确执法、精细服务、精准监管、精诚共治，大幅提高税法遵从度和社会满意度，明显降低征纳成本，充分发挥税收在国家治理中的基础性、支柱性、保障性作用，为推动高质量发展提供有力支撑。目标是到2022年，在税务执法规范性、税费服务便捷性、税务监管精准性上取得重要进展。到2023年，基本建成“无风险不打扰、有违法要追究、全过程强智控”的税务执法新体系，实现从经验式执法向科学精确执法转变；基本建成“线下服务无死角、线上服务不打烊、定制服务广覆盖”的税费服务新体系，实现从无差别服务向精细化、智能化、个性化服务转变；基本建成以“双随机、一公开”监管和“互联网+监管”为基本手段、以重点监管为补充、以“信用+风险”监管为基础的税务监管新体系，实现从“以票管税”向“以数治税”分类精准监管转变。到2025年，深化税收征管制度改革取得显著成效，基本建成功能强大的智慧税务，形成国内一流的智能化行政应用系统，全方位提高税务执法、服务、监管能力。

——《中共中央办公厅 国务院办公厅印发〈关于进一步深化税收征管改革的意见〉》[①]

① 资料来源：新华社，《中共中央办公厅 国务院办公厅印发〈关于进一步深化税收征管改革的意见〉》。

## 一、税务登记管理

税务登记是整个税收征收管理的首要环节，包括设立税务登记、变更税务登记和注销税务登记。

### （一）设立税务登记

**1. 税务登记的范围**

（1）按照“多证合一”的要求，领取加载统一社会信用代码证件的企业、农民专业合作社、个体工商户及其他组织无须单独到税务机关办理该事项，其领取的证件作为税务登记证件使用。

（2）“多证合一”改革之外的其他组织，如事业单位、社会组织、境外非政府组织等，应当依法向税务机关办理税务登记，领取税务登记证件。

**2. 税务登记的时限要求**

上述需要办理税务登记的组织，若资料齐全、符合法定形式、填写内容完整，税务机关受理后可以即时办结。

上述需要办理税务登记的组织，首次办理涉税事宜时，对税务机关依据市场监督管理等部门共享信息制作的：“多证合一”登记信息确认表进行确认，对其中不全的信息进行补充，对不准确的信息进行更正。

纳税人采用新办纳税人“套餐式”服务的，可一并办理以下涉税事项：电子税务局开户、登记信息确认、财务会计制度及核算软件备案、纳税人存款账户账号报告、增值税一般纳税人登记、发票票种核定、增值税专用发票最高开票限额审批、实名办税、增值税税控系统专用设备初始发行、发票领用。

### （二）变更税务登记

**1. 变更税务登记的适用范围**

变更税务登记的适用范围包括以下方面：

（1）改变纳税人名称、法定代表人的；

（2）改变住所、经营地点的；

（3）改变经济性质或企业类型的；

（4）改变经营范围、经营方式的；

（5）改变产权关系的；

（6）改变注册资金的。

#### 2. 变更税务登记的时限要求

税务登记内容发生变化,分两种情况:按规定纳税人须在工商行政管理机关办理注册登记的,应自工商行政管理部门办理变更登记之日起 30 日内,向原税务登记机关申报办理变更税务登记;按照规定不需要在工商行政管理机关办理变更登记,或者变更登记的内容与工商登记内容无关的,应当自税务登记内容实际发生变化之日起 30 日内,或者自有关机关批准或者宣布变更之日起 30 日内,持有关证件到原税务登记机关申报办理变更税务登记

### (三)注销税务登记

纳税人发生以下情形应当注销税务登记:

(1)纳税人发生解散、破产、撤销的;

(2)纳税人被工商行政管理机关吊销营业执照的;

(3)纳税人因住所、经营地点或产权关系变更而涉及改变主管税务机关的;

(4)纳税人发生的其他应办理注销税务登记情况的。

## 二、纳税申报

### (一)纳税申报的概念

纳税申报是指纳税人按照税法规定定期或按次就计算缴纳税款的有关事项向税务机关提出的书面报告。

### (二)纳税申报的方式

纳税申报的方式包括自行申报、邮寄申报、电子申报、代理申报。

电子方式包括电话语音、电子数据交换、网络传输。纳税人应按规定期限和要求保存有关资料,并定期书面报送主管税务机关。

### (三)纳税申报的具体要求

(1)纳税人、扣缴义务人,不论当期是否发生纳税义务,除经税务机关批准外,均应按规定办理纳税申报或者报送代扣代缴、代收代缴税款报告表。

(2)实行定期定额方式缴纳税款的纳税人,可以实行简易申报、简并征期等申报纳税方式。

(3)纳税人享受减税、免税待遇的,在减税、免税期间应当按照规定

办理纳税申报。

（4）纳税人、扣缴义务人按照规定的期限办理纳税申报或者报送代扣代缴、代收代缴税款报告表确有困难，需要延期的，应当在规定的期限内向税务机关提出书面延期申请，经税务机关核准，在核准的期限内办理。

纳税人、扣缴义务人因不可抗力，不能按期办理纳税申报或者报送代扣代缴、代收代缴税款报告表的，可以延期办理；但是应当在不可抗力情形消除后立即向税务机关报告。

### （四）"非接触式"网上办税

按照"尽可能网上办"的原则，截至2020年3月底，国家税务总局共梳理了可在网上办理的185个涉税缴费事项，纳税人可依托电子税务局等各类"非接触式"办税缴费服务渠道，办理各项主要涉税事宜。

## 三、税款征收

### （一）税款征收的方式

税款征收的方式见表10-3。

表10-3 税款征收的方式

| 方式 | 适用范围及说明 |
|---|---|
| 查账征收 | 账务健全的纳税人 |
| 查定征收 | 针对账务不全，但能控制其材料、产量或进销货物的纳税单位或个人，由税务机关对应税产品查定产量、销售额并据以征收税款 |
| 查验征收 | 税务机关对纳税人的应税商品、产品，通过查验数量，按市场一般销售单价计算其销售收入，并据以计算应纳税款的一种征收方式 |
| 定期定额征收 | 针对小型个体工商户 |
| 代扣代缴 | 由支付人在向纳税人支付款项时，从所支付的款项中依法直接扣收税款并代为缴纳（如：个人所得税的代扣代缴） |
| 代收代缴 | 由与纳税人有经济业务往来的单位和个人在向纳税人收取款项时依法收取税款（如：（非个人）受托方代收代缴消费税） |
| 委托代征 | 委托有关单位和人员代征零星、分散和异地缴纳税收的行为 |

## （二）税款征收的措施

**1. 由主管税务机关调整应纳税额**

纳税人有下列情形之一的，税务机关有权核定其应纳税额：

（1）依照法律、行政法规的规定可以不设置账簿的；

（2）依照法律、行政法规的规定应当设置但未设置账簿的；

（3）擅自销毁账簿或者拒不提供纳税资料的；

（4）虽设置账簿，但账目混乱或者成本资料、收入凭证、费用凭证残缺不全，难以查账的；

（5）发生纳税义务，未按照规定的期限办理纳税申报，经税务机关责令限期申报，逾期仍不申报的；

（6）纳税人申报的计税依据明显偏低，又无正当理由的。

**2. 关联企业纳税调整**

纳税人与关联企业业务往来时，应当按照独立企业之间的业务往来收取或者支付价款、费用；不按照独立企业之间的业务往来收取或者支付价款、费用，而减少其应纳税的收入或者所得额的，税务机关有权进行合理调整。

**3. 责令缴纳**

对未按照规定办理税务登记的从事生产、经营的纳税人以及临时从事经营的纳税人，由税务机关核定其应纳税额，责令缴纳；不缴纳的，税务机关可以扣押其价值相当于应纳税款的商品、货物。扣押后缴纳应纳税款的，税务机关必须立即解除扣押，并归还所扣押的商品、货物；扣押后仍不缴纳应纳税款的，经县以上税务局（分局）局长批准，依法拍卖或者变卖所扣押的商品、货物，以拍卖或者变卖所得抵缴税款。

**4. 责令提供纳税担保**

税务机关有根据认为从事生产、经营的纳税人有逃避纳税义务行为的，可以在规定的纳税期前责令限期缴纳应纳税额，在限期内发现纳税人有明显转移、隐匿其应纳税商品、货物以及其他财产或者应纳税收入迹象的，税务机关可责成纳税人提供纳税担保。

**5. 采取税收保全措施**

税务机关责令纳税人提供纳税担保而纳税人拒绝提供纳税担保或无力提供纳税担保的，经县以上税务局（分局）局长批准，税务机关可以采取下列税收保全措施：

（1）书面通知纳税人开户银行或者其他金融机构冻结纳税人的金额相当于应纳税款的存款；

（2）扣押、查封纳税人的价值相当于应纳税款的商品、货物或其他财产。

纳税人在规定的限期内缴纳税款的，税务机关必须立即解除税收保全措施；限期期满仍未缴纳税款的，经县以上税务局（分局）局长批准，税务机关可以书面通知纳税人开户银行或者其他金融机构从其冻结的存款中扣缴税款，或者依法拍卖或者变卖所扣押、查封的商品、货物或者其他财产，以拍卖或者变卖所得抵缴税款。

**6. 采取强制执行措施**

从事生产、经营的纳税人、扣缴义务人未按照规定的期限缴纳或者解缴税款，纳税担保人未按照规定的期限缴纳所担保的税款，由税务机关责令限期缴纳，逾期仍未缴纳的，经县以上税务局（分局）局长批准，税务机关可以采取下列强制执行措施：

（1）书面通知其开户银行或者其他金融机构从其存款中扣缴税款；

（2）扣押、查封、依法拍卖或者变卖其价值相当于应纳税款的商品、货物或者其他财产，以拍卖或者变卖所得抵缴税款。

个人及其所扶养家属维持生活必需的住房和用品，不在强制执行措施的范围之内。

**7. 阻止出境**

欠缴税款的纳税人或其法定代表人在出境前未按照规定结清应纳税款、滞纳金或者提供纳税担保的，税务机关可以通知出入境管理机关阻止其出境。

### （三）税收优先的规定

（1）税务机关征收税款，税收优先于无担保债权，法律另有规定的除外。

（2）纳税人欠缴的税款发生在纳税人以其财产设定抵押、质押或者纳税人的财产被留置之前的，税收优先于抵押权、质权和留置权执行。

（3）纳税人欠缴税款，同时又被行政机关决定处以罚款、没收违法所得的，税收优先于行政罚款、没收违法所得。

（4）纳税人有欠税情形而以其财产设定抵押、质押的，应当向抵押权人、质权人说明其欠税情况。抵押权人、质权人可以要求税务机关提供有关的欠税情况。

### （四）纳税人有合并、分立情形的税收规定

（1）纳税人有合并、分立情形的，应当向税务机关报告，并依法缴清税款。纳税人合并时未缴清税款的，应当由合并后的纳税人继续履行未履行的纳税义务；纳税人分立时未缴清税款的，分立后的纳税人对未履行的纳税义务应该承担连带责任。

（2）欠缴税款数额在5万元以上的纳税人在处分其不动产或者大额资产以前，应当向税务机关报告。

（3）欠缴税款的纳税人因怠于行使到期债权，或者放弃到期债权，或者无偿转让财产，或者以明显不合理的低价转让财产而受让人知道该情形，给国家税收造成损害的，税务机关可以按规定行使代位权、撤销权。

## 四、征纳双方的权利和义务

### （一）税务机关的权利

税务机关的权利主要包括以下方面。

（1）税收法律、行政法规的建议权，税收规章的制定权。

（2）税收管理权。

（3）税款征收权。

主要包括：

①依法计征权；

②核定税款权；

③税收保全和强制执行权；

④追征税款权。

（4）批准税收减、免、退、延期缴纳税款权。为了照顾纳税人的某些特殊困难，经省、自治区、直辖市税务局批准，可以延期缴纳税款，但是最长不得超过3个月。

（5）税务检查权。

（6）处罚权。

（7）国家赋予的其他权利。

## （二）税务机关的义务

税务机关的义务主要包括以下方面：

（1）宣传、贯彻、执行税收法规，辅导纳税人依法纳税的义务；

（2）为检举人保密的义务；

（3）为纳税人办理税务登记、发给税务登记证件的义务；

（4）受理减、免、退税申请及延期缴纳税款申请的义务；

（5）受理税务行政复议的义务；

（6）保护纳税人合法权益的义务。

## （三）纳税人的权利

纳税人的权利主要包括以下方面。

（1）知情权。

（2）保密权。纳税人有权要求税务机关为纳税人的情况保密。税务机关将依法为纳税人的商业秘密和个人隐私保密。但根据法律规定，税收违法行为信息不属于保密范围。

（3）税收监督权。

（4）纳税申报方式选择权。采取邮寄或数据电文方式办理上述申报、报送事项的，需经纳税人的主管税务机关批准。邮寄申报以寄出的邮戳日期为实际申报日期。

（5）申请延期申报权。

（6）申请延期缴纳税款权。纳税人因有特殊困难，不能按期缴纳税款的，经省、自治区、直辖市税务局批准，可以延期缴纳税款，但是最长不得超过 3 个月。纳税人满足以下任何一个条件，均可以申请延期缴纳税款：

①因不可抗力，导致纳税人发生较大损失，正常生产经营活动受到较大影响的；

②当期货币资金在扣除应付职工工资、社会保险费后，不足以缴纳税款的。

（7）申请退还多缴税款权。

①对纳税人超过应纳税额缴纳的税款，税务机关发现后，将自发现之日起 10 日内办理退还手续；

②如纳税人自结算缴纳税款之日起 3 年内发现的，可以向税务机关要求退还多缴的税款并加算银行同期存款利息。税务机关将自接到纳税人退还申请之日起 30 日内查实并办理退还手续。

（8）依法享受税收优惠权。

（9）委托税务代理权。

（10）陈述与申辩权。

（11）对未出示税务检查证和税务检查通知书的拒绝检查权。

（12）税收法律救济权。纳税人对税务机关作出的决定，依法享有申请行政复议、提起行政诉讼、请求国家赔偿等权利。

①纳税人、纳税担保人同税务机关在纳税上发生争议时，必须先依照税务机关的纳税决定缴纳或者解缴税款及滞纳金或者提供相应的担保，然后可以依法申请行政复议；对行政复议决定不服的，可以依法向人民法院起诉。

②如纳税人对税务机关的处罚决定、强制执行措施或者税收保全措施不服的，可以依法申请行政复议，也可以依法向人民法院起诉。

（13）依法要求听证的权利。对纳税人作出规定金额以上罚款的行政处罚之前，税务机关会向纳税人送达“税务行政处罚事项告知书”。对此，纳税人有权要求举行听证。税务机关将应纳税人的要求组织听证。对应当进行听证的案件，税务机关不组织听证，行政处罚决定不能成立。

（14）索取有关税收凭证的权利。税务机关扣押商品、货物或者其他财产时，必须开付收据；查封商品、货物或者其他财产时，必须开付清单。

### （四）纳税人的义务

（1）依法进行税务登记的义务。纳税人应当自领取营业执照之日起 30 日内，持有关证件，向税务机关申报办理税务登记。

（2）依法设置账簿、保管账簿和有关资料以及依法开具、使用、取得和保管发票的义务。

（3）财务会计制度和会计核算软件备案的义务。

（4）按照规定安装、使用税控装置的义务。

（5）按时、如实申报的义务。纳税人即使在纳税期享受减税、免税待遇,在减税、免税期间也应当按照规定办理纳税申报。

(6)按时缴纳税款的义务。未按照规定期限缴纳税款或者未按照规定期限解缴税款的,税务机关除责令限期缴纳外,从滞纳税款之日起,按日加收滞纳税款万分之五的滞纳金。

(7)代扣、代收税款的义务。

(8)接受依法检查的义务。

(9)及时提供信息的义务。

(10)报告其他涉税信息的义务。

## 情境六 审计法

为了加强国家的审计监督,维护国家财政经济秩序,促进廉政建设,保障国民经济健康发展,我国制定了《中华人民共和国审计法》。该法于1994年8月31日第八届全国人民代表大会常务委员会第九次会议通过,1994年8月31日中华人民共和国主席令第三十二号公布,自1995年1月1日起施行。根据2006年2月28日第十届全国人民代表大会常务委员会第二十次会议《关于修改〈中华人民共和国审计法〉的决定》第一次修正,根据2021年10月23日第十三届全国人民代表大会常务委员会第三十一次会议《关于修改〈中华人民共和国审计法〉的决定》第二次修正。

### 一、审计法概述

国家实行审计监督制度。国务院和县级以上地方人民政府设立审计机关。国务院各部门和地方各级人民政府及其各部门的财政收支,国有的金融机构和企业事业组织的财务收支,以及其他依照本法规定应当接受审计的财政收支、财务收支,依照本法规定接受审计监督。

国务院和县级以上地方人民政府应当每年向本级人民代表大会常务委员会提出审计机关对预算执行和其他财政收支的审计工作报告。审计机关依照法律规定独立行使审计监督权,不受其他行政机关、社会团体和个人的干涉。

地方各级审计机关对本级人民政府和上一级审计机关负责并报告工作,审计业务以上级审计机关领导为主。上级审计机关对下级审计机关审计管辖范围内的重大审计事项,可以直接进行审计,但是应当防止不必要的重复审计。

## 二、审计机关职责

### （一）对财政收支的审计

审计机关对本级各部门（含直属单位）和下级政府预算的执行情况和决算，以及预算外资金的管理和使用情况，进行审计监督。

地方各级审计机关分别在省长、自治区主席、市长、州长、县长、区长和上一级审计机关的领导下，对本级预算执行情况进行审计监督，向本级人民政府和上一级审计机关提出审计结果报告。

### （二）对财务收支的审计

审计署对中央银行的财务收支，进行审计监督。审计机关对国家的事业组织的财务收支，进行审计监督。审计机关对国际组织和外国政府援助、贷款项目的财务收支，进行审计监督。

### （三）对资产、负债、损益的审计

审计机关对国有金融机构的资产、负债、损益，进行审计监督。审计机关对国有企业的资产、负债、损益，进行审计监督。

## 三、审计机关的权限

审计机关进行审计时，有权检查被审计单位的会计凭证、会计账簿、会计报表以及其他与财政收支或者财务收支有关的资料和资产，被审计单位不得拒绝。审计机关对被审计单位正在进行的违反国家规定的财政收支、财务收支行为，有权予以制止；制止无效的，经县级以上审计机关负责人批准，通知财政部门和有关主管部门暂停拨付与违反国家规定的财政收支、财务收支行为直接有关的款项，已经拨付的，暂停使用。采取该项措施不得影响被审计单位合法的业务活动和生产经营活动。

## 四、审计程序

审计机关根据审计项目计划确定的审计事项组成审计组，并应当在实施审计三日前，向被审计单位送达审计通知书。审计人员向有关单位和个人进行调查时，应当出示审计人员的工作证件和审计通知书副本。审计组对审计事项实施审计后，应当向审计机关提出审计报告。

审计报告报送审计机关前，应当征求被审计单位的意见。被审计单位应当自接到审计报告之日起十日内，将其书面意见送交审计组或者审计机关。

审计机关审定审计报告，对审计事项作出评价，出具审计意见书；对违反国家规定的财政收支、财务收支行为，需要依法给予处理、处罚的，在法定职权范围内作出审计决定或者向有关主管机关提出处理、处罚意见。审计机关应当自收到审计报告之日起三十日内，将审计意见书和审计决定送达被审计单位和有关单位。审计决定自送达之日起生效。

## 本章知识结构图

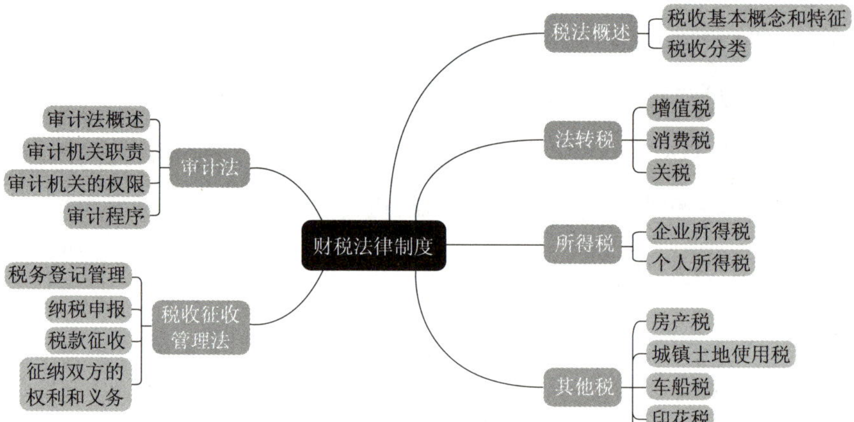


## 课后练习题

扫码做题

### 一、单项选择题

1. 下列税收法律中，属于税收程序法的是(　　)。

A.《中华人民共和国企业所得税法》

B.《中华人民共和国税收征收管理法》

C.《中华人民共和国增值税暂行条例实施细则》

D.《中华人民共和国房产税暂行条例》

2. 纳税人自产的应税消费品用于换取生产资料的，计算征收消费税的计税依据为(　　)。

A. 纳税人同类应税消费品的最高销售价格

B. 纳税人同类应税消费品的最低销售价格

C. 纳税人同类应税消费品的平均销售价格

D. 纳税人同类应税消费品的加权平均销售价格

3. 根据《中华人民共和国企业所得税法》的规定,企业发生的公益性捐赠支出,在计算企业所得税应纳税所得额的扣除标准是(　　)。

A. 全额扣除

B. 在年度应纳税所得额 12%以内的部分扣除

C. 在年度利润总额 12%以内的部分扣除

D. 在年度应纳税所得额 3%以内的部分扣除

4. 根据《中华人民共和国企业所得税法》的规定,对国家需要重点扶持的高新技术企业,给予企业所得税税率优惠,优惠税率为(　　)。

A.10%　　B.15%　　C.20%　　D.25%

5. 根据个人所得税法律制度的规定,下列各项中,属于工资、薪金所得项目的是(　　)。

A. 年终加薪　　B. 托儿补助费

C. 独生子女补贴　　D. 差旅费津贴

6. 根据我国税收法律制度的规定,下列税种中,实行从量计征的是(　　)。

A. 契税　　B. 车辆购置税

C. 房产税　　D. 城镇土地使用税

## 二、多选题

扫码做题

1. 下列权利义务中,属于经济法律关系内容的有(　　)。

A. 所有权　　B. 纳税义务

C. 经营管理权　　D. 服兵役义务

2. 根据消费税法律制度的规定,下列各项中,属于消费税征税范围的消费品有(　　)。

A. 高档手表　　B. 木制一次性筷子

C. 实木地板　　D. 高档西服

3. 根据《中华人民共和国企业所得税法》的规定,下列项目中,属于不征税收入的有(　　)。

A. 财政拨款

B. 国债利息收入

C. 企业债权利息收入

D. 依法收取并纳入财政管理的行政事业性收费、政府性基金

4. 根据《中华人民共和国企业所得税法》的规定,下列支出项目中,在计算企业所得税应纳税所得额时,不得扣除的有(　　)。

A. 税收滞纳金　　B. 银行按规定加收的罚息

C. 被没收财物的损失　　D. 未经核定的准备金支出

5. 根据税收征收管理法律制度的规定,税务机关在实施税务检查时,可以采取的措施有(　　)。

A. 检查纳税人会计资料

B. 检查纳税人货物存放地的应纳税商品

C. 检查纳税人托运、邮寄应纳税商品的单据、凭证

D. 经法定程序批准,查询纳税人在银行的存款账户

6. 根据税收征收管理法律制度的规定,纳税人发生偷税行为时,税务机关可以行使的权力有(　　)。

A. 追缴税款　B. 加收滞纳金　C. 处以罚款　D. 处以罚金

7. 根据税收征收管理法律制度的规定,下列财产中,可以作为纳税抵押的有(　　)。

A. 抵押人被查封的房屋

B. 抵押人有权处分的国有房屋

C. 抵押人被监管的财产

D. 抵押人有权处分的交通运输工具

# 第十一章 知识产权法律制度

【案例导入】

北京中某科技有限公司系专利号为200480036270.2、名称为“一种获取人脸图像的方法及人脸识别方法与系统”发明专利的专利权人，苹某电脑贸易(上海)公司针对涉案专利权提出无效宣告请求。北京中某科技有限公司在涉案专利权无效宣告审查期间提交了专利权利要求书修改文本。国家知识产权局对部分修改后的权利要求不予接受，仅以其接受的部分为审查基础，作出审查决定，认定涉案专利不具备创造性，宣告其全部无效。北京中某科技有限公司不服，向北京知识产权法院提起诉讼，未获支持。北京中某科技有限公司不服，以所有修改后的权利要求均应被接受等为由提起上诉。最高人民法院二审认为，专利确权行政程序中，权利要求的修改幅度最大不得超出《中华人民共和国专利法》第三十三条所规定的“信息范围”和《中华人民共和国专利法实施细则》第六十九条第一款规定的“保护范围”。关于某一权利要求的修改方式是否属于“进一步限定”的审查，应仅以修改后的权利要求是否完整包含了被修改的权利要求的所有技术特征，以及修改后的权利要求相比被修改的权利要求是否增加了技术特征，且增加的技术特征是否均记载于原权利要求书中的其他权利要求为准。专利确权行政程序中的权利要求修改，一般应当以回应无效宣告理由为限；以克服无效宣告理由所指缺陷为名，行重构权利要求之实的，可不予接受。该案中，权利要求4、7实质为原权利要求，系当然的审查基础；修改后的权利要求8~10中引用权利要求4、7的技术方案亦应予接受；修改后的权利要求11、12并非回应无效宣告理由的修改，国家知识产权局未予接受并无不当。故判决撤销一审判决及被诉决定，由国家知识产权局重新作出决定。

——《北京中某科技有限公司与国家知识产权局、苹某电脑贸易(上海)公司发明专利权无效行政纠纷案〔最高人民法院(2021)最高法

知行终556号行政判决书〕》[①]

思考:知识产权制度在于保障和激励创新。劳动者以诚实劳动、诚信经营的方式创造和积累社会财富的行为,应当为法律所保护。生活中有哪些商标,让你产生过混淆?

## 情境一 著作权法

### 一、著作权的概念及分类

著作权,又称作者权或版权,它是人们对文学、艺术及科学技术作品所享有的专有权利,是对人类智力成果予以法律保护的方式之一。著作权与工业产权共同构成知识产权。

这里的著作权与版权系同一含义。许多国家的有关法律及保护著作权国际公约中使用的都是“版权”一词。版权最早是指出版权,即主要是指出版商的权利。经过历史的演变,版权从出版权中分离出来并具有了今天的含义,成为作者的权利。

著作权包括人身权和财产权两大类。人身权是指与作者本身密不可分的权利,又称精神权利。它包括:发表权、署名权、修改权和保护作品完整权。财产权是指作者对于自己所创作的作品享有使用和获得报酬的权利,也称经济权利。它是指以复制、表演、广播、出租、展览、发行、放映、摄制、信息网络传播或者改编、翻译、注释、编辑等方式使用作品的权利,以及许可他人以上述方式使用作品,并由此获得报酬的权利。

### 二、著作人身权及财产权

**1. 发表权**

发表权即决定作品是否公之于众的权利。发表权是一次性权利,作品一旦发表,发表权就会消灭,以后再次使用作品可归入“著作权的使用”,与发表权无关。

**2. 署名权**

署名权即表明作者身份,在作品上署名的权利,包括以下方面。

① 资料来源:最高人民法院,《2023年中国法院10大知识产权案件和50件典型知识产权案例》。

（1）署名或不署名的决定权。

（2）署名方式决定权，署名方式决定权即署其本名、笔名、别名或假名的选择决定权。

（3）署名排列方式决定权。

（4）署名指示权，如果作品署名发表，其他人在以后以出版、广播或改编等各种形式公开利用时，应当说明其署名。从署名权的本质出发，在公开利用其作品时，如事先未经作者特别同意，应注明作者姓名、作品名称或出处。

**3. 修改权**

修改权即修改或者授权他人修改作品的权利。

**4. 保护作品完整权**

保护作品完整权即保护作品不受歪曲、篡改的权利。

**5. 复制权**

复制权即以印刷、复印、拓印、录音、录像、翻录、翻拍、数字化等方式将作品制作一份或者多份的权利。

**6. 发行权**

发行权即以出售或者赠予方式向公众提供作品的原件或者复制件的权利。

**7. 出租权**

出租权即有偿许可他人临时使用视听作品、计算机软件的原件或者复制件的权利，计算机软件不是出租的主要标的的除外。

**8. 展览权**

展览权即公开陈列美术作品、摄影作品的原件或者复制件的权利。

**9. 表演权**

表演权即公开表演作品，以及用各种手段公开播送作品的表演的权利。

**10. 放映权**

放映权即通过放映机、幻灯机等技术设备公开再现美术、摄影、视听作品等的权利。

**11. 广播权**

广播权即以有线或者无线方式公开传播或者转播作品，以及通过扩音器或者其他传送符号、声音、图像的类似工具向公众传播广播的作品的权利，但不包括信息网络传播权。

**12. 信息网络传播权**

信息网络传播权即以有线或者无线方式向公众提供，使公众可以在其选定的时间和地点获得作品的权利。

**13. 摄制权**

摄制权即以摄制视听作品的方法将作品固定在载体上的权利。

**14. 改编权**

改编权即改变作品，创作出具有独创性的新作品的权利。

**15. 翻译权**

翻译权即将作品从一种语言文字转换成另一种语言文字的权利。

**16. 汇编权**

汇编权即将作品或者作品的片段通过选择或者编排，汇集成新作品的权利。

**17. 应当由著作权人享有的其他权利**

著作权人可以许可他人行使第5~17条的权利，并依照约定或者本法有关规定获得报酬。

著作权人可以全部或者部分转让第5~17条的权利，并依照约定或者《中华人民共和国著作权法》（以下简称《著作权法》）有关规定获得报酬。

## 三、著作权的保护期限

作者的署名权、修改权、保护作品完整权的保护期不受限制。公民的作品，其发表权、使用权和获得报酬权的保护期为作者终生及其死亡后50年，截止于作者死亡后第50年的12月31日；如果是合作作品，截止于最后死亡的作者死亡后的第50年的12月31日。

法人或者非法人单位的作品、著作权（署名权除外）由法人或者非法人单位享有的职务作品，其发表权、使用权和获得报酬权的保护期为50年，截止于作品首次发表后第50年的12月31日，但作品自创作完成后50年内未发表的，《著作权法》不再保护。

电影、电视、录像和摄影作品的发表权、使用权和获得报酬权的保护期为50年，截止于作品首次发表后第50年的12月31日，但作品自创作完成后五十年内未发表的，《著作权法》不再保护。

**知识加油站**

北京四某科技股份有限公司自2002年开始进行电子地图研发和推广，创作完成了15Q4互联网电子地图和16Q2互联网电子地图（以下统称权利地图）。2013年，北京四某科技股份有限公司与北京百某科技有限公司等签署《合作协议》，约定授权北京百某科技有限公司等使用权利地图至2016年底。北京四某科技股份有限公司主张，合同到期后北京百某科技有限公司及其关联公司在运营的“百度地图”“百度CarLife”“百度导航”等6款被诉应用软件中使用与权利地图构成实质性相似的导航电子地图，侵害其著作权并构成不正当竞争，遂诉至法院。一审法院认为北京百某科技有限公司等在应用软件中使用的导航电子地图构成著作权侵权，判令该公司及其关联公司停止侵权、赔礼道歉、消除影响、连带赔偿经济损失6 450万元及合理支出92万余元。北京百某科技有限公司等不服，提起上诉。北京市高级人民法院二审认为，权利地图构成著作权法上的图形作品。对于海量地图数据，通过权利人举证的30处暗记、125处内部道路及47处扩海行政区域图和44处模式图的比对，可以认定北京百某科技有限公司及其关联公司在《合作协议》期限届满后，在运营的6款被诉应用软件中使用了与权利地图构成实质性相似的导航电子地图，侵害了北京四某科技股份有限公司的著作权。鉴于已适用《著作权法》保护权利人的合法权益，不宜再适用《中华人民共和国反不正当竞争法》第二条作重复保护。据此判决驳回上诉，维持原判。

——《北京四某科技股份有限公司与北京百某科技有限公司等著作权侵权及不正当竞争纠纷案〔北京市高级人民法院（2021）京民终421号民事判决书〕》[1]

① 资料来源：最高人民法院，《2023年中国法院10大知识产权案件和50件典型知识产权案例》。

# 情境二　专利法

专利法是调整因确认和保护发明创造的专有权,利用专有的发明创造而产生的各种关系的法律规范的总称。我国于 1984 年 3 月 12 日,第六届全国人民代表大会常务委员会第四次会议通过了《中华人民共和国专利法》(以下简称《专利法》),于 1984 年 4 月 1 日起施行。之后,分别于 1992 年 9 月 4 日、2000 年 8 月 25 日、2008 年 12 月 27 日进行了三次修正。2020 年 10 月 17 日,第十三届全国人民代表大会常务委员会第二十二次会议通过修改《中华人民共和国专利法》的决定,对《专利法》进行了第四次修正,并自 2021 年 6 月 1 日起施行。

## 一、专利的概念、特征

### (一)专利的概念

专利一词一般有三种含义:其一,专利是专利权的简称,它是指按专利法的规定,由国家专利机关授予发明人、设计人或其所属单位对某项发明创造在法定期限内享有的专有权;其二,专利是指取得专利权的发明创造,一般包括发明、实用新型和外观设计三种专利技术;其三,专利是指专利文献,其重要部分为记载发明创造内容的专利说明书。专利通常是指专利权。

### (二)专利的特征

**1. 专有性**

专利权是一种专有权或独占权,具有鲜明的排他性。这就是说,一项发明创造,经专利管理机关依法授予专利申请人的专利权后,该专利权人或其合法受让人在法律规定的有效期限内,便享有垄断的权利。除法律另有规定外,其他任何人未经专利权人或其合法受让人许可,都不得实施专利,即不得为生产经营目的制造、使用和销售其专利产品,或者是使用其专利方法。否则,便构成侵权行为,要承担相应的法律责任。

**2. 地域性**

地域性是指专利权人所取得的专利权,只能得到授予该项权利的国家的法律保护,两国或多国之间订有相互保护的双边或多边条约的除外。专利权人要想使其专利权在其他国家也得到法律保护就必须依照该国法律的规定，向该国申请专利，经审查批准后，专利权才可以在该国发生法律效力。

3. 时间性

时间性是指专利权有一定的期限限制。在期限以内，专利权受到法律保护；期限届满，专利权即失去法律效力而为社会所有，任何人都可以实施该项发明创造，而不发生侵犯专利权的问题。

### （三）专利权的分类

专利权包括人身权和财产权：专利权是一种知识产权，不同于物质产权，它包括人身权和财产权两个方面。人身权是指与人的身份不可分割地联系在一起的权利。例如：发明创造人的署名权、享受荣誉等权利。同时，作为一种无形的财产权利，它具有经济内容，既可以转让，也可以继承。

## 二、专利权的主体

专利权的主体是指可以申请并取得专利权的单位和个人，即专利权人。

### （一）发明人、设计人所属的单位

企业事业单位、社会团体、国家机关的工作人员执行本单位的任务或者主要是利用本单位的物质条件所完成的职务发明创造，申请专利的权利属于该单位。

执行本单位的任务是指：①在从事本职工作中所作出的发明创造；②履行本单位交办本职工作之外的任务所作出的发明创造；③退职、退休或调动工作一年以内作出的，与其原单位承担的本职工作或者分配的任务有关的发明创造。

利用本单位的物质条件是指利用本单位的资金、设备、零部件、原材料或不向外公开的技术资料等。

### （二）发明人、设计人

非职务发明创造是指发明人或者设计人完成的职务发明创造以外的发明创造。根据《专利法》第六条的规定，对于非职务发明创造，申请专利的权利属于发明人或者设计人。申请被批准后，该发明人或者设计人为专利权人。

### （三）共同发明人或者共同设计人

由两人或两个以上单位协作研究、设计所完成的发明创造，除另有协议外，申请专利的权利属于共同完成的单位。申请被批准后，专利权归申请单位共同所有或者共同持有。非职务共同发明创造，申请专利的权利和申请被批准后的专利权，归共同发明人或者共同设计人。

### （四）外国单位或者外国公民

外国单位或者外国公民，依法向中国申请专利获得批准，专利权归外国单位或者外国公民。

## 三、专利权的客体

客体是指专利法保护的发明创造。我国专利法所称的发明创造，是指发明、实用新型和外观设计。

### （一）发明

专利法所称的发明，是指对产品、方法或者其改进所提出的新的技术方案。发明分为产品发明和方法发明。产品发明包括：制造品的发明，材料物品的发明、具有特定用途的物品发明等。方法发明包括：制造产品方法的发明、使用产品方法的发明等。

### （二）实用新型

实用新型是指对产品的形状、构造或者二者的结合所提出的适于实际应用的新的技术方案。实用新型也叫小发明。它与发明的主要区别是：①发明既包括产品发明也包括方法发明，而实用新型仅指具有一定形状的物品发明；②实用新型与发明相比，对产品的创造性要求较低。

### （三）外观设计

外观设计是指对产品的形状、图案、色彩或者其结合所作出的富有美感并适于工业上应用的新设计。外观设计很多是外形、图案、色彩的结合。保护外观设计，可以鼓励设计人员美化社会产品，使产品不断翻新花样，丰富多彩，满足人们的要求，并增强我国产品在国际市场上的竞争力。

## 四、授予发明和实用新型专利权的条件

微课 27:专利申请和审批

授予专利权的发明和实用新型,应当具备新颖性、创造性和实用性。

### (一)新颖性

新颖性是指该发明或者实用新型不属于现有技术,也没有同样的发明或者实用新型由他人向专利局提出过申请并且记载在申请日以后公布的专利申请文件中。判断一项发明创造是否具备新颖性,应从以下三个方面考虑。

**1. 判断新颖性的公开标准**

判断新颖性的公开标准即看该项发明创造是否已被公知或者公用。公知公用的表现形式一般有三种,即书面公开、口头公开和使用公开。

**2. 判断新颖性的地域标准**

《专利法》规定,申请专利的发明或者实用新型,必须是在申请日以前没有在国内外出版物上公开发表过,在国内没有公开使用过或以其他方式为公众所知。这就是说,对于书面公开,以世界范围为准;对于使用公开或者以其他方式公开,则以国内为限。

**3. 判断新颖性的时间标准**

《专利法》把提出专利申请的日期作为确定新颖性的时间界限,即要求在申请日以前没有同样的发明创造公开过。这样,发明创造才具备新颖性。根据《专利法》第二十四条的规定,申请专利的发明创造在申请日以前六个月内,有下列情形之一的,不丧失新颖性:①在国家出现紧急状态或者非常情况时,为公共利益目的首次公开的;②在中国政府主办或者承认的国际展览会上首次展出的;③在规定的学术会议或者技术会议上首次发表的;④他人未经申请人同意而泄露其内容的。

### (二)创造性

创造性是指同申请日以前已有的技术相比,该发明有突出的实质性特点和显著的进步,该实用新型有实质性特点和进步。“已有的技术”是指专利申请日前在国内外出版物上公开发表,在国内公开使用或者以其他方式为公众所知的技术,即现有的技术;“实质性特点”是指申请专利保护的发明或实用新型与已有技术相比有本质性的突破,不是

已有技术中的类似的或推导的东西,而是创造性构思的结果;“进步”是指在技术上前进了一步,即有可以注意到的距离。

(三)实用性

实用性是指该发明或者实用新型能够制造或者使用,并能产生积极效果。要求发明创造具有的实用性,只是表示一种可能性,并不要求已在产业上制造或使用,或者立即能在产业上制造或使用。

## 五、授予外观设计专利的条件

授予专利权的外观设计,应当同申请日以前在国内外出版物上公开发表过或者国内公开使用过的外观设计不相同或者不相近似。

牢记不能授予专利的情形。

## 六、不能授予专利权的情形

不能授予专利权的情形包括:

(1)科学发现;

(2)智力活动的规则和方法;

(3)疾病的诊断和治疗方法;

(4)动物和植物品种;

(5)用原子核变换方法获得的物质;

(6)违反国家法律、社会公德或者妨害公共利益的发明创造。但是,对上述第四项所列产品的生产方法,可以依法授予专利权。

## 七、专利权的期限

专利权人对其发明创造享有的独占权,仅在法律规定的期限内受到法律的保护。超过法律规定的有效期限,专利权就会自行终止,该发明创造就成为全社会的共同财富,任何人都可以无偿地加以利用。我国专利法规定,发明专利权的期限为 20 年,实用新型专利权和外观设计专利权的期限为 10 年,均自申请之日起计算。

# 情境三 商标法

《中华人民共和国商标法》(以下简称《商标法》)是于 1982 年 8 月 23 日第五届全国人民代表大会常务委员会第二十四次会议通过,根据 1993 年 2 月 22 日第七届全国人民代表大会常务委员会第三十次会议

《关于修改〈中华人民共和国商标法〉的决定》第一次修正，根据2001年10月27日第九届全国人民代表大会常务委员会第二十四次会议《关于修改〈中华人民共和国商标法〉的决定》第二次修正，根据2013年8月30日第十二届全国人民代表大会常务委员会第四次会议《关于修改〈中华人民共和国商标法〉的决定》第三次修正，根据2019年4月23日第十三届全国人民代表大会常务委员会第十次会议《关于修改〈中华人民共和国建筑法〉等八部法律的决定》第四次修正。

## 一、商标与商标法的概念

### （一）商标的概念和特征

商标是商品生产者或经营者在其生产、制造、加工、拣选、经销的商品上，以文字、图形或它们的组合所表示的一种特殊标志。对于商品的生产者或经营者来说，商标具有排他性、标记性、地域性和竞争性的特征。我国铁路标识（图11-1）属于集体商标，绿色食品标志（图11-2）属于证明商标。图11-3为商品商标，图11-4为服务商标。

图11-1　铁路标识

图11-2　绿色食品标志

图11-3　商品商标

图11-4　服务商标

### （二）商标的作用

（1）商标是区别商品或服务来源的标志。商标的使用可以区别不同商品或服务最重要、最本质的功能和来源，引导消费者认牌购物或消费。

(2)商标标示商品的质量。

(3)注册商标有利于企业品牌的宣传、推广及加大市场竞争的优势。有了商标,就可以将其作为广告宣传手段,以打开市场,扩大销路。既然商标作为一种标志,可以标志商标的质量和企业的信誉,它自然就成了一种广告手段。较之于广告,商标更具有经济性、灵活性和宣传面的广泛性。

(4)注册商标是取得专用权的前提,只有注册商标才能受到法律的保护。

### (三)商标法的概念

商标法是确认商标专用权,规定商标注册、使用、转让、保护和管理的法律规范的总称。它的作用主要是加强商标管理,保护商标专用权,促使生产、经营者保证商品和服务质量,维护商标信誉,以保障消费者和生产、经营者的利益,促进社会主义市场经济的发展。

## 二、商标注册的规定

微课 28:注册商标专用权的保护

商标注册是指商标使用人将其使用的商标按照法律规定的条件和程序,向商标管理机关提出注册申请,以取得商标专用权的行为。

根据《商标法》第三条的规定,经商标局核准注册的商标为注册商标,包括商品商标、服务商标和集体商标、证明商标;商标注册人享有商标专用权,受法律保护。本法所称集体商标,是指以团体、协会或者其他组织名义注册,供该组织成员在商事活动中使用,以表明使用者在该组织中的成员资格的标志。本法所称证明商标,是指由对某种商品或者服务具有监督能力的组织所控制,而由该组织以外的单位或者个人使用于其商品或者服务,用以证明该商品或者服务的原产地、原料、制造方法、质量或者其他特定品质的标志。

## 三、商标注册的期限和续展

所谓注册商标的期限,是指注册商标具有法律效力的持续期间。

注册商标专用权具有时间性。根据《商标法》第三十九条的规定,注册商标的有效期为十年,自核准注册之日起计算。这是指商标专用权的有效期限,在有效期限内商标专用权受到法律保护,超过期限,又未申请续展的,即注销其注册商标。

注册商标有效期满，需要继续使用的，商标注册人应当在期满前十二个月内按照规定办理续展手续；在此期间未能办理的，可以给予六个月的宽展期。每次续展注册的有效期为十年，自该商标上一届有效期满次日起计算。期满未办理续展手续的，注销其注册商标。商标局应当对续展注册的商标予以公告。

## 本章知识结构图

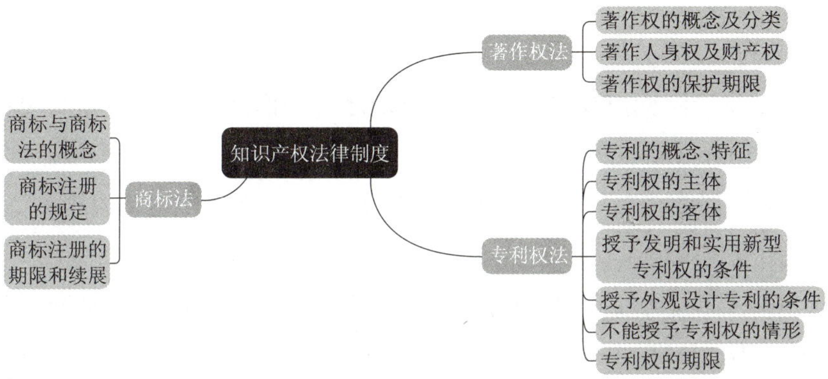


## 课后练习题

### 一、单选题

扫码做题

1. 专利权的地域性是指在(　　)拥有法律保护。

A. 权利人所在的民族区域

B. 申请地所在的国家或者地区

C. 权利人所在国家的建交国家或地区

D. 权利人的国籍国或地区

2. 下列选项，(　　)中含有保护期限不受时间限制的知识产权。

A. 商标权　　B. 著作权

C. 实用新型专利权　　D. 发明专利权

3. 以下属于知识产权性质范围的是(　　)。

A. 可触摸性　　B. 不可复制性

C. 无形性　　D. 永久性

扫码做题

## 二、多选题

1. 根据我国知识产权法律制度的规定，下列选项中可以授予专利权的有(    )。

A. 丁某无意中发现的水变油方法

B. 某教育培训结构研发的迅速提高儿童智力的方法

C. 李某研发的预防室内污染的某种植物的生产方法

D. 张某发明的检测癌症病变的机器

2. 根据我国《中华人民共和国商标法》的规定，下列表述正确的是(    )。

A. 注册商标需要在核定使用范围之外的商品上取得商标专用权的，应当另行提出注册申请

B. 注册商标需要变更注册人的名义、地址或者其他注册事项的，应当提出变更申请

C. 转让注册商标的，对容易导致混淆或者有其他不良影响的转让，商标局不予核准，书面通知申请人并说明理由

D. 申请人对驳回申请、不予公告的商标不服的，向商标评审委员会申请复核的，商标评审委员会应当自收到申请之日起 9 个月内作出决定。有特殊情况需要延长的，经国务院工商行政管理部门批准，可以延长 6 个月

3. 甲与乙于 1 月 5 日订立买卖合同，约定甲于 1 月 10 日发货，乙于 2 月 18 日前付款，由丙提供保证，但丙与甲约定仅对甲这个特定债权人提供保证。至 3 月 1 日，甲通知乙和丙已将 10 万元货款债权转让给丁公司，通知要求乙向丁还款，由丙承担保证责任。根据合同法律制度的规定，下列说法正确的有(    )。

A. 合同债权转让无效

B. 合同债权转让有效

C. 丙不再承担保证责任

D. 丙应继续承担保证责任

4. 甲公司欲购乙公司生产的塔吊，因缺乏资金，遂由丙公司提供融资租赁。由于塔吊存在质量问题，吊装的物品坠落并砸伤行人丁，甲公司被迫停产修理。根据合同法律制度的规定，下列各项中，正确的有(    )。

A. 甲公司无权请求丙公司赔偿修理塔吊的费用

B. 甲公司不得以塔吊存在质量问题并发生事故为由，延付或拒付租金

C. 丙公司应当对甲公司承担违约责任

D. 丁可以请求丙公司赔偿损失

# 第十二章　劳动法律制度

【案例导入】

2022年2月，崔某到某高纤公司的车间工作。2022年3月，某高纤公司与该车间全体人员（含崔某）签订车间承包协议。承包协议约定，崔某等要遵守某高纤公司的各项安全制度、本协议视为某高纤公司与该车间全体人员（含崔某）签订的集体劳动合同。某高纤公司于2022年3月、4月、5月分别向崔某支付报酬。2022年6月，崔某在工作中受伤。崔某向某劳动人事争议仲裁委员会申请仲裁，请求确认其与某高纤公司存在劳动关系。某劳动人事争议仲裁委员会予以支持。某高纤公司不服，诉至人民法院，请求确认其与崔某之间不存在劳动关系。

审理法院认为，崔某具备劳动者主体资格，某高纤公司具备用工主体资格。崔某自2022年2月至6月一直在某高纤公司的生产线工作，所从事的工作是公司业务的组成部分，按月领取劳动报酬。双方签订的承包协议载明该协议视为某高纤公司与崔某等人签订的集体劳动合同，崔某需遵守公司各项安全制度等约定亦证实某高纤公司的相关规章制度适用于崔某，崔某接受公司的劳动管理。审理法院判令崔某与某高纤公司之间存在劳动关系。

随着市场经济的转型和发展，劳动密集型企业出于降低成本、提高效益等考虑，采取种类多样的经营模式。实践中存在部分企业滥用承包经营方式，通过与劳动者签订内部承包合同规避订立劳动合同的情形。用人单位以已经签订承包合同为由否认与劳动者之间的劳动关系，转嫁用工风险。人民法院在判断用人单位与劳动者之间是否存在劳动关系时，不仅要审查双方签订合同的名称，更要通过合同的内容和实际履行情况实质性审查双方之间的法律关系是否具备劳动关系的从属性特征，准确认定双方之间的法律关系，纠正通过签订承包合同等规避用人单位义务的违法用工行为，切实维护劳动者的合法权益。

——《最高人民法院发布劳动争议典型案例》[1]

① 资料来源：最高人民法院，《最高人民法院发布劳动争议典型案例》。

思考：平衡保护劳动者与用人单位的合法权益，能够为推动经济社会高质量发展，构建公平、合理、有序的良性市场竞争环境提供有力支撑。近年来，我国各级人民法院深入学习贯彻习近平法治思想，认真贯彻落实习近平总书记关于劳动者权益保护的重要指示批示精神，为经济高质量发展与社会和谐稳定提供有力法治保障。同学们在大学毕业之后，也会走入职场，你知道在职场中如何运用法律武器维护自己的合法权益吗？

# 情境一　劳动合同法律制度概述

## 一、劳动合同法律制度概述

我国现行《中华人民共和国劳动法》（以下简称《劳动法》）自1995年实施以来，分别于2009年和2018年进行了两次修正，其目的在于保护劳动者的合法权益，调整劳动关系，建立和维护适应社会主义市场经济的劳动制度，促进经济发展和社会进步。

《劳动法》第二条规定："在中华人民共和国境内的企业、个体经济组织（以下统称用人单位）和与之形成劳动关系的劳动者，适用本法。国家机关、事业组织、社会团体和与之建立劳动合同关系的劳动者，依照本法执行。"

## 二、劳动者的权利与义务

根据《劳动法》第三、四、七、八条的规定，劳动者享有平等就业和选择职业的权利、取得劳动报酬的权利、休息休假的权利、获得劳动安全卫生保护的权利、接受职业技能培训的权利、享受社会保险和福利的权利、提请劳动争议处理的权利以及法律规定的其他劳动权利。劳动者应当完成劳动任务，提高职业技能，执行劳动安全卫生规程，遵守劳动纪律和职业道德。用人单位应当依法建立和完善规章制度，保障劳动者享有劳动权利和履行劳动义务。劳动者有权依法参加和组织工会。劳动者依照法律规定，通过职工大会、职工代表大会或者其他形式，参与民主管理或者就保护劳动者合法权益与用人单位进行平等协商。

# 情境二　劳动合同的订立

## 一、劳动合同的主体

劳动者需年满16周岁（文艺、体育、特种工艺单位录用人员例外），有劳动权利能力和行为能力。

用人单位设立的分支机构，依法取得营业执照或者登记证书的，可以作为用人单位与劳动者订立劳动合同；未依法取得营业执照或者登记证书的，受用人单位委托可以与劳动者订立劳动合同。

用人单位招用劳动者，不得扣押劳动者的居民身份证和其他证件，不得要求劳动者提供担保或者以其他名义向劳动者收取财物。

## 二、劳动关系与劳动合同

**1. 劳动关系**

（1）用人单位自用工之日起即与劳动者建立劳动关系。

（2）用人单位与劳动者在用工前订立劳动合同的，劳动关系自用工之日起建立。

注意“用工之日”而非“劳动合同订立之”日

**2. 劳动合同**

（1）对于已建立劳动关系，未同时订立书面劳动合同的，应当自用工之日起1个月内订立书面劳动合同。

（2）自用工之日起1个月内，经用人单位书面通知后，劳动者不与用人单位订立书面劳动合同的，用人单位应当书面通知劳动者终止劳动关系，无须向劳动者支付经济补偿，但是应当依法向劳动者支付其实际工作时间的劳动报酬。

（3）用人单位自用工之日起超过1个月不满1年未与劳动者订立书面劳动合同的，应当向劳动者每月支付2倍的工资，并与劳动者补订书面劳动合同；劳动者不与用人单位订立书面劳动合同的，用人单位应当“书面”通知劳动者终止劳动关系，并支付经济补偿。

（4）用人单位自用工之日起满1年未与劳动者订立书面劳动合同的，自用工之日起满一个月的次日至满一年的前一日应当向劳动者每月支付2倍的工资，并视为自用工之日起满1年的当日已经与劳动者订立无固定期限劳动合同，应当立即与劳动者补订书面劳动合同。

## 三、劳动合同的内容与类型

微课 29:劳动合同的内容

**1. 劳动合同的内容**

劳动合同应当以书面形式订立,并具备以下条款:劳动合同期限;工作内容;劳动保护和劳动条件;劳动报酬;劳动纪律;劳动合同终止的条件;违反劳动合同的责任。

劳动合同除前款规定的必备条款外,当事人可以协商约定其他内容。

**2. 劳动合同的期限**

劳动合同的期限分为有固定期限、无固定期限和以完成一定的工作为期限。劳动者在同一用人单位连续工作满十年以上,当事人双方同意续延劳动合同的,如果劳动者提出订立无固定期限的劳动合同,应当订立无固定期限的劳动合同。劳动合同可以约定试用期。试用期最长不得超过六个月。

## 四、劳动合同的效力

**1. 劳动合同的生效**

劳动合同由用人单位与劳动者协商一致,并经用人单位与劳动者在劳动合同文本上“签字或者盖章”生效。

**2. 无效的劳动合同**

违反法律、行政法规的劳动合同、采取欺诈、威胁等手段订立的劳动合同无效。无效的劳动合同,从订立的时候起,就没有法律约束力。确认劳动合同部分无效的,如果不影响其余部分的效力,其余部分仍然有效。劳动合同的无效,由劳动争议仲裁委员会或者人民法院确认。

## 五、劳动合同的解除

经劳动合同当事人协商一致,劳动合同可以解除。劳动者有下列情形之一的,用人单位可以解除劳动合同:

(1)在试用期间被证明不符合录用条件的;

(2)严重违反劳动纪律或者用人单位规章制度的;

(3)严重失职,营私舞弊,对用人单位利益造成重大损害的;

(4)被依法追究刑事责任的。

有下列情形之一的,用人单位可以解除劳动合同,但是应当提前三十日以书面形式通知劳动者本人：

（1）劳动者患病或者非因工负伤，医疗期满后，不能从事原工作也不能从事由用人单位另行安排的工作的；

（2）劳动者不能胜任工作，经过培训或者调整工作岗位，仍不能胜任工作的；

（3）劳动合同订立时所依据的客观情况发生重大变化，致使原劳动合同无法履行，经当事人协商不能就变更劳动合同达成协议的。

劳动者有下列情形之一的，用人单位不得依据以上规定解除劳动合同：

（1）患职业病或者因工负伤并被确认丧失或者部分丧失劳动能力的；

（2）患病或者负伤，在规定的医疗期内的；

（3）女职工在孕期、产期、哺乳期内的；

（4）法律、行政法规规定的其他情形。

劳动者解除劳动合同，应当提前三十日以书面形式通知用人单位。有下列情形之一的，劳动者可以随时通知用人单位解除劳动合同：

（1）在试用期内的；

（2）用人单位以暴力、威胁或者非法限制人身自由的手段强迫劳动的；

（3）用人单位未按照劳动合同约定支付劳动报酬或者提供劳动条件的。

## 情境三　劳动者的工作时间和休息休假

### 一、劳动者的工作时间

国家实行劳动者每日工作时间不超过八小时、平均每周工作时间不超过四十四小时的工时制度。

对实行计件工作的劳动者，用人单位应当根据以上规定的工时制度合理确定其劳动定额和计件报酬标准。

### 二、劳动者的休息休假

用人单位应当保证劳动者每周至少休息一日。企业因生产特点不能实行以上规定的，经劳动行政部门批准，可以实行其他工作和休息办法。

用人单位在下列节日期间应当依法安排劳动者休假：元旦，春节，国际劳动节，国庆节，法律、法规规定的其他休假节日。

有下列情形之一的，用人单位应当按照下列标准支付高于劳动者正常工作时间工资的工资报酬：

（1）安排劳动者延长工作时间的，支付不低于工资的百分之一百五十的工资报酬；

（2）休息日安排劳动者工作又不能安排补休的，支付不低于工资的百分之二百的工资报酬；

（3）法定休假日安排劳动者工作的，支付不低于工资的百分之三百的工资报酬。

国家实行带薪年休假制度。劳动者连续工作一年以上的，享受带薪年休假。具体办法由国务院规定。

## 情境四　劳动者的工资

劳动者的工资分配应当遵循按劳分配原则，实行同工同酬。工资应当以货币形式按月支付给劳动者本人，不得克扣或者无故拖欠劳动者的工资。

用人单位根据本单位的生产经营特点和经济效益，依法自主确定本单位的工资分配方式和工资水平。我国实行最低工资保障制度。最低工资的具体标准由省、自治区、直辖市人民政府规定，报国务院备案。用人单位支付劳动者的工资不得低于当地最低工资标准。

劳动者在法定休假日和婚丧假期间以及依法参加社会活动期间，用人单位应当依法支付工资。

## 情境五　劳动安全卫生

用人单位必须建立、健全劳动安全卫生制度，严格执行国家劳动安全卫生规程和标准，对劳动者进行劳动安全卫生教育，防止劳动过程中的事故，减少职业危害。

用人单位必须为劳动者提供符合国家规定的劳动安全卫生条件和

必要的劳动防护用品，对从事有职业危害作业的劳动者应当定期进行健康检查。从事特种作业的劳动者必须经过专门培训并取得特种作业资格。劳动者在劳动过程中必须严格遵守安全操作规程。

劳动者对用人单位管理人员违章指挥、强令冒险作业，有权拒绝执行；对危害生命安全和身体健康的行为，有权提出批评、检举和控告。

国家建立伤亡事故和职业病统计报告和处理制度。县级以上各级人民政府劳动行政部门、有关部门和用人单位应当依法对劳动者在劳动过程中发生的伤亡事故和劳动者的职业病状况，进行统计、报告和处理。

## 情境六　女职工和未成年工特殊保护

### 一、女职工特殊保护

根据《劳动法》第五十九至六十三条的规定，禁止安排女职工从事矿山井下、国家规定的第四级体力劳动强度的劳动和其他禁忌从事的劳动。不得安排女职工在经期从事高处、低温、冷水作业和国家规定的第三级体力劳动强度的劳动。不得安排女职工在怀孕期间从事国家规定的第三级体力劳动强度的劳动和孕期禁忌从事的劳动。对怀孕七个月以上的女职工，不得安排其延长工作时间和夜班劳动。女职工生育享受不少于九十天的产假。不得安排女职工在哺乳未满一周岁的婴儿期间从事国家规定的第三级体力劳动强度的劳动和哺乳期禁忌从事的其他劳动，不得安排其延长工作时间和夜班劳动。

### 二、未成年工特殊保护

未成年工是指年满十六周岁未满十八周岁的劳动者。根据《劳动法》第六十四和第六十五条的规定，不得安排未成年工从事矿山井下、有毒有害、国家规定的第四级体力劳动强度的劳动和其他禁忌从事的劳动。用人单位应当对未成年工定期进行健康检查。

## 情境七　职业培训

### 一、职业培训概述

国家通过各种途径，采取各种措施，发展职业培训事业，开发劳动者的职业技能，提高劳动者素质，增强劳动者的就业能力和工作能力。各级人民政府应当把发展职业培训纳入社会经济发展的规划，鼓励和支持有条件的企业、事业组织、社会团体和个人进行各种形式的职业培训。用人单位应当建立职业培训制度，按照国家规定提取和使用职业培训经费，根据本单位实际，有计划地对劳动者进行职业培训。

### 二、技术工种的职业培训

从事技术工种的劳动者，上岗前必须经过培训。

国家确定职业分类，对规定的职业制定职业技能标准，实行职业资格证书制度，由经备案的考核鉴定机构负责对劳动者实施职业技能考核鉴定。

## 情境八　社会保险和福利

### 一、社会保险和福利制度

微课 30：社会保险制度

国家发展社会保险事业，建立社会保险制度，设立社会保险基金，使劳动者在年老、患病、工伤、失业、生育等情况下获得帮助和补偿。社会保险水平应当与社会经济发展水平和社会承受能力相适应。社会保险基金按照保险类型确定资金来源，逐步实行社会统筹。用人单位和劳动者必须依法参加社会保险，缴纳社会保险费。

### 二、依法享受社会保险待遇的情形

（1）退休。

（2）患病、负伤。

（3）因工伤残或者患职业病。

（4）失业。

（5）生育。

劳动者死亡后，其遗属依法享受遗属津贴。劳动者享受社会保险待遇的条件和标准由法律、法规规定。劳动者享受的社会保险金必须按时足额支付。

社会保险基金经办机构依照法律规定收支、管理和运营社会保险基金,并负有使社会保险基金保值增值的责任。社会保险基金监督机构依照法律规定,对社会保险基金的收支、管理和运营实施监督。社会保险基金经办机构和社会保险基金监督机构的设立和职能由法律规定。任何组织和个人不得挪用社会保险基金。国家鼓励用人单位根据本单位实际情况为劳动者建立补充保险。国家提倡劳动者个人进行储蓄性保险。国家发展社会福利事业,兴建公共福利设施,为劳动者休息、休养和疗养提供条件。用人单位应当创造条件,改善集体福利,提高劳动者的福利待遇。

## 情境九　劳动争议

### 一、劳动争议的处理

微课 31:劳动争议仲裁

用人单位与劳动者发生劳动争议,当事人可以依法申请调解、仲裁、提起诉讼,也可以协商解决。调解原则适用于仲裁和诉讼程序。解决劳动争议,应当根据合法、公正、及时处理的原则,依法维护劳动争议当事人的合法权益。劳动争议发生后,当事人可以向本单位劳动争议调解委员会申请调解;调解不成,当事人一方要求仲裁的,可以向劳动争议仲裁委员会申请仲裁。当事人一方也可以直接向劳动争议仲裁委员会申请仲裁。对仲裁裁决不服的,可以向人民法院提起诉讼。在用人单位内,可以设立劳动争议调解委员会。劳动争议调解委员会由职工代表、用人单位代表和工会代表组成。劳动争议调解委员会主任由工会代表担任。劳动争议经调解达成协议的,当事人应当履行。

劳动争议仲裁委员会由劳动行政部门代表、同级工会代表、用人单位方面的代表组成。劳动争议仲裁委员会主任由劳动行政部门代表担任。提出仲裁要求的一方应当自劳动争议发生之日起六十日内向劳动争议仲裁委员会提出书面申请。仲裁裁决一般应在收到仲裁申请的六十日内作出。对仲裁裁决无异议的,当事人必须履行。劳动争议当事人对仲裁裁决不服的,可以自收到仲裁裁决书之日起十五日内向人民法院提起诉讼。一方当事人在法定期限内不起诉又不履行仲裁裁决的，另一方当事人可以申请人民法院强制执行。因签订集体合同发生争议，当事人协商解决不成的，当地人民政府劳动行政部门可以组织有关各方协调处理。因履行集体合同发生争议，当事人协商解决不成的，可以向劳动争议仲裁委员会申请仲裁；对仲裁裁决不服的，可以自收到仲裁裁决书之日起十五日内向人民法院提起诉讼。

## 情境十　监督检查

县级以上各级人民政府劳动行政部门依法对用人单位遵守劳动法律、法规的情况进行监督检查，对违反劳动法律、法规的行为有权制止，并责令改正。县级以上各级人民政府劳动行政部门监督检查人员执行公务，有权进入用人单位了解执行劳动法律、法规的情况，查阅必要的资料，并对劳动场所进行检查。

县级以上各级人民政府劳动行政部门监督检查人员执行公务，必须出示证件，秉公执法并遵守有关规定。县级以上各级人民政府有关部门在各自职责范围内，对用人单位遵守劳动法律、法规的情况进行监督。各级工会依法维护劳动者的合法权益，对用人单位遵守劳动法律、法规的情况进行监督。

任何组织和个人对于违反劳动法律、法规的行为有权检举和控告。

## 情境十一　法律责任

用人单位制定的劳动规章制度违反法律、法规规定的，由劳动行政部门给予警告，责令改正；对劳动者造成损害的，应当承担赔偿责任。用人单位违反本法规定，延长劳动者工作时间的，由劳动行政部门给予警告，责令改正，并可以处以罚款。

用人单位有下列侵害劳动者合法权益情形之一的，由劳动行政部门责令支付劳动者的工资报酬、经济补偿，并可以责令支付赔偿金：

（1）克扣或者无故拖欠劳动者工资的；

（2）拒不支付劳动者延长工作时间工资报酬的；

（3）低于当地最低工资标准支付劳动者工资的；

（4）解除劳动合同后，未依照本法规定给予劳动者经济补偿的。

用人单位的劳动安全设施和劳动卫生条件不符合国家规定或者未

向劳动者提供必要的劳动防护用品和劳动保护设施的，由劳动行政部门或者有关部门责令改正，可以处以罚款；情节严重的，提请县级以上人民政府决定责令停产整顿；对事故隐患不采取措施，致使发生重大事故，造成劳动者生命和财产损失的，对责任人员依照刑法有关规定追究刑事责任。用人单位强令劳动者违章冒险作业，发生重大伤亡事故，造成严重后果的，对责任人员依法追究刑事责任。用人单位非法招用未满十六周岁的未成年人的，由劳动行政部门责令改正，处以罚款；情节严重的，由市场监督管理部门吊销营业执照。用人单位违反本法对女职工和未成年工的保护规定，侵害其合法权益的，由劳动行政部门责令改正，处以罚款；对女职工或者未成年工造成损害的，应当承担赔偿责任。

用人单位有下列行为之一，由公安机关对责任人员处以十五日以下拘留、罚款或者警告；构成犯罪的，对责任人员依法追究刑事责任：

（1）以暴力、威胁或者非法限制人身自由的手段强迫劳动的；

（2）侮辱、体罚、殴打、非法搜查和拘禁劳动者的。

由于用人单位的原因订立的无效合同，对劳动者造成损害的，应当承担赔偿责任。用人单位违反本法规定的条件解除劳动合同或者故意拖延不订立劳动合同的，由劳动行政部门责令改正；对劳动者造成损害的，应当承担赔偿责任。

用人单位招用尚未解除劳动合同的劳动者，对原用人单位造成经济损失的，该用人单位应当依法承担连带赔偿责任。

用人单位无故不缴纳社会保险费的，由劳动行政部门责令其限期缴纳；逾期不缴的，可以加收滞纳金。

用人单位无理阻挠劳动行政部门、有关部门及其工作人员行使监督检查权，打击报复举报人员的，由劳动行政部门或者有关部门处以罚款；构成犯罪的，对责任人员依法追究刑事责任。劳动者违反本法规定的条件解除劳动合同或者违反劳动合同中约定的保密事项，对用人单位造成经济损失的，应当依法承担赔偿责任。劳动行政部门或者有关部门的工作人员滥用职权、玩忽职守、徇私舞弊，构成犯罪的，依法追究刑事责任；不构成犯罪的，给予行政处分。国家工作人员和社会保险基金经办机构的工作人员挪用社会保险基金，构成犯罪的，依法追究刑事责任。

违反本法规定侵害劳动者合法权益，其他法律、行政法规已规定处罚的，依照该法律、行政法规的规定处罚。

## 本章知识结构图

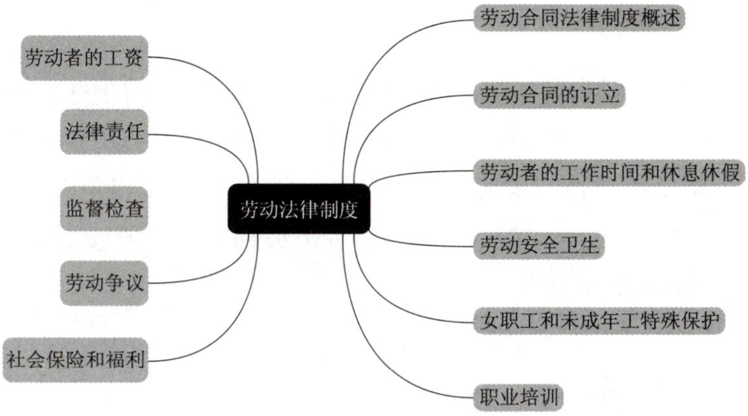


## 课后练习题

扫码做题

### 一、单选题

1. 失业人员在领取失业保险金期间死亡的，参照当地对在职职工死亡的规定，对其遗属(　　)发给丧葬补助金和抚恤金。

A. 按月　　B. 按年　　C. 按季度　　D. 一次性

2. 职工应当参加工伤保险，由(　　)缴纳工伤保险费。

A. 个人　　B. 用人单位

C. 用人单位或个人　　D. 用人单位和个人

3. 职工与用人单位发生工伤待遇方面的争议，按照处理(　　)的有关规定处理。

A. 劳动争议　　B. 民事纠纷　　C. 行政诉讼　　D. 人事关系

4. 小王经常居所地为渝南区，其与渝北区A公司签订劳动合同，约定工作地点为渝中区，双方发生劳动争议后分别向渝北区和渝中区劳动仲裁机构申请仲裁。对该争议具有管辖权的劳动仲裁机构为(　　)。

A. 渝北区劳动仲裁机构　　B. 渝中区劳动仲裁机构

C. 渝南区劳动仲裁机构　　D. 由小王选择确定

5. 我国社会保障领域第一部专门法律是(　　)。

A.《中华人民共和国慈善法》

B.《中华人民共和国社会保险法》

C.《中华人民共和国军人保险法》

D.《中华人民共和国社会救助法》

扫码做题

## 二、多选题

1. 上海市的张某与甲公司(注册地为广州市)于 2010 年 4 月 1 日在北京市签订了 1 年期的劳动合同。4 月 10 日,张某被甲公司派往深圳市负责销售工作。张某与甲公司出现劳动争议,拟申请劳动仲裁。根据《中华人民共和国劳动争议调解仲裁法》的规定,张某可以选择的劳动争议仲裁委员会有(　　)。

A. 北京市劳动争议仲裁委员会

B. 上海市劳动争议仲裁委员会

C. 广州市劳动争议仲裁委员会

D. 深圳市劳动争议仲裁委员会

2. 根据《中华人民共和国劳动争议调解仲裁法》的规定,下列关于劳动仲裁的表述中,正确的有(　　)。

A. 劳动争议仲裁不公开进行

B. 当事人申请劳动争议仲裁后,可以自行和解,达成和解协议的,可以撤回仲裁申请

C. 裁决应当按照多数仲裁员的意见作出,仲裁庭不能形成多数意见时,裁决应当按照首席仲裁员的意见作出

D. 当事人对发生法律效力的调解书、裁决书,一方当事人逾期不履行的,另一方当事人可以依照《中华人民共和国民事诉讼法》的有关规定向人民法院申请执行

3. 以下有关劳动关系和劳务关系的说法正确的有(　　)。

A. 劳动关系和劳务关系都以向他人提供劳动给付为前提

B. 劳动关系的用工主体,必须符合劳动法规定的用人单位主体资格

C. 判断劳动关系和劳务关系的关键点为是否具有从属性

D. 现代社会劳动关系从属性与传统社会劳动关系从属性并无差异

4. 甲是某公司普通职工,在该公司工作了三年,以下属于其权利的

有(　　)。

A. 取得足额劳动报酬的权利

B. 组织管理公司事务的权利

C. 要求公司安排其休息休假的权利

D. 辞职后自由选择职业的权利

5. 某公司花费 10 万元专项培训费用对职工甲进行专业技术培训，并约定甲培训后须在公司服务 5 年，否则支付违约金 20 万元。甲服务 1 年后即要求辞职，下列说法中错误的有(　　)。

A. 双方约定的服务期过长，违法无效

B. 服务期约定非法限制了劳动者的自由择业权，因此无效

C. 若甲辞职离开该公司，应支付违约金 8 万元

D. 甲应严格遵守服务期约定，服务期满前不得单方辞职

6. 下列解除或终止劳动合同的情形中，劳动者有权获得经济补偿的有(　　)。

A. 赵某劳动合同期满，用人单位以经济不景气为由提出降低 1 000 元工资为条件续签劳动合同，赵某拒绝续签

B. 钱某向所在企业提交解除劳动合同的申请书，经与单位数次磋商，单位同意解除劳动合同

C. 李某向所在企业递交辞职书，30 天后解除劳动合同离开该企业

D. 用人单位无故拖欠周某工资 2 个月，周某据此单方提出解除劳动合同

## 三、案例分析题

扫码做题

1. 张某因患糖尿病住院，医疗期满后，不能从事原来的工作。虽经用人单位对其重新安排，但仍不能从事新工作。用人单位决定即时解除与张某的劳动合同，同时支付给张某 1 个月的工资。但用人单位在办理交接工作时没有给予张某经济补偿。请问用人单位的做法是否符合法律规定？

2. 某幼儿园自 2019 年 8 月至 2019 年 10 月未足额缴纳社会保险费 40 629.54 元。社保部门在调查时，该幼儿园认可确实没有足额缴纳自 2019 年 8 月至 2019 年 10 月期间的社会保险费用，由于经营不善，表示无法按时缴纳上述费用。社保部门作出社会保险费责令限期缴纳

通知书，要求某幼儿园收到该通知书后 5 个工作日内将上述欠缴社会保险费交至社保部门，否则将依法加收滞纳金。该幼儿园仍未缴纳，后社保部门又要求其依法提供担保、催告后，该幼儿园均未履行法定义务，社保部门遂向法院提起强制执行申请，申请执行某幼儿园欠缴的社会保险费。请问法院该如何处理？

# 第十三章　经济纠纷解决途径

【案例导入】

2019年12月，郭某与基金管理人民生财富公司、基金托管人招商证券公司签订了《基金合同》《基金补充确认函》《“民生财富尊逸9号投资基金”份额认购(申购)确认书》。《基金合同》签订当日，郭某如约将430万元支付至民生财富公司指定募集账户。《基金合同》约定因本合同而产生的或与本合同有关的一切争议，经友好协商未能解决的，应提交某仲裁委员会申请仲裁。2014年10月，泛海公司向民生财富公司作出《承诺函》，承诺对民生财富公司发起设立并承担主动管理职责的资产管理产品的流动性及资产安全性提供增信担保支持。2021年9月，郭某向约定的仲裁委员会提出仲裁申请，将民生财富公司、招商证券公司、泛海公司列为被申请人。2021年11月，泛海公司向该仲裁委员会提出《仲裁管辖权异议申请书》，认为该仲裁委员会对郭某与其之间的争议无管辖权。2022年1月，北京金融法院立案受理泛海公司申请确认仲裁协议效力一案。

北京金融法院认为，泛海公司并未直接与郭某签订《基金合同》，《承诺函》并非泛海公司向郭某出具。泛海公司与郭某之间并未有明确的仲裁解决争议的意思表示，不存在仲裁协议。泛海公司在仲裁庭首次开庭前提出了异议，符合相关程序性规定，经询问某仲裁委员会，该委并未对仲裁效力异议作出决定。该院裁定确认泛海公司与郭某之间不存在仲裁协议。

思考：当事人意思自治是仲裁协议的基石。人民法院充分尊重当事人的仲裁意愿，根据主从合同的关系、仲裁的特殊性、仲裁条款的要式性等，在从合同没有仲裁条款的情况下，认定主合同的仲裁条款对从合同不具有约束力。我们在前面几章学习了很多案例，请同学们思考下，如果在现实生活中，出现了经济纠纷，我们可以采取哪些途径解决呢？

# 情境一　经济诉讼

## 一、诉讼法

### （一）诉讼的含义

“诉讼”一词中“诉”是告诉、告发、控告之意；“讼”是争论、争辩，即在官府争辩是非曲直。因此，诉讼的基本含义是经原告的告诉、告发或控告，由国家的权威机构解决原、被告的争议或纠纷。

诉讼是国家公安、司法机关在当事人及其他诉讼参与人的参加下，按照一定程序和方式解决争议和处理案件的活动。

### （二）诉讼法的含义

诉讼法亦称程序法，是国家制定的司法机关在当事人和其他诉讼参与人参加下进行诉讼活动必须遵守的法律规范的总称。

### （三）诉讼法的种类

诉讼依据所解决的问题的不同性质，可以分为：刑事诉讼、民事诉讼和行政诉讼三种。

## 二、诉讼法的基本原则

诉讼法的基本原则，是在诉讼活动的整个过程中起着普遍指导作用的基本准则。

由于各类诉讼活动的性质和特点决定，诉讼法既有共同的基本原则，又有特有的基本原则。

**1. 共同的基本原则**

诉讼共同的基本原则包括：

（1）司法机关依法独立行使职权的原则；

（2）以事实为依据，以法律为准绳的原则；

（3）公民在适用法律上一律平等的原则；

（4）使用本民族语言文字进行诉讼的原则；

（5）实行合议、回避、公开审判和两审终审制的原则；

（6）人民检察机关对诉讼活动实行法律监督的原则。

**2. 特有的基本原则**

由各类诉讼活动的性质和特点所决定，除了它们共同的诉讼基本原则之外，还各有其特有的诉讼基本原则。民事诉讼中特有的基本原则包括：

(1)当事人诉讼权利平等的原则；

(2)同等与对等原则；

(3)根据自愿和合法进行调解的原则；

(4)辩论原则；

(5)处分原则；

(6)支持起诉原则。

## 三、诉讼证据和举证责任

### (一)诉讼证据的概念和特征

诉讼证据，是在诉讼中能够证明案件真实情况的一切事实。诉讼证据因案件性质的不同，分为刑事诉讼证据、民事诉讼证据和行政诉讼证据三种。

诉讼证据的基本特征包括以下方面。

**1. 客观性**

客观性，指证据是客观存在的，不依赖于人的主观意志而独立存在的客观事实。一切证据材料必须经过查证属实，才能作为定案的根据。

**2. 相关性**

相关性，又称关联性，指证据必须与案件有内在的、必然的联系。只有与案件真实情况有内在联系的客观事实才能作为证据。

**3. 合法性**

合法性，指证据必须符合法律规定的形式，并依照法定程序收集、提供和运用。

### (二)诉讼中常用的证据种类

**1. 物证**

物证是指能证明案件真实情况的一切物品和痕迹。物证是以物品的存在、外形、质量、规格、特征等外部特征、物质属性或存在状况等来发挥证明作用的，对物证的收集应依法进行，并要注意妥善保管和审查判断。

2. 书证

书证是指以文字、符号、图画等所表达的思想内容来证明案件真实情况的书面材料或其他物质材料。书证一般是人的主观意志的反映,因此对书证要注意审查判断其真实性。

3. 证人证言

证人证言是指证人就其所了解的案件事实的情况向公安司法机关所作的陈述。证人必须是能够辨别是非和正确表达的自然人,是就自己所了解的案件客观事实所作的如实陈述,有意作伪证或隐匿罪证的,应负法律责任。

4. 视听资料

视听资料是指以录音、录像、电子计算机或者其他高科技设备所存储的信息证明案件真实情况的资料。视听资料具有极强的真实性和准确性,能够避免其他证据的一些弊端,但也容易被伪造,因此,人民法院对视听资料应当辨别真伪,并结合本案的其他证据,审查确定能否作为认定事实的根据。

5. 当事人陈述

当事人陈述,是民事诉讼或行政诉讼当事人就有关案件事实情况向人民法院所作的叙述。在刑事诉讼中,相当于当事人陈述的是被害人陈述和犯罪嫌疑人、被告人的供述和辩解。此类证据有助于审判人员了解案件事实,迅速查明案情,但也要注意同其他证据结合起来,综合分析、相互印证,排除矛盾,确定证据的真伪。

6. 鉴定意见

鉴定结论是指受公安、司法机关指派或聘请的鉴定人,对诉讼案件中的专门性问题进行鉴定后作出的书面结论。

7. 电子数据

电子数据是存储于电子介质中的信息,包括电子签名、格式化后的硬盘通过恢复取得的信息等等,与传统的录像、录音等视听资料有所区别。

8. 勘验笔录。

勘验笔录是指人民法院审判人员,在诉讼过程中,为了查明一定的事实,对与案件争议有关的现场、物品或物体亲自进行或指定有关人员进行查验、拍照、测量后的记录。

## (三)举证责任与收集证据

### 1. 举证责任

举证责任指当事人在诉讼中对自己提出的主张,有提供证据证明其真实、合法的责任。举证责任解决由谁进行证明的问题,在我国三种诉讼中有所不同。

1)民事诉讼中的举证责任

在民事诉讼中,实行"谁主张,谁举证",当事人对自己提出的主张,有责任提供证据。当事人及其诉讼代理人因客观原因不能自行收集的证据,或者人民法院认为审理案件需要的证据,人民法院应当调查收集。如果当事人举不出有用的证据证明自己的主张,人民法院也收集不到有关的证据,当事人将承担败诉的法律后果。

2)行政诉讼中的举证责任

在行政诉讼中,被告负有举证责任,应当提供作出该具体行政行为的证据和所依据的规范性文件,来证明自己作出的具体行政行为的合法性,人民法院有权要求当事人提供或补充证据,原告也有权提供证据来证明自己主张的事实,但主要的证明责任由作出具体行政行为的被告一方承担。

3)刑事诉讼中的举证责任

在刑事诉讼中,自诉案件由自诉人负举证责任,人民法院也可以调查收集必要的证据;公诉案件中作为公诉人一方的检察机关负有举证责任,被告人不承担提供证据证明自己有罪或无罪的责任。

### 2. 收集证据

收集证据是指司法人员为了查明案件事实而依照法定程序和方法调查、发现、取得和保全能证明案件事实真相的一切情况和材料的诉讼活动。

(1)收集证据是法律赋予司法机关的职权,也即收集证据的主体是司法机关。如刑事诉讼证据主要由公安、司法人员收集。民事诉讼和行政诉讼中虽强调由当事人及其诉讼代理人负举证责任,但这只是提供证据,而不是收集证据,收集证据的主体是人民法院。

(2)收集证据是一项重要的诉讼活动,为保证它的顺利进行和收集证据的质量,以为正确、及时处理案件提供可靠的证据。收集证据必须符合一些基本的要求。

### （四）证据保全

**1. 证据保全的概念**

证据保全是指在民事诉讼或行政诉讼中，人民法院对可能灭失或以后难以取得的证据，根据诉讼参加人请示或依照职权采取措施加以保存的制度。

**2. 证据保全的两个条件**

条件1是证据有灭失的客观可能性。例如了解案情的人因年老、疾病有可能死亡，如不及时询问，将无法取得其证言；具有证明作用的物品即将变质、腐烂或消失，遇到这种情况，只有及时采取保全措施，妥善保管，才能保护其证明力。

条件2是证据以后难以取得。这是指如不立即采取措施提取证据，以后很难再收集到。

只要符合上述条件之一，诉讼参加人提出证据保全申请的，人民法院应当裁定准许，或主动采取保全措施。

**3. 证据保全的方法**

证据保全的方法包括对“证人证言”进行笔录或予以录音、录像；对物证可以绘图、拍照或录像，也可提取原物；对书证，可以拍照、复制。不论采取何种方法，都应当达到客观、真实地反映证据情况，证明案件事实的目的。

## 四、民事诉讼中的管辖

### （一）管辖的含义

民事案件的管辖，是指各级人民法院和同级人民法院之间，受理第一审民事案件的分工和权限。《中华人民共和国民事诉讼法》（以下简称《民事诉讼法》）确定管辖的原则，主要是便于当事人进行诉讼；便于人民法院行使审判权，保证案件公正审判，维护当事人合法权益。依据这些原则，我国民事案件管辖的种类可分为：级别管辖、地域管辖、移送管辖和指定管辖。

### （二）级别管辖

级别管辖，是指划分各级人民法院之间受理第一审民事案件的分工和权限。

（1）人民法院管辖第一审民事案件，但《民事诉讼法》另有规定的除外。

（2）中级人民法院管辖的第一审民事案件有重大涉外案件、在本辖区有重大影响的案件、最高人民法院确定由中级人民法院管辖的案件。

（3）高级人民法院管辖在本辖区有重大影响的第一审民事案件。

（4）最高人民法院管辖在全国有重大影响的案件和它认为应当由本院审理的第一审民事案件。

（三）地域管辖

地域管辖是指确定同级人民法院之间在各自辖区受理第一审民事案件的分工和权限。地域管辖分为一般地域管辖、特殊地域管辖、专属管辖、协议管辖、共同管辖、选择管辖和合并管辖。

**1. 一般地域管辖**

一般地域管辖是指民事案件一般由被告住所地人民法院管辖，被告住所地与经常居住地不一致的，由经常居住地人民法院管辖。这就是通常所说的“原告就被告”原则。但对特殊情况，法律又规定由原告住所地或经常居住地法院管辖。

**2. 特殊地域管辖**

特殊地域管辖是以被告住所地及诉讼标的或者引起法律关系发生、变更、消灭的法律事实所在地为标准所确定的管辖。如因侵权行为提起的诉讼，由侵权行为地或者被告住所地人民法院管辖；因合同纠纷提起的诉讼，由被告住所地或者合同履行地法院管辖。

**3. 专属管辖**

专属管辖是指法律强制规定某些案件只能由特定的人民法院管辖，其他法院无管辖权，当事人也不得协议变更管辖。

**4. 协议管辖**

协议管辖亦称约定管辖，是指双方当事人在纠纷发生前或纠纷发生后，以书面的方式约定管辖法院。

**5. 共同管辖**

共同管辖是指依照法律规定，两个以上人民法院对同一案件都有管辖权。

选择管辖是指对同一案件两个以上人民法院都有管辖权，原告可以选择其中一个法院起诉；原告向两个以上有管辖权的人民法院起诉的，由最先立案的人民法院管辖。

**6. 移送管辖和指定管辖**

1）移送管辖

移送管辖是指法院受理案件后，发现本院对该案无管辖权，依照法律规定将案件移送给有管辖权的人民法院审理。受移送的法院不得再自行移送案件。

2）指定管辖

指定管辖是指上级人民法院以裁定方式，指定下级人民法院对某一案件行使管辖权。

**7. 管辖权异议**

管辖权异议是指当事人认为受诉法院或受诉法院移送后的法院对案件无管辖权时，而向受诉法院或移送后的法院提出的不服管辖的意见或主张。

## 五、民事诉讼参加人

民事诉讼参加人，是指参加诉讼的当事人和类似当事人诉讼地位的人。当事人包括原告、被告，共同诉讼人、诉讼代表人、第三人。类似当事人诉讼地位的人是诉讼代理人。诉讼参加人不同于诉讼参与人。诉讼参与人除包括上述诉讼参加人外，还包括证人、鉴定人、翻译人员。

### （一）当事人

民事诉讼中的当事人，是指因民事权利义务关系发生纠纷，以自己的名义进行诉讼，案件审理结果与其有法律上的利害关系，并受人民法院裁判约束的人。

**1. 原告和被告**

原告是认为自己的民事权益受到侵害，或者与他人发生争议，为维护其合法权益而向人民法院提起诉讼，引起诉讼程序发生的人。

被告是指被诉称侵犯原告民事权益或与原告发生民事权益争议，被人民法院通知应诉的人。

**2. 共同诉讼人**

当事人一方或双方各为二人以上，其诉讼标的是共同的，或者是同一种类的，人民法院认为可以合并审理并经当事人同意的民事诉讼为共同诉讼。共同诉讼中的当事人，统称为共同诉讼人。

**3. 诉讼代表人**

当事人众多的一方，推选出代表，由其为维护本方当事人利益而进行诉讼活动的人，为诉讼代表人。当事人一方人数众多，一般是指 10 人以上。

**4. 第三人**

民事诉讼的第三人，是指对他人争议的诉讼标的有独立的请求权，或者虽无独立的请求权，但案件的处理结果与其有法律上的利害关系而参加诉讼的人。

第三人分为有独立请求权的第三人和无独立请求权的第三人。

（1）有独立请求权的第三人对他人争议的诉讼标的有独立的请求权。

（2）无独立请求权的第三人无独立的请求权，但案件的处理结果与其有法律上的利害关系。

### （二）诉讼代理人

民事诉讼代理人，是指为了一方当事人的利益，以该当事人的名义，在法定的或者委托的权限范围内，代替或协助当事人进行诉讼活动的人。被代替或协助的当事人称为被代理人。诉讼代理人分为法定代理人和委托代理人。

## 六、民事诉讼中的强制措施

### （一）民事诉讼中的强制措施的含义

民事诉讼中的强制措施，是指人民法院为了排除干扰，保障民事诉讼活动的顺利进行，对妨害民事诉讼秩序的行为人所采取的强制手段。

### （二）《民事诉讼法》强制措施的种类

我国《民事诉讼法》规定的强制措施有以下五种：①拘传；②训诫；③责令退出法庭；④罚款；⑤拘留。

## 七、民事诉讼程序

民事诉讼程序，是法律规定的进行民事诉讼活动必须遵守的操作规程。

## (一)第一审普通程序

第一审普通程序,是人民法院审理第一审民事案件所适用的最基本的程序,具体包括:起诉和受理,审理前的准备,开庭审理。

### 1. 起诉

起诉是指原告依法向人民法院提出诉讼请求的行为。起诉必须具备的条件是:①原告是与本案有直接利害关系的公民、法人和其他组织;②有明确的被告;③有具体的诉讼请求和事实、理由;④属于人民法院受理民事案件的范围和受诉人民法院管辖。

### 2. 受理

受理是指人民法院经过审查起诉,认为符合法定条件,予以立案的诉讼活动。

人民法院收到民事诉状或者口头起诉,经审查,符合起诉条件的,应当在 7 日内立案,并及时通知当事人,认为不符合起诉条件的,应当在 7 日内裁定不予受理;原告对裁定不服的,可以提起上诉。

### 3. 审理前的准备

审理前的准备是指人民法院在受理案件后进入开庭审理之前所进行的准备工作,主要有以下几项:①在法定期间内及时送达诉讼文书,人民法院应当在立案之日起五日内将民事诉状副本发送给被告,被告在收到之日起十五日内提出答辩状;②告知当事人的诉讼权利义务;③成立审判组织并告知当事人等。

### 4. 开庭审理

开庭审理是人民法院在当事人和其他诉讼参与人的参加下,全面审查案件事实,依法进行调解或作出裁判的活动。开庭审理分为开庭准备、宣布开庭、法庭调查、法庭辩论、评议与宣判五个阶段。

## (二)简易程序

简易程序,是基层人民法院及其派出法庭审理简单民事案件所适用的一种简便易行的诉讼程序。

所谓简单的民事案件,是指事实清楚、权利义务关系明确、争议不大的简单的民事案件。

对简单的民事案件,原告可以口头起诉。当事人双方可以同时到基层人民法院或者它派出的法庭请求解决纠纷,受诉法院或法庭可以当即审理,也可以另定日期审理。审理时,由审判员一人独任审理,可以用简便方式随时传唤当事人、证人,并应当在立案之日起三个月内审结。

(三)第二审程序

第二审程序是人民法院审理上诉案件所适用的诉讼程序。在民事诉讼中,当事人不服人民法院第一审判决或裁定而提起上诉,人民法院受理后即进入第二审程序。

**1. 上诉必须具备的条件**

当事人、法定代理人、取得当事人同意的委托代理人,以及有关第三人,都有权上诉。

对判决提起上诉的期限为 15 日,对裁定提起上诉的期限为 10 日。

应当递交上诉状,上诉状应当通过原审人民法院提出,也可以直接向第二审人民法院上诉。

**2. 二审法院对上诉的处理**

第二审人民法院审理上诉案件应当组织合议庭,对上诉请求的有关事实和适用法律进行审查,分别依照法律规定作出驳回上诉、依法改判、撤销原判并发回重审等裁判。

(四)其他民事诉讼程序

根据我国《民事诉讼法》的规定,其他民事诉讼程序还包括特别程序、审判监督程序、督促程序、公示催告程序、企业法人破产还债程序和民事诉讼的执行程序。

**1. 特别程序**

特别程序是人民法院审理某些非民事权益争议案件所适用的特殊审判程序。这类非民事权益争议案件包括:选民资格案件;宣告失踪或者宣告死亡案件;认定公民无民事行为能力或者限制民事行为能力案件;认定财产无主案件。

**2. 审判监督程序**

审判监督程序是人民法院为纠正已经发生法律效力的判决、裁定的错误,而进行再审的程序。

**3. 督促程序**

督促程序是人民法院根据债权人的申请，以支付令的形式，督促债务人限期履行给付义务的诉讼程序。

**4. 公示催告程序**

按照规定可以背书转让的票据持有人，因票据被盗、遗失或者灭失，可以向票据支付地的基层人民法院申请公示催告。申请人应当向人民法院递交申请书，写明票面金额、发票人、持票人、背书人等票据主要内容和申请的理由、事实。

## 八、经济诉讼概念

经济诉讼，也称经济审判，是指人民法院在当事人和其他诉讼参与人的参加下，依法审理经济纠纷并做出裁判的诉讼活动。经济诉讼主要发生在平等的民事主体之间。因此，其诉讼活动主要适用《民事诉讼法》及其相关规定。

## 九、经济诉讼的制度

### （一）合议制度

合议制，是指由 3 名以上审判人员组成审判集体，代表法院行使审判权，对案件进行审理并作出裁判的制度。人民法院审理第一审民事案件，由审判员、陪审员共同组成合议庭或者由审判员组成合议庭。合议庭的成员人数，必须是单数。与合议制相对应的是独任制，即由审判员一人独任审理。独任制适用简易程序审理的民事案件。

### （二）回避制

回避制，是指审判人员及其他相关人员，遇到法律规定的回避情形，退出对某一具体案件的审理或诉讼活动的制度。我国《民事诉讼法》规定，审判人员与书记员、翻译人员、鉴定人、勘验人有下列情形之一的，必须回避，当事人有权用口头或者书面方式申请他们回避：第一，是本案当事人或者当事人、诉讼代理人的近亲属；第二，与本案有利害关系；第三，与本案当事人有其他关系，可能影响对案件公正审理的。

### （三）公开审判制度

公开审判，是指人民法院审理经济案件，除合议庭评议外，依法向社会公开的制度。依法规定，不公开审理的案件只局限于涉及国家秘密的案件、涉及个人隐私的案件，当事人申请不公开审理的离婚案件和涉及商业秘密的案件。

（四）两审终审制度

两审终审，是指一个经济案件经过两级法院审判就宣告终结的制度。

## 十、经济诉讼的管辖

（一）级别管辖

级别管辖，是指划分上下级法院之间受理第一审经济案件的分工与权限。

（二）地域管辖

地域管辖，是指根据当事人以及标的物与地域的关系，确定受理第一审经济案件纠纷的分下与权限。地域管辖又可分为一般地域管辖、特殊地域管辖和专属管辖。

（三）移送管辖与指定管辖

移送管辖，是指人民法院发现受理的案件不属于本院管辖的，应当移送有管辖权的人民法院，受移送的人民法院应当受理。但受移送的人民法院认为受移送的案件依照规定不属于本院管辖的，应当报请上级人民法院指定管辖，不得再自行移送。指定管辖，是指有管辖权的人民法院由于特殊原因，不能行使管辖权的，由上级人民法院指定管辖。

# 情境二　经济仲裁与行政复议

微课 32：诉讼与仲裁

## 一、仲裁概述

（一）仲裁的概念及仲裁立法的情况

仲裁是指争议的双方或各方依照事前或事后达成的协议，自愿把争议交给第三方作出裁决，争议的双方有义务执行该裁决，从而解决争议的法律制度。

## （二）仲裁法的适用范围

1995年9月1日起施行的《中华人民共和国仲裁法》（以下简称《仲裁法》）。《仲裁法》适用于平等主体的公民、法人和其他组织之间发生的合同纠纷和其他财产权益纠纷。

婚姻、收养、监护、抚养、继承纠纷不能仲裁；依法应当由行政机关处理的行政争议不能仲裁；劳动争议和农业集体经济组织内部的农业承包合同纠纷的仲裁，由法律另行规定。

## （三）仲裁法的一般原则

**1. 自愿原则**

自愿是贯彻仲裁程序始终的一项基本原则。根据此原则，当事人采用仲裁方式解决纠纷，应由双方自愿达成仲裁协议。没有仲裁协议，一方申请仲裁的，仲裁机构不予受理；当事人达成仲裁协议，一方向人民法院起诉的，人民法院不予受理，但仲裁协议无效的除外；当事人有权协商选定仲裁机构及仲裁员；当事人可以自行和解，达成和解协议后，可请求仲裁庭根据和解协议作出仲裁裁决书；当事人也可撤回仲裁申请。

**2. 仲裁独立原则**

仲裁委员会应由当事人协议选定。仲裁不实行级别管辖和地域管辖，仲裁委不按行政区划层层设立。

仲裁应当根据事实，符合法律规定，公平合理地解决纠纷。仲裁依法独立进行，不受行政机关、社会团体和个人的干涉。当然，人民法院可以依法对仲裁进行必要的监督。

**3. 仲裁一裁终局原则**

仲裁一裁终局是指仲裁裁决作出后，当事人就同一纠纷，不能再申请仲裁或者向人民法院起诉。但是，裁决被人民法院依法裁定撤销或者不予执行的，当事人就纠纷可以根据双方重新达成的仲裁协议申请仲裁，也可以向人民法院起诉。

**4. 仲裁机构民间化原则**

依照《仲裁法》的规定设立的仲裁机构即仲裁委员会，独立于行政机关，与行政机关没有隶属关系，仲裁委员会之间也没有隶属关系，由来自民间的法学专家、经济专家、技术专家等有专门知识和实践经验的人担任仲裁员。

## 二、仲裁组织和仲裁协议

### (一)仲裁委员会

仲裁委员会可以在直辖市、省、自治区人民政府所在地的市设立，也可以根据需要在其他设区的市设立。仲裁委员会由所在地的市人民政府组织有关部门和商会统一组建。设立仲裁委员会，应当经省、自治区、直辖市的司法行政部门登记。

仲裁委员会应当具备的条件：有自己的名称、住所和章程；有必要的财产；有该委员会的组成人员；有聘任的仲裁员。

### (二)中国仲裁协会

中国仲裁协会是社会团体法人。仲裁委员会是中国仲裁协会会员。中国仲裁协会的章程由全国会员大会制定。中国仲裁协会是仲裁委员会的自律性组织，根据章程对仲裁委员会及其组成人员、仲裁员的违纪行为进行监督。中国仲裁协会依照《仲裁法》和《民事诉讼法》的有关规定制定仲裁规则。

### (三)仲裁协议

**1. 仲裁协议的概念**

仲裁协议是指当事人自愿达成的采用仲裁方式解决纠纷的协议，包括合同中订立的仲裁条款和以其他书面方式在纠纷发生前或者纠纷发生后达成的请求仲裁的协议。

当事人双方自愿达成的仲裁协议，是提请仲裁的前提。仲裁协议是仲裁制度的基石，如果没有仲裁协议，那么严格意义上的仲裁制度是不存在的。实际上，仲裁制度的许多特点和优点都是通过仲裁协议得以实现的。实行协议仲裁制度，就意味着承认民事主体有选择解决实体权利义务纠纷的自由。

**2. 仲裁协议的要件**

(1)形式要件。仲裁协议应具备书面形式。仲裁协议应当写明提交仲裁事项和选定的仲裁委员会的名称，同时还应包括请求仲裁的意思表示。仲裁协议对仲裁事项或仲裁委员会没有约定或约定不明确的，当事人可以补充协议；达不成补充协议的，仲裁协议无效。

（2）实质要件。仲裁协议作为契约，必须符合契约的一般成立条件。根据《仲裁法》规定，仲裁协议应具备下列要件。

①当事人必须有缔约能力。无民事行为能力人或者限制民事行为能力人订立的仲裁协议无效。

②意思表示真实。一方采取胁迫手段，迫使对方订立的仲裁协议无效。

③当事人约定的仲裁事项不得超出法律规定的仲裁范围。即仲裁事项应当是平等主体的当事人产生的财产纠纷，且以当事人有权处分的民事权利为限。超出法律规定的仲裁协议无效。

**3. 仲裁协议的效力**

仲裁协议一经双方当事人签字即合法成立。对于当事人来说，仲裁协议为当事人设定了一定义务，即把争议提交仲裁并不能任意更改、中止或撤销仲裁协议；合法有效的仲裁协议对当事人诉权的行使产生一定的限制，在当事人双方发生协议约定的争议时，任何一方只能将争议提交仲裁，而不应向法院起诉。

仲裁协议独立存在，合同的解除、终止或者无效，不影响仲裁协议的效力。仲裁庭有权确认合同的效力。

当事人对仲裁协议的效力有异议的，可以请求仲裁委员会作出决定或者请求人民法院作出裁定。一方请求仲裁委员会作出决定，另一方请求人民法院作出裁定的，由人民法院裁定。当事人对仲裁协议的效力有异议，应当在仲裁庭首次开庭前提出。

## 三、仲裁程序

### （一）仲裁的申请

（1）当事人申请仲裁应当符合下述条件：①有仲裁协议；②有具体的仲裁请求和事实、理由；③属于仲裁委员会的受理范围。

（2）当事人申请仲裁，应提交的文件：仲裁协议、仲裁申请书及副本。

仲裁申请书应当载明下列事项：①当事人的姓名、性别、职业、工作单位和住所，法人或者其他组织的名称、住所和法定代表人或者主要负责人的姓名、职务；②仲裁请求和所根据的事实、理由；③证据和证据来源、证人姓名和住所。

### （二）仲裁的受理

仲裁委员会收到仲裁申请书之日起五日内，认为符合受理条件的，应当受理，并通知当事人；认为不符合受理条件的，应当书面通知当事人不予受理，并说明理由。

仲裁委员会受理仲裁申请后，应当在仲裁规则规定的期限内将仲裁规则和仲裁员名册送达申请人，并将仲裁申请书副本和仲裁规则、仲裁员名册送达被申请人。被申请人收到仲裁申请书副本后，应当在仲裁规则规定的期限内向仲裁委员会提交答辩书。仲裁委员会收到答辩书后，应当在仲裁规则规定的期限内将答辩书副本送达申请人。被申请人未提交答辩书的，不影响仲裁程序的进行。

当事人达成仲裁协议，一方向人民法院起诉未声明有仲裁协议，人民法院受理后，另一方在首次开庭前提交仲裁协议的，人民法院应当驳回起诉，但仲裁协议无效的除外；另一方在首次开庭前未对人民法院受理该案提出异议的，视为放弃仲裁协议，人民法院应当继续审理。

申请人可以放弃或者变更仲裁请求。被申请人可以承认或者反驳仲裁请求，有权提出反请求。当事人可以申请财产保全、可以委托代理人进行仲裁活动。

### （三）仲裁庭组成程序

仲裁庭可以由三名仲裁员或一名仲裁员组成。由三名仲裁员组成的，设首席仲裁员。

当事人约定由一名仲裁员成立仲裁庭的，应当由当事人共同指定或者共同委托仲裁委员会主任指定仲裁员。

当事人约定由三名仲裁员组成仲裁庭的，应当各自选定或者各自委托仲裁委员会主任指定一名仲裁员，第三名仲裁员由当事人共同选定或者共同委托仲裁委员会主任指定。第三名仲裁员是首席仲裁员。

当事人未在仲裁规则规定的期限内约定仲裁庭的组成方式或者仲裁员的，由仲裁委员会主任指定。

仲裁庭组成后，仲裁委员会应当将仲裁庭的组成情况书面通知当事人。

### （四）申请仲裁员回避

**1. 申请回避的理由**

仲裁员有下列情形之一的，必须回避，当事人也有权提出回避申请：①是本案当事人或当事人、代理人的近亲属；②与本案有利害关系；③与本案当事人、代理人有其他关系，可能影响公正仲裁的；④私自会见当事人、代理人或者接受当事人、代理人的请客送礼的。

**2. 提出回避申请的时间**

当事人提出回避申请，应当说明理由，在首次开庭前提出。

回避事由在首次开庭后知道的，可以在最后一次开庭终结前提出。

**3. 回避申请的批准**

仲裁员是否回避，由仲裁委员会主任决定；仲裁委员会主任担任仲裁员时，由仲裁委员会集体决定。

仲裁员因回避或者其他原因不能履行职责的，应当依照《仲裁法》规定重新选定或者指定仲裁员。因回避而重新选定或者指定仲裁员后，当事人可以请求已进行的仲裁程序重新进行，是否准许，由仲裁庭决定；仲裁庭也可自行决定已进行的仲裁程序是否重新进行。

## 四、仲裁的开庭和裁决

### （一）仲裁方式

仲裁应当开庭进行。当事人协议不开庭的，仲裁庭可以根据仲裁申请书、答辩书以及其他材料作出裁决。仲裁不公开进行。当事人协议公开的，可以公开进行，但涉及国家秘密的除外。

### （二）开庭审理

仲裁委员会应当在仲裁规则规定的期限内将开庭日期通知双方当事人。当事人有正当理由，可以在仲裁规则规定的期限内请求延期开庭。是否延期，由仲裁庭决定。

申请人经书面通知，无正当理由不到庭或者未经仲裁庭许可中途退庭的，可视为撤回仲裁申请。被申请人经书面通知，无正当理由不到庭或者未经仲裁庭许可中途退庭的，可以缺席裁决。

### （三）当事人举证责任

当事人应当对自己的主张提供证据。仲裁庭认为有必要收集的证据，可以自行收集。

证据应当在开庭时出示，当事人可以质证。

当事人可以申请证据保全，在仲裁过程中有权进行辩论，也可自行和解。

（四）调解和裁决

仲裁庭在作出裁决前，可以进行调解。当事人自愿调解的，仲裁庭应当调解。调解书和裁决书具有同等法律效力。调解书应当写明仲裁请求和当事人协议的结果。调解书由仲裁员签名，加盖仲裁委员会印章，送达双方当事人。调解书经双方当事人签收后，即发生法律效力。在调解书签收前反悔的，仲裁庭应当及时作出裁决。

裁决应当按照多数仲裁员的意见作出，少数仲裁员的不同意见可以记入笔录。仲裁庭不能形成多数意见时，裁决应当按照首席仲裁员的意见作出。裁决书应当写明仲裁请求、争议事实、裁决结果、仲裁费用的负担和裁决日期。当事人协议不愿写明争议事实和裁决理由的可以不写。裁决由仲裁员签名，加盖仲裁委员会印章。对裁决持不同意见的仲裁员，可以签名，也可不签名。

仲裁庭仲裁纠纷时，其中一部分事实已经清楚，可以就该部分先行裁决。对裁决书中的文字、计算错误或者仲裁庭已经裁决但在裁决书中遗漏的事项，仲裁庭应当补正；当事人自收到裁决书之日起三十日内，可以请求仲裁庭补正。

裁决书自作出之日起发生法律效力。

## 五、人民法院对仲裁的支持和监督

根据我国《仲裁法》的规定，人民法院对仲裁不进行干涉，而是积极地予以支持和进行必要的监督，人民法院对仲裁的支持和监督分别体现如下。

### （一）人民法院对仲裁的支持

**1. 财产保全**

在我国，仲裁保全的管辖权属于人民法院，仲裁机构无权行使。

**2. 证据保全**

仲裁过程中，证据保全的管辖权也属于人民法院。在国内仲裁中，如果出现了证据可能灭失或者以后难以取得的情形，当事人可以申请证据保全。当事人申请证据保全的,仲裁委员会应当将当事人的申请提交证据所在地的基层人民法院。在涉外仲裁中,当事人申请证据保全的,涉外仲裁委员会应当将当事人的申请提交证据所在地的中级人民法院。

**3. 对仲裁裁决的执行**

仲裁组织作为民间机构,没有采取强制措施的权力,仲裁裁决的强制执行权只能专属于人民法院。

### (二)人民法院对仲裁的监督

人民法院对仲裁的监督,主要体现在对违法裁决的不予执行和撤销两个方面。

**1. 不予执行的仲裁裁决**

被申请人提出证据证明仲裁裁决有《民事诉讼法》第二百一十七条第二款规定的情形之一的,经人民法院组成合议庭审查核实,裁定不予执行。

**2. 撤销仲裁裁决**

当事人提出证据证明裁决有下列情形之一的,可以向仲裁委员会所在地的中级人民法院申请撤销裁决:①没有仲裁协议的;②裁决的事项不属于仲裁协议的范围或者仲裁委员会无权仲裁的;③仲裁庭的组成或者仲裁程序违反法定程序的;④裁决所根据的证据是伪造的;⑤对方当事人隐瞒了足以影响公正裁决的证据的;⑥仲裁员在仲裁该案时有索贿受贿、徇私舞弊、枉法裁判行为的,人民法院认定该裁决违背社会公共利益的,应当裁定撤销。

## 六、行政复议

### (一)行政复议的定义

行政复议,是指公民、法人或者其他组织认为行政主体的具体行政行为违法或不当侵犯其合法权益,依法向主管行政机关提出复查该具体行政行为的申请,行政复议机关依照法定程序对被申请的具体行政行为进行合法性、适当性审查,并作出行政复议决定的一种法律制度。其特征主要有:行政复议以行政争议和部分民事争议为处理对象;行政复议直接以具体行政行为为审查对象;行政复议以合法性和合理性为审查标准;行政复议以书面审理为主要方式;行政复议以行政相对人为申请人,以行政主体为被申请人;行政复议以行政机关为处理机关。

（二）行政复议的性质

（1）行政复议是具有一定司法性因素的行政行为。行政复议的司法性是指有行政复议权的行政机关借用法院审理案件的某些方式审查行政复议，即行政复议机关作为第三人对行政机关和行政相对人之间的行政争议进行审查并作出裁决。

（2）行政复议是行政机关内部监督和纠错机制。行政复议是行政机关对下级或者政府对所属的行政机关作出的违法或者不当的具体行政行为实施的一种监督和纠错行为。

（3）行政复议是国家行政救济机制的重要环节。行政救济包括行政诉讼、行政赔偿、行政复议、行政监督。行政复议是其中不可或缺的一种。

（三）行政复议的范围

凡是可以提起行政诉讼的行政争议案件，都可以申请行政复议；不能提起行政诉讼的行政争议，只要单行法律、法规规定可以申请行政复议的，公民、法人或者其他组织就可以申请行政复议；《中华人民共和国行政复议法》在明确规定了哪些行政行为可以申请复议的同时，又对不能依照该法申请复议的四类行政行为作了规定。它们是：国务院制定的行政法规和其他规范性法律文件、规章，行政机关作出的行政处分或其他人事处理决定，行政机关对民事纠纷作出的仲裁、调解或者处理，以及国防、外交等国家行为。

## 本章知识结构图

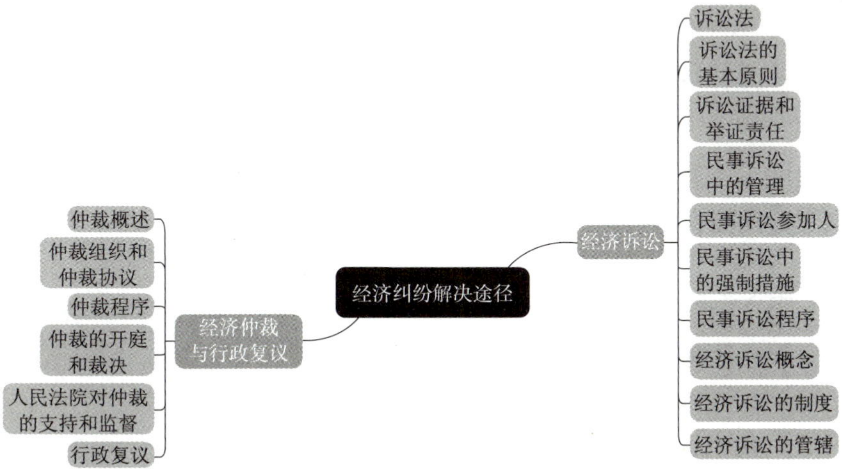

# 课后练习题

扫码做题

## 一、单项选择题

1. 下列参与民事诉讼的人员中，不适用回避制度的是(　　)。

A. 证人　　B. 书记员

C. 人民陪审员　　D. 翻译人员

2. 下列关于简易程序的说法中错误的是(　　)。

A. 简易程序中可以口头起诉、口头答辩

B. 原告被告双方同时到庭的，可以当即审理，当即调解

C. 简易程序可适用于发回重审的案件

D. 简易程序不需实行合议制

3. 根据《中华人民共和国民事诉讼法》，下列案件中，不得申请再审的是(　　)。

A. 原判决认定的基本事实缺乏证据证明的案件

B. 原判决适用法律确有错误的案件

C. 当事人对已经生效的解除婚姻关系的判决书有异议的案件

D. 审判人员审理案件时有贪污贿赂行为的案件

4. 除权判决是人民法院在(　　)中所做的判决。

A. 督促程序　　B. 公示催告程序

C. 企业法人破产还债程序　　D. 执行程序

5. 根据《中华人民共和国民事诉讼法》，下列执行过程中，人民法院应当裁定终结执行的是(　　)。

A. 案外人对执行标的提出确有理由的异议的

B. 被执行人在短期内无偿付能力的

C. 作为一方当事人的法人终止，尚未确定权利义务承受人的

D. 作为被执行人的公民因生活困难无力偿还借款，无收入来源，又丧失劳动能力的

扫码做题

## 二、多项选择题

1. 在法院的民事诉讼管辖制度中，适用专属管辖的诉讼案件包括(　　)。

A. 因不动产纠纷提起的诉讼

B. 因共同海损提起的诉讼

C. 因港口作业中发生纠纷提起的诉讼

D. 因海难救助费用引起纠纷提起的诉讼

E. 因继承遗产纠纷提起的诉讼

2. 根据《中华人民共和国民事诉讼法》,下列由人民法院作出的裁定中,可以上诉的有(　　)。

A. 不予受理的裁定　　B. 对回避申请的裁定

C. 对管辖权有异议的裁定　　D. 中止执行的裁定

E. 驳回起诉的裁定

3. 根据《中华人民共和国民事诉讼法》,下列行为引发的纠纷中,权利人可以申请支付令的有(　　)。

A. 给付特定物　　B. 返还房屋

C. 给付有价证券　　D. 索要遗失物

E. 给付金钱

4. 仲裁法的一般原则主要包括(　　)。

A. 自愿原则　　B. 仲裁独立原则

C. 仲裁一裁终局原则　　D. 仲裁公开原则

E. 仲裁保密原则

5. 下列情形中,仲裁当事人提出证据证明后可以申请人民法院撤销裁决的有(　　)。

A. 没有仲裁协议的

B. 裁决的事项不属于仲裁协议的范围的

C. 裁决所依据的证据是伪造的

D. 仲裁庭的组成或者仲裁的程序违反法定程序的

E. 裁决结果有失公平的

策划编辑　王　硉
　　　　　刘博超
责任编辑　郘欣萌
美术编辑　高　原
技术编辑　赵向鑫
　　　　　杨鸿钦

# 经济法

JINGJIFA

ISBN 978-7-5618-7810-1
9 787561 878101 >
定价：59.00元